ullstein

Das Buch

Sie haben sich Ihr Leben lang vom inneren Schönredner erzählen lassen, das Naheliegendste und Bequemste sei auch das Beste für Sie. Nun sind Sie aufgewacht – durch einen runden Geburtstag, einen Blick in den Spiegel oder einen erfolgreichen Freund. Sie wollen Ihr Leben ändern. Aber wie? Sören Sieg hat diese Phase selbst durchlebt. Heute weiß er: Gegen die Midlife-Crisis hilft kein Motorrad, keine Haartönung und kein Jammern, sondern nur die ehrliche Antwort auf die alles entscheidende Frage: Was, zum Teufel, will ich eigentlich? Anhand vieler Beispiele zeigt er auf, was man nun alles richtig oder aber gänzlich falsch machen kann, um noch ein paar tolle Jahrzehnte vor sich zu haben (oder eben nicht). Seine Botschaft: Entwerfen Sie Ihr Leben, und leben Sie diesen Entwurf. Denn es gibt kein größeres Abenteuer!

Der Autor

Sören Sieg, geboren 1966, wuchs in einem Provinznest in Schleswig-Holstein auf, studierte Sozialwissenschaften und Musik in Hamburg und Bielefeld und tourte 18 Jahre mit dem A-cappella-Quartett LaLeLu durch Deutschland, Österreich und die Schweiz. Nach circa zehn Jahren Midlife-Crisis lebt er heute glücklich als freier Komponist und Autor in Hamburg (www.soerensieg.de).

In unserem Hause sind von Sören Sieg bereits erschienen:
*Ich bin eine Dame, Sie Arschloch!« (mit Axel Krohn)
*Ich hab dich rein optisch nicht verstanden« (mit Axel Krohn)
Superdaddy

Sören Sieg

Die dünnen Jahre
sind vorbei

So übersteht Mann die zweite Lebenshälfte

Ullstein

Besuchen Sie uns im Internet:
www.ullstein-taschenbuch.de

Originalausgabe im Ullstein Taschenbuch
1. Auflage August 2016
© Ullstein Buchverlage GmbH, Berlin 2016
Umschlaggestaltung:
ZERO Werbeagentur, München
Titelabbildung: © FinePic®, München
Satz: KompetenzCenter, Mönchengladbach
Gesetzt aus der Franklin Gothic Std
Druck- und Bindearbeiten: CPI books GmbH, Leck
Printed in Germany
ISBN 978-3-548-37619-6

Inhalt

Einleitung:
Der Klaviertransporterwitz

Nur Menschen, die nicht in der Lage sind zu grübeln, verschwenden ihr Leben an eine erfolgreiche Karriere.

Drei Männer schleppen ächzend ein Klavier die Treppen eines alten Mietshauses hoch. »Ich habe eine gute und eine schlechte Nachricht«, sagt der Chef nach einiger Zeit. »Die Gute: Wir sind schon im achten Stock.« »Und die schlechte?«, fragt ein Mitschlepper. Der Chef seufzt. »Wir sind im falschen Haus.«

Für alle, die sich so fühlen, habe ich dieses Buch geschrieben. Genau so verhält es sich mit der Midlife-Crisis. Es wäre der Witz Ihres Lebens – wenn es nicht Ihr eigenes Leben wäre. Sie haben jede Menge Zeit, Energie und Liebe darauf verwendet, Ihren Job zu bekommen, Ihre Partnerin, Ihre Wohnung, Ihren Verein. Doch jetzt ahnen Sie: Es ist der falsche Job, die falsche Frau, das falsche Hobby. Es ist nicht nur die falsche Wohnung, sondern auch die falsche Stadt. Vielleicht sogar der falsche Kontinent. Und Sie erkennen: Nein, es ist nicht alles relativ. Es gibt richtig und falsch. Und Sie haben sich in der Tür geirrt.

Allerdings gibt es einen feinen Unterschied, der alles noch schwieriger macht: Sie befinden sich in der Lage des Chefs, *bevor* er anfängt zu sprechen. Sie haben den furchtbaren Verdacht, dass es das falsche Haus sein könnte. Sie müssten jetzt anhalten, klingeln und einen Nachbarn fragen. Aber nun tritt der innere Schönredner auf den Plan. Er verfolgt Sie schon Ihr ganzes Leben, er hat Sie in das ganze Schlamassel hier gebracht. Trotzdem hört er nicht auf, sich einzumischen. Am besten sei es, so rät er, einfach weiterzuschleppen. Denn:

1. Vielleicht ist es doch das richtige Haus.
2. Ihr habt schon acht Stockwerke geschleppt. Das wäre sonst völlig umsonst gewesen.
3. Es ist viel schwieriger, ein Klavier nach unten zu schleppen als nach oben.
4. Um das Klavier hier herunter- und im nächsten Haus wieder hochzuschleppen, dafür reichen weder Kraft noch Zeit.
5. Die anderen werden auch gar nicht bereit sein, dabei mitzumachen.
6. Wenn du andeutest, ihr könntet im falschen Haus sein, werden sie nie wieder mit dir reden oder dich an Ort und Stelle erschlagen.

7. Es gibt keine »richtigen« oder »falschen« Häuser. Alle Häuser sind gleich, keines ist schlechter als ein anderes.

8. Vielleicht schlägt ein Blitz ein, bevor ihr oben seid, oder es kommt zu einem Erdbeben. Dann ist es egal, ob es das falsche Haus war.

9. Vielleicht ist der Klaviereigentümer gerade ums Leben gekommen oder will sich von seinem weltlichen Besitz trennen. Oder das Klavierspielen aufgeben. Dann wird er heilfroh sein, dass das Klavier nicht ankommt.

10. Der Weg ist das Ziel. Gemeinsam schleppen ist eine sinnstiftende Erfahrung, egal, ob es am Ende das »richtige Haus« war oder nicht.

11. Gibt es nichts Wichtigeres auf der Welt als Klaviertransporte? Flüchtlinge, die Klimakatastrophe, der geringe Anteil von Frauen in Führungspositionen? Darum sollten wir uns kümmern, nicht um irgendwelche Tasteninstrumente.

Großartig, oder? Der innere Schönredner ist ein verdammt guter Redner, der Obama unter den inneren Stimmen. Aber es nützt alles nichts: Sie müssen jetzt an einer Tür klingeln und fragen, ob Sie hier richtig sind. Und notfalls umkehren. Und Sie wissen das auch.

Ich kenne diese Situation ziemlich gut. Ich bin oft genug die Treppen hoch- und wieder heruntergelaufen.

Ich bin geradezu ein Experte für Neuanfänge. Ich habe Politik, Geschichte, Soziologie, Philosophie, Ökonomie, Pädagogik und Musik studiert, also sieben Fächer. Um das noch zu toppen, habe ich später in 14 Berufen gearbeitet, nämlich als Journalist, Klavierlehrer, Klavierbegleiter, Chorleiter, Übersetzer, wissenschaftlicher Assistent, Fotograf, Sänger, Moderator, Schauspieler, Zimmervermieter, Regisseur, Komponist und Schriftsteller.

Mein Leben ist also nicht gerade arm an überraschenden Wendungen (man könnte auch sagen, an guten Pointen): Ich habe schon mit 17 Abi gemacht – um dann volle zehn Jahre zu studieren. Ich habe mit meinen ultralinken Totalverweigerergenossen gegen die Wehrpflicht gekämpft – die dann von einem ultrareichen CSU-Adligen aus Franken abgeschafft wurde. Ich habe sehr viel Zeit und Mühe in einen Summa-cum-laude-Abschluss gesteckt, um dann lauter Berufe auszuüben, für die ich nicht mal einen Hauptschulabschluss gebraucht hätte. Ich habe Blockflöte, Geige, Gitarre, Klavier, Saxophon, Schlagzeug und Trompete gelernt, um dann 18 Jahre lang als Sänger zu arbeiten. Das Leben hat mehr zu bieten als eine Beamtenlaufbahn.

Dieses Buch hält einige Überraschungen für Sie bereit. Ich werde zeigen, warum Helfen, Aufmerksamkeit, Geld, Alkohol, Sicherheit, Urlaub, Künstler, Popkultur und soziale Berufe überschätzt werden, während Ordnung, Sparsamkeit, Abenteuer, Gymnastik, Experimente, Fehler, Freiwilligkeit, Gewissenhaftigkeit und Kinderkriegen unterschätzt werden. Ich werde erläutern, was es mit dem Pubertismus, der Zeitillusion, dem Abilene-Paradox, dem Happy-End-Prinzip und der Buñuel-Liste auf sich hat und warum Selbstwirksamkeit so wichtig ist. Ich werde argumentieren, dass es tatsächlich so etwas wie ein richtiges Leben gibt, dass der Kapitalismus nicht als Ausrede taugt, es nicht zu leben, und dass Moral und Egoismus sich nicht ausschließen.

Und so wie der Chef des Klaviertransporterunternehmens habe auch ich eine gute und eine schlechte Nachricht für Sie. Die gute: Dieses Buch ist garantiert frei von therapeutischem Pathos, esoterischer Spiritualität und Frauenzeitschriftentipps – Sie kommen also auch weiterhin ohne Frischkornmüsli und Herzquantenyoga durchs Leben. Die schlechte Nachricht: Sie sind im falschen Stock! Und es wird alles noch viel schlimmer kommen. Der Weg ist lang und mühsam. Es gibt keine Abkürzung, keinen göttlichen Beistand und kein GPS. Sie sind kurzsichtig und unerfahren. Das Einzige, was Sie zu diesem Zeitpunkt wissen, ist, dass Rilke recht hatte: Du musst dein Leben ändern. Und dass es keinen Weg zurück gibt. Alles, was jetzt noch hilft, sind Selbstironie und Selbsthypnose. Flüstern Sie sich ruhig immer wieder Lichtenbergs berühmten Satz ein: »Ich kann freilich nicht sagen, ob es besser werden wird, wenn es anders wird; aber so viel kann ich sagen, es muss anders werden, wenn es gut werden soll.«

Sie sind in der Midlife-Crisis. Sie werden sich zum Horst machen. Sie werden Sirenen lauschen, Sümpfe ohne Gummistiefel durchwaten, in Abgründe blicken, Stürme in einem kleinen Ruderboot überstehen, sich im Dschungel verirren, sich Feinde machen und Reden vor Ihren Freunden halten. Aber Sie können es schaffen: das richtige Haus finden; das Leben führen, das Sie immer schon führen wollten. Und wenn Sie am Ziel sind, werden Sie stolz auf sich sein – und viele gute Geschichten erzählen können. Und das ist genau das, was zählt.

I.

Innehalten

Der Mensch ist ein Tier,
das jedes Jahr ein Kilo zunimmt.

Am Anfang ist uns nur etwas mulmig. Aber wir haben keine Ahnung, was los ist. Wir stellen nur fest, dass wir nicht mehr schlafen können, ohne Anlass schlecht gelaunt sind, nervös, ungeduldig, überreizt. Wir bekommen diesen merkwürdigen juckenden Ausschlag zwischen den Fingern, gegen den nur Kortison hilft, oder den großflächigen am Rücken, gegen den auch Kortison nichts mehr ausrichtet. Wir sind nicht mehr in der Lage, uns in einen Roman zu vertiefen oder auf ein Gespräch zu konzentrieren. Wir trinken, rauchen und essen zu viel, melden uns in einem Seitensprungportal an und verlegen andauernd Dinge. Ich habe es einmal fertiggebracht, binnen vier Monaten mein Smartphone, meine Handschuhe, meinen Schlüsselbund, meine EC-Karte, meinen Stadtplan, meine Mütze, meinen Schal, meinen Reisepass und meinen Personalausweis zu verlieren. Daraufhin beschloss ich, dieses Buch zu schreiben.

Wir sind komplett ratlos, wie eine Lösung aussehen könnte, weil wir nicht einmal wissen, worin überhaupt das Problem besteht. Oder wir wissen es sehr genau – weil nämlich unser vierzigster Geburtstag bevorsteht und uns mit einem Schlag bewusst wird, dass wir unser bisheriges Leben zu 99 Prozent vertändelt und verschwendet haben. Und zwar nicht, weil wir beim Versuch gescheitert wären, uns unseren Lebenstraum zu erfüllen, sondern weil wir diesen Versuch gar nicht unternommen haben. Wir haben nicht mal darüber nachgedacht, was unser Lebenstraum eigentlich sein könnte. Bis zu diesem Moment, kurz vor dem Vierzigsten, hielten wir uns für klug – und mit einem Schlag kommen wir uns unsagbar dämlich vor.

Ob Unbehagen, Entsetzen oder Schock: Leider gibt es auch an diesem Punkt noch jede Menge Methoden, um vor dem eigentlichen Problem die Augen zu verschließen und so noch mehr Zeit zu verlieren. Sie können sich vom inneren Schönredner einlullen lassen, Stimmungsaufheller schlucken oder Ihre freie Zeit auf Twitter, Facebook und Instagram vertrödeln. Sie kön-

nen auf dem Sofa liegend von großen Plänen erzählen,
die Sie niemals zu verwirklichen gedenken, sich permanent von Freunden einspannen lassen, die ihrerseits
nie etwas für Sie tun werden, in diffusen Zukunfts-
ängsten festfrieren oder beim Dauerkiffen das mentale
Niveau einer Topfpflanze erklimmen. Sie können mit
großem Aufwand Schlachten schlagen in Kriegen, die
Sie längst verloren haben, ihr letztes Geld dafür verwenden, sich etwas zu gönnen, das Sie nicht brauchen,
oder eine Psychoanalyse beginnen, die Ihnen praktischerweise verbietet, während ihrer Dauer irgendetwas
an Ihrem Leben zu verändern (Die Dauer beträgt ab
zwei Jahren aufwärts.) Oder Sie beruhigen sich mit der
Theorie, die Verwirklichung und Vervollkommnung der
eigenen Natur sei ein perfider Trick des von Ihnen ver-
achteten Neoliberalismus (demnach waren Aristoteles
und Goethe schon neoliberal).

Dagegen hilft einzig, sich immer wieder die Wahrheit
der Situation zu vergegenwärtigen: Die Zeit läuft ab,
der Körper ist ein immer fragileres Gebilde, und Ziele
erreicht man nur, indem man sie ansteuert.

1. Lesen Sie keine Glücksratgeber

Das Glück passt in eine kleine Teetasse.
Das Unglück gibt uns ein Gefühl von Unendlichkeit.

Vignetteroulette.com hat eine lustige Idee realisiert: Es kombiniert Ton- und Bildspuren verschiedener aktueller Werbespots. Zum Beispiel den Ton der Warsteiner-Werbung mit der Bildspur der Ergo-Versicherung. Das frappierende Ergebnis: Alles passt wunderbar zusammen. Lustig sind nicht etwaige Unstimmigkeiten, sondern die absolute Stimmigkeit. Warum? Weil alle, ob Bank oder Bier, Baumarkt oder Smartphone, dasselbe sagen und zeigen: »Sei du selbst, sei echt, tu, was du willst, tu es jetzt, mach es einfach.«

Aber das, was der Einzelne einzigartigerweise tun soll, ist seltsamerweise immer ziemlich genau dasselbe: skaten, mountainbiken und fallschirm springen; nackt in einen Waldsee tauchen, freihändig Fahrrad fahren, ein Baby knuddeln, eine atemberaubend schöne Frau küssen; Luftballons steigen lassen, ausgelassen tanzen, sich betrinken und wilden Sex haben. Dazu raunt der Sprecher: »Lass dich ab und zu mal fallen, das Leben ist kurz genug. Lass es raus, weil heute die Nacht der Nächte ist. Morgen kann warten. Weil es sich so gut anfühlt, dass die Welt stillsteht.« Oder: »Es gibt diesen einen Augenblick, wenn du feierst, wenn du durch die Nacht taumelst und irgendwann fliegst, wenn du ins Jetzt explodierst und es noch tagelang in dir dröhnt.« Oder: »Wenn etwas in dir sagt: Tu es – dann mach es, mach es, um es kennenzulernen, um zu wissen, ob es gut ist, wie es sich anfühlt.«

Was wurde mit diesen drei Zitaten wohl beworben: ein Mineralwasser, eine Versicherung und ein Supermarkt? Oder ein Bier, ein Modelabel und ein Handytarif? (Richtig: Es waren Warsteiner, Liebeskind Berlin und O_2). Ist es nicht ein klein wenig irritierend, dass der Schokoladenspot von Lindt perfekt zur Barmer Ersatzkasse passt?

Auch das Personal ist glücklicherweise identisch: Zu 90 Prozent handelt es sich um junge, hippe, schicke Menschen, die in lässiger und unaufdringlicher Weise sexy wirken, dazu ein Quotenrentner, ein Quotenbaby und eine Quotenrollstuhlfahrerin (»Wir sind bunt!«). Es ist nicht ohne Komik, dass jeder einzelne dieser vollkommen austauschbaren Spots mit sechsstelligen Budgets beauftragt und bezahlt wurde.

»Wir können die Zukunft nicht dadurch sichern, dass wir unser Land als einen kollektiven Freizeitpark organisieren«, mahnte Helmut Kohl 1993 in einer Regierungserklärung. Doch, genau das könnten wir, tönen unisono die Werbefilmchen – und erfinden dabei nichts, sondern reflektieren nur die sich krakenartig ausbreitende Glücksideologie, die sich in unzähligen Buchtiteln zuckrig niederschlägt: *Die Glücksformel, Die Glücksformel für jeden Tag, Die Glücksformel für den Hund* oder auch *Mein Glücksrezept* (von Konstanze Kuchenmeister). Amazon schlägt einem zum Thema Glück weit über 30 000 Bücher vor, welche die ARD glücklicherweise in der »Themenwoche Glück« zusammenfasst. Das können Sie so lange lesen, bis Sie vor der Endlife-Crisis stehen.

Schon die puritanische Ethik forderte Unerfüllbares – und profitierte von dem sich daraus ergebenden schlechten Gewissen. Diese Methode hat die Glücksindustrie aufgegriffen und perfektioniert. Es war schon nicht einfach, immerzu fromm, tugendhaft und enthaltsam zu sein. Vollends unmöglich ist es, immerzu »gut drauf« zu sein. Und so stehen wir da als andauernde Versager – und kaufen prompt den neuen Hirschhausen und andere Angebote der Wohlfühlindustrie.

Dabei weiß jeder, dass Glück ein kaum zu definierender, kaum festzuhaltender, äußerst seltener und zufälliger Zustand des menschlichen Geistes ist. Glück kommt unerwartet, es widerfährt uns, wenn wir nicht damit gerechnet haben – genau das macht uns dann so selig. Wir können »Glück« nicht beliebig produzieren und reproduzieren. Vielleicht sind wir beim ersten Kettenkarussellfahren überglücklich; beim achten Mal ist uns nur noch schlecht – oder langweilig.

Buddha hat schon früh diese eigentümliche Selbstaufzehrung des Glücks beschrieben und zur Grundlage seiner Philosophie gemacht. Vielleicht kennen Sie das Peter-Prinzip? Demnach wird jeder Mitarbeiter einer Organisation so lange befördert, bis er an eine Position gelangt, für die er nicht mehr geeignet ist – danach wird er nicht mehr befördert. Am Ende sind alle Positionen mit ungeeigneten Mitarbeitern besetzt. So ähnlich, sagt Buddha, geht es uns mit dem Glück: Wir jagen ihm so lange nach, bis jeder Reiz ausgekostet, jeder Wunsch erfüllt ist, wir jeder Lust überdrüssig geworden sind. Am Ende steht zwangsläufig Unglück. Oscar Wilde formulierte es so: »Auf dieser Welt gibt es nur zwei Tragödien: Wenn Wünsche enttäuscht und wenn sie erfüllt werden. Das zweite ist allerdings viel schlimmer, es ist wirklich tragisch.«

Das stimmt – soweit es um das Glück der Werbespots geht: um intensive, sinnliche, rauschhafte Momente. Diese Momente sind ganz wunderbar (ein armer Wicht, wer nicht zu feiern versteht). Aber sie sind weder das Einzige noch das Höchste, was das Leben zu bieten hat. Denn was den Menschen auszeichnet, ist seine Fähigkeit, *Zeit* zu denken, die *Zukunft* zu entwerfen, *Pläne* zu machen und auszuführen – oder ökonomisch gesprochen: zu sparen und zu investieren. Die Midlife-Crisis ist der Moment im Leben, wo einem spätestens klarwird, dass der infantile Hedonismus des »Dauernd Jetzt« (Herbert Grönemeyer) einen nicht ins Dauerglück, sondern ins Dauerunglück stürzt. Hätte Grönemeyer sich im »Dauernd Jetzt« verkifft, würde er heute keine Stadien füllen.

Es gibt eine intensive Diskussion in der Moralphilosophie darüber, ob wir es uns eigentlich anmaßen dürfen, Tiere einzusperren, zu quälen und zu töten, wie es in der Agrarindustrie und den Tierversuchslaboren permanent geschieht. Robert Spaemann meint, wir seien berechtigt, Tiere zu töten, weil diese keinen Bezug zu ihrer eigenen Biographie hätten, weil sie nicht in der Lage seien, ihr Leben als Ganzes zu übersehen, zu planen und zu entwickeln. Denken wir nun an den Lebensratschlag von Veltins (»Mach das Leben zu 'ner fetten Party und lad dich selbst ein«), so erkennen wir, dass dieser uns genau das nimmt, was uns Spaemann zufolge erst zu Menschen macht. Eine Existenz, die sich darin erschöpft, Abend für Abend zu chillen, zu feiern und sich mit diversen chemischen Stoffen zuzudröhnen, ist von der Kuh auf der Weide substantiell nicht zu unterscheiden.

Geht es aber um die Verwirklichung von Plänen, die über das Besorgen einer Kiste Bier hinausgehen – zum Beispiel um Goethes Vorschlag, ein Kind zu zeugen, ein Buch zu schreiben, einen Baum zu pflanzen und ein Haus zu bauen –, ist es mit den fliegenden Luftballons und den guten Gefühlen schon wieder vorbei. Was man dafür braucht, sind ganz andere Dinge: Geduld, Ausdauer, Hartnäckigkeit, Zähigkeit, Fleiß, Selbstdisziplin, Pünktlichkeit und vor allem: Frustrationstoleranz. (Hatten Sie schon einmal mit Handwerkern auf einer Baustelle zu tun? Mit Unkraut? Oder Kita-Erziehern?) Nach diesen Eigenschaften werden Sie aber vergeblich in einem Glücksratgeber suchen.

Die Naivität der meisten Glücksforscher ist kaum zu überbieten. Sie befragen Menschen, bei welchen Tätigkeiten im Laufe eines Tages sie sich wie glücklich gefühlt haben. Das führt zu atemberaubenden Erkenntnissen, etwa jenen, dass Schokolade, Joggen und guter Sex Glücksgefühle auslösen.

Und nun kommen wir zur Midlife-Crisis zurück. Wenn Sie als Mittvierziger in einer unglücklichen Ehe festhängen oder unter einem herrschsüchtigen Chef und missgünstigen Kollegen leiden, dann wird auch Joggen Sie nicht glücklich machen. Nein, Sie werden ständig innere Plädoyers gegen Ihre Quälgeister formulieren, Sie werden aus Frust so viel Schokolade in sich hineinstopfen, dass Sie Pickel bekommen, und am allerwenigsten werden Sie irgendwelche Lust auf Sex verspüren. Das Allerschlimmste: Es gibt zwar einen Weg, Ihre Lage substantiell zu verbessern – aber der führt über Aufstand oder Trennung. Entweder Sie stellen Forderungen, oder Sie verabschieden sich (oder Sie verabschieden sich, nachdem Ihre Forderungen abgelehnt wurden).

Aber glaubt irgendjemand, das sei einfach? Sich von der Frau zu trennen, mit der man über Jahre zusammengelebt hat, vielleicht Kinder aufgezogen hat oder noch aufzieht? Ein Unternehmen zu verlassen, in dem man sein gesamtes Berufsleben verbracht hat und dem man so vieles verdankt? Oder das Projekt, das man mit guten Freunden über Jahre entbehrungsreich aufgebaut hat? Oder gar seine Stadt, sein Land, alles Vertraute hinter sich zu lassen? Was Sie erwartet, wenn Sie das planen, sind Schwindel, Angst und Beklemmung; und Sie müssen damit rechnen, bei den Verlassenen Unverständnis oder gar blanken Hass auszulösen. Dies auszuhalten gehört zu den härtesten Dingen, die das Leben einem abverlangt. Und stets müssen wir dann mit dem Vorwurf des »Egoismus« rechnen, der uns merkwürdigerweise immer in Verlegenheit bringt, obwohl der andere mit diesem Vorwurf ja auch nur seine eigenen Interessen durchsetzen will.

Von der unausweichlichen Härte dieser Auseinandersetzungen und ihrer eigentümlichen Dynamik werden

Sie in »Einfach glücklich!«-Büchern nichts erfahren. Es
gibt eigentlich nur eine Gruppe von Lesern, für die sie
sich eignen: nämlich die, die bereits glücklich sind.
Jene Glücklichen, die in vollem Bewusstsein ihrer
selbst unbeirrt und hoffnungsvoll ihren Weg gegangen
sind und gehen, um das zu verwirklichen, was in ihnen
steckt. Für die ist tatsächlich die Frage interessant,
was mehr Dopamin im Hirn freisetzt: Schwimmen, Ski-
fahren oder Minigolf. Wir haben einstweilen existentiel-
lere Fragen zu klären.

2. Widersprechen Sie dem inneren Schönredner

Die Lüge ist der Bankräuber, der mit 100 000 Euro
in kleinen Scheinen entkommt. Die Schönfärberei ist der
Anlagebetrüger, der in aller Ruhe 100 Millionen
bei seinen Opfern einsammelt.

Zwei Figuren tummeln sich in unserem Ich: der Wahrheitssucher und der Schönredner. Unser ganzes Leben
besteht aus dem Kampf, den die beiden miteinander
ausfechten. Sie kämpfen um unsere Seele, unseren
Verstand, unsere Entscheidungen. Der Ausgang die-

ses Kampfes bestimmt, was am Ende unser Leben gewesen sein wird.

Schon früh treffen die beiden aufeinander. Der Wahrheitssucher erkennt irgendwann, dass Sie sterben müssen. Der Schönredner sagt: »Ist ja noch lange hin!« Der Wahrheitssucher erkennt, dass Ihr Knie ganz schön weh tut, nachdem ein anderes Kind Sie beim Fußballspielen auf den Asphalt geschubst hat. Der Schönredner sagt: »Mit der Narbe kann ich morgen in der Schule toll angeben!« Der Wahrheitssucher erkennt, dass die eigenen Leistungen in Mathe ungenügend sind. Der Schönredner sagt: »Mathe? Total unwichtig!«

Auf meiner letzten Fahrradtour in Österreich kaufte ich auf einem Marktstand vier kleine Schälchen mit Antipasti. Dass bei den einlegten Auberginen, Pilzen, Oliven und Artischocken kein Preisschild stand, fiel mir erst im Nachhinein auf. Der Verkäufer füllte und verpackte die vier kleinen Plastikschälchen und nannte dann den Preis: 24,50 Euro. *Huch, das ist aber sehr viel!*, durchzuckte es mich schockartig. Das wäre der Moment gewesen, innezuhalten und den Händler zu fragen, ob er sich vielleicht verrechnet habe, was davon denn besonders teuer sei, um dann auf das teuerste Schälchen zu verzichten. Ich hätte ihn auch einfach um einen Rabatt bitten können (»20 Euro?«). Oder »Was sind denn das für Mondpreise?« rufen und weitergehen. Ich dagegen wählte eine andere Lösung:

Ich zahlte, ohne nachzufragen, die volle Summe. Zuverlässig beruhigte mich der innere Schönredner schon in der nächsten Sekunde: »Bestimmt sind es besonders leckere Antipasti, vielleicht die besten aus ganz Österreich. Dafür ist es noch billig!« – »Ich bin doch kein Geizkragen!« – »Der Händler sah aus wie ein armer Migrant. Seine Kinder werden sich freuen.« – »Es war ja auch schon zu spät zum Zurückgeben.« – »Hätte ich eben früher nachfragen müssen. Selber schuld!« Dazu passte, dass die Antipasti fade und ölig schmeckten und mir von den Artischocken später übel wurde.

Der innere Schönredner ist immer dann zur Stelle, wenn es um vermeidbare Fehler, verpasste Gelegenheiten und nicht ergriffene Chancen geht; wenn es gilt, die eigene Trägheit, Feigheit und Bequemlichkeit als Tugend, wohlüberlegte Entscheidung, unabwendbares Schicksal oder alternativlosen Weg darzustellen. Er sorgt dafür, dass wir uns besser fühlen – um den Preis, dass es uns dadurch niemals bessergeht. Das erkennt nämlich der Wahrheitssucher in uns, und das ist seine Stärke.

Bei manchen Menschen ist der Wahrheitssucher von Anfang an der stärkere Part. Sie scheuen sich nicht, sich mit der ganzen Welt anzulegen, sie können gar nicht anders. Ihr innerer Schönredner ist zu schwach – oder sie sind zu klug, um auf seine Argumente hereinzufallen. Leute wie Galileo, Voltaire, Einstein oder Gandhi.

Aber davon gab und gibt es nur sehr wenige. Bei den meisten von uns siegt der Schönredner, zumindest in den ersten 30, 40 Jahren. Dann erst wird der Wahrheitssucher stärker, und es kommt zum Showdown. Diesen Showdown nennen wir Midlife-Crisis. Entweder der Wahrheitssucher siegt, oder wir lullen uns bis zum Tod mit beruhigenden Phrasen ein: »Alles halb so schlimm.« – »Et kütt, wie et kütt, et het noch immer jot jejange.« – »Was man hat, das hat man.« – »Übermut tut selten gut.« – »Eigentlich geht es mir doch bombig.« Und wenn man sich dann noch eine *arte*-Doku über peruanische Minenzwerge ansieht, spürt man endgültig, dass man doch ein großartiges Leben führt – jedenfalls im Vergleich zu den Minenzwergen.

Seltsamerweise hat der Schönredner bei uns nicht das schlechte Image, das ihm zusteht. Denken Sie an den berühmtesten Schönredner überhaupt: Hans im Glück. Hans bekommt als Lohn für sieben (!) Jahre harte Arbeit ein Stück Gold, das er gegen eine Kuh eintauscht. Dann tauscht er die Kuh gegen ein Schwein, das Schwein gegen eine Gans und die Gans gegen einen Schleifstein. Den wirft er am Ende aus Versehen in einen Brunnen und ruft aus: »So glücklich wie ich gibt es keinen Menschen unter der Sonne!«

Wir können von Hans einiges über den inneren

Schönredner lernen, unseren lebenslangen Quälgeist und Begleiter. Er ist nicht »böse«. Nein, er ist bloß ängstlich und faul. Er will sich nicht anstrengen, sich mit niemandem anlegen, nicht verzweifeln, rebellieren und aufbrechen. Und daher wird er Ihnen raten, in Ihrer Heimatstadt zu bleiben, das erstbeste Fach zu studieren, den erstbesten Job anzunehmen und mit der erstbesten Freundin eine Familie zu gründen.

Als ich mit 30 Jahren auf ein Klassentreffen meiner fünften Klasse fuhr, musste ich feststellen, dass von 30 ehemaligen Mitschülern 26 in Elmshorn geblieben waren. In Elmshorn. Sind Sie mal da gewesen? Es ist wirklich der reizloseste Ort der Welt: keine Geschichte, keine Kultur, kein historischer Stadtkern, keine Szene, nichts. Nur eine Fußgängerzone mit Markenartiklern und ein Stadttheater, in dem ab und zu Comedians aus Hamburg auftreten. Ansonsten: 60er-Jahre-Einfamilienhäuser, die ebenso einförmig und trostlos wirken wie die in derselben Zeit entstandenen Sozialwohnungsblocks. Da erst begriff ich das »Gesetz der Trägheit«. Es entfaltet seine Wirkung aber nur durch die Macht des inneren Schönredners, der in diesem Fall suggeriert: »Ist doch gar nicht weit von Hamburg weg – und so übersichtlich! Man wird nicht so leicht abgelenkt. Man hat alles, was man braucht: einen Bahnhof, eine Eisdiele, Köllnflocken und Teppich Kibek. Und Barmstedt ist auch um die Ecke.«

Der Schönredner ist versiert wie Sigmar Gabriel. Er färbt alles schön – nicht zuletzt sich selbst. Natürlich ist er kein Weichzeichner, sondern optimistisch, geduldig, gelassen, vernünftig, realistisch und geübt im positiven Denken. Und den Wahrheitssucher stempelt er natürlich zum Gegenteil: Der gilt als pessimistisch, menschenfeindlich, verbittert, zynisch, übelgelaunt, als Schlechtmacher und Meckerdeutscher, der sich und andere runterzieht und einem das Leben schwermacht.

Der innere Schönredner ist ein zäher, unterschätzter Gegner. Er schließt Bündnisse mit anderen Schönrednern, schreibt Bücher (*Einfach glücklich!*), gründet Zeitschriften *(Landlust)* und entwirft Philosophien (Stoizismus). Wie erfolgreich er ist, können Sie daran erkennen, wie die meisten Menschen über Krisen denken. Natürlich hasst der innere Schönredner Krisen, weil sie meistens in Rebellionen münden, und die sind nun mal anstrengend, risikoreich und oft vergeblich. Der Schönredner aber möchte sein Leben am liebsten auf dem Energielevel einer Nacktschnecke verbringen. Und tatsächlich hat er es hinbekommen, dass Krisen einen miserablen Ruf haben. Wir wollen sie »vermeiden« und ihnen »vorbeugen« (»Krisenprävention«) oder sie ganz schnell »in den Griff bekommen«, »bewältigen« und »hinter uns lassen«.

Sie sehen: Der innere Schönredner ist ein gewand-

ter, geschmeidiger, gut vernetzter und fast übermäch-
tiger Gegner. Was Sie daher brauchen, sind ebenso
starke Verbündete. Zum Glück gibt es davon gleich
drei: der Blick auf die Uhr, der Blick in den Spiegel und
der Vergleich mit Ihren Altersgenossen.

3. Blicken Sie auf die Uhr

Ungefähr 20 Jahre lang bilden wir uns ein,
uns genau in der Mitte unseres Lebens zu befinden.

Unser erster Trumpf gegen den inneren Schönredner
sind runde Geburtstage. Weder er noch Sie können
verhindern, dass Sie irgendwann 40 werden. Alle erwarten, dass Sie das groß feiern, sich darauf freuen
und vor Glück außer sich sind. Aber der letzte Geburtstag, auf den Sie sich gefreut haben, war der achtzehn-
te – wenn Sie da nicht gerade unglücklich in Kerstin
verliebt waren, die inzwischen an einem Bahnschalter
in Neumünster arbeitet. Beim fünfundzwanzigsten kamen Sie bereits in die Quarter Life Crisis *(War es wirk-*
lich eine gute Idee, Ägyptologie zu studieren?). Und seit
dem dreißigsten nimmt die Übelkeit mit jedem Jahr zu.

Anfang der 30er beruhigt der innere Schönredner noch: »Anfang 30? Du siehst aus wie 28. Ach was, wie 24. Nur viel markanter!« Mit Mitte 30 kann es schon kritisch werden. Um nicht zu viel darüber nachzudenken, feiern Sie erstmals gar nicht oder allein mit Ihrer Lebensgefährtin in Dänemark, was auch keine gute Idee ist (»Findest du nicht, dass wir langsam mal über Kinder reden sollten?«). Wenn Sie am Feiern festhalten, blicken Sie sich auf Ihrer eigenen Party um und fragen sich, warum Ihnen beim Betrachten Ihrer Freunde das Wort *Berufsjugendliche* einfällt. Und als Nächstes das Wort *unwürdig*. Vielleicht feiern Sie Ihren achtunddreißigsten Geburtstag ganz bewusst im übelsten Spelunkenkeller auf St. Pauli, die Wände schwarz, es riecht nach kaltem Rauch, es gibt weder Sitzgelegenheiten noch Platz für Blumen und Geschenke, dafür einen DJ, der die Musik so laut dreht, dass die Sprechenden sich intuitiv ins Ohr brüllen, ohne einander zu verstehen (tanzen tut trotzdem keiner). Oder Sie haben bereits festgestellt, dass Sie nicht mehr genügend Gäste für eine Party zusammenbekommen, weil Ihre Freunde weggezogen sind oder Kinder gekriegt haben (»Sorry, unser Babysitter ist krank. Viel Spaß!«). Stattdessen kochen Sie ein aufwendiges Menü für einen ausgewählten, kleinen Kreis – und kommen sich dabei 20 Jahre älter vor, als Sie sind. Die Schwierigkeiten deuten sich also schon an, können aber noch irgendwie wegretuschiert werden (»War bestimmt nur Pech. Nächstes Mal steigt wieder 'ne riesige wilde Tanz-, Sauf- und Knutschparty, so wie früher!«).

Aber dann kommt der vierzigste Geburtstag. Und alles wird anders.

Warum? Weil wir uns hohe Zahlen nicht vorstellen können. Alles, was Babys wie Erwachsene intuitiv voneinander unterscheiden können, sind die Zahlen eins bis sieben. Danach schaltet unser Gehirn um auf *viele*. Deshalb gibt es keinen gefühlten Unterschied, ob wir 37 oder 38 sind. Am Vierzigsten aber werden wir ein Jahrzehnt älter. Und wir wissen: Wir haben nur sieben Jahrzehnte. Und dann vielleicht noch sieben Jahre. Genau so hoch ist übrigens die Lebenserwartung des deutschen Mannes: 77. (Frauen werden im Schnitt fünf Jahre älter: 82.)

Das sind Zahlen, die der innere Schönredner nicht wegdiskutieren kann: Von sieben Jahrzehnten sind vier abgelaufen. Bleiben drei. Weniger als die Hälfte. Panikartig trifft uns die erste Krisenerkenntnis: Mein Leben ist endlich. Meine Zeit läuft ab. Und der größere Teil ist schon vorbei.

»Unsinn«, wird der innere Schönredner sagen. »Ungefähr die Hälfte deines Lebens hast du noch vor dir! Wenn du 98 wirst, sogar weit mehr als die Hälfte, fast zwei Drittel. Und der heutige Silver Surfer ist mental wie körperlich topfit!« Damit will er zur Tagesordnung

übergehen, denn wie wir bereits wissen, hasst er Veränderungen.

Jetzt müssen Sie dranbleiben. 77 ist die durchschnittliche Lebenserwartung. An Ihrem vierzigsten Geburtstag ist damit 52 Prozent Ihrer Lebenszeit verbraucht.
Es ist aber auch gut möglich, dass Sie mit 56 einen
Herzinfarkt erleiden, dann blieben Ihnen gerade noch
16 Jahre – und 71 Prozent Ihrer Zeit wären um.

»16 Jahre«, wird der Schönredner sagen, »eine halbe
Ewigkeit... 5840 Tage!« Und da verbündet er sich wieder mit unserer Unfähigkeit, uns große Zahlen vorzustellen. Für unser Vorstellungsvermögen sind 5840 Tage
genauso viele wie die 28106 Tage, die wir ursprünglich mal hatten. Eben *ganz viele Tage*. Ein Meer von
Zeit. Da muss man keine knallharten Entscheidungen
treffen, die andere verstören, verängstigen oder sogar
verärgern. Lieber noch ein bisschen Böhmermann auf
YouTube gucken, bei den neuesten Facebook-Posts
Gefällt mir klicken (in der vagen Hoffnung auf Gegen-
klicks) und auf Twitter schauen, wo sich George Clooney gerade rumtreibt und gegen wen sich der neueste
Shitstorm richtet (»Helene Fischer als Zombie-Barbie
zu bezeichnen ist sexistisch und menschenverach-
tend!«).

Jetzt nicht einlullen lassen. Antworten Sie dem
Schönredner mit der Brutto-netto-Rechnung. Entgegnen Sie: »Selbst, wenn ich 77 werde und brutto noch

37 Jahre habe, wie viel davon steht mir überhaupt zur freien Verfügung? Zwölf Jahre werde ich verschlafen, sechs Jahre fernsehen, fünf Jahre arbeiten und zwei Jahre lang Steuererklärungen ausfüllen, Wäsche waschen, Hemden bügeln, Familienfeiern besuchen und Beziehungsgespräche führen. Bleiben zwölf Jahre. Davon gehen sieben Jahre drauf für Großeinkäufe, Reparaturen, kochen, essen und abwaschen, Unkraut jäten, Auto fahren und Parkplatzsuche. Und vier Jahre für chatten, simsen, telefonieren, surfen und computerspielen. Nicht zu vergessen elf Monate für rasieren, duschen, baden, anziehen und den Friseur.« Erkennen Sie langsam das Problem? Wir haben noch keinen einzigen Tag für Krankheiten und Arztbesuche eingeplant – und Ihnen bleibt für alle *schönen* Dinge des Lebens noch genau ein Monat. 30, 31 Tage für Reisen, lesen, Musik hören, Klavier spielen, Fußball spielen, alte Freunde treffen, Flirten, Küssen und wilden Sex. Mit Pech ist es ein Februar, dann sind es nur 28 Tage.

»28 Tage – wow!«, ruft der Schönredner. »Das sind ja 672 Stunden. Ganz, ganz viele!« Außerdem wird er einwenden, die ganze Rechnerei sei absolut polemisch und überzogen. In Wirklichkeit komme man problemlos mit elf Jahren Schlaf und vier Jahren Einkaufen, Kochen und Essen aus. Dann blieben einem netto 758 Tage. Fast tausend!

»Gut«, antworten Sie, »mal was anderes: Man braucht fünf Jahre, um irgendetwas Neues vernünftig zu lernen – sei es eine Sprache, ein Instrument oder eine Sportart. Und jenseits der 65 lässt das Gehirn leicht nach. Wie viele neue Dinge werde ich realistischerweise in meinem Leben noch lernen können? Vier oder fünf.« Das sind Zahlen, denen man nicht entkommt. Bei maximaler Selbstdisziplin können Sie noch Gitarre, Tennis, Spanisch und Kochen lernen. Das war's. Für Geige, Schach oder Italienisch wird die Zeit schon nicht mehr reichen. Für Japanisch erst recht nicht.

»Spanisch wäre wirklich ganz interessant«, wird der Schönredner erwidern. »Aber muss das wirklich sein? Ist so anstrengend. Das kann man doch auch später noch mal machen. Irgendwann. In fünf Jahren vielleicht. Oder nach der Rente.«

Und dies – genau dies – ist der allerwichtigste Punkt. »Später irgendwann vielleicht« ist die schwerwiegendste Lebenslüge überhaupt. Damit haben Sie sich jetzt über die Hälfte Ihres Lebens davor gedrückt, überfällige Entscheidungen zu treffen. Die Illusion, unendlich viel Zeit zu haben und deshalb die Mühen des Wählens umgehen zu können, hat Ihnen der Schönredner seit 30 Jahren eingetrichtert. Es ist nicht einfach, davon wegzukommen. Vermutlich werden alle Zahlen und Rechnungen Ihnen dabei nicht wirklich helfen.

Erstens sind sie zu abstrakt, zweitens eignen sie sich leider immer zum Relativieren. »Ein neues Leben anfangen«, wird der Schönredner sagen, »sehr gut, warum nicht? Und 40 ist ein super Zeitpunkt dafür! Obwohl – ist 41 nicht genauso gut? Oder 42?«

Nein, Zahlen schrecken uns nicht sonderlich. Immerhin können wir ein paar Tricks anwenden, um aus unserer Zeit-Bewusstlosigkeit herauszukommen.

Ein Trick zum Beispiel: unser mutmaßliches Todesjahr ausrechnen. Lesen Sie nicht weiter, rechnen Sie jetzt! Stellen Sie sich Ihren eigenen Grabstein vor. Vergegenwärtigen Sie sich die Millionen Jahre, die Sie später tot sein werden, im Verhältnis zu den ganz wenigen, die Sie noch auf Erden vor sich haben. Kaufen Sie sich eine Armbanduhr mit Sekundenzeiger. Stellen Sie auf Ihrem Esstisch und Ihrem Schreibtisch Sanduhren auf. Der Sand rinnt und rinnt, ob Sie zuschauen oder nicht. Jetzt wird Ihnen schwindelig. Endlich.

Die erste Wahrheit der Midlife-Crisis lautet:

Meine Zeit verrinnt. Über die Hälfte ist schon weg. Ich habe lange genug quallenartig-bewusstlos vor mich hin gelebt. Wenn ich an meinem Leben noch irgendetwas Grundlegendes ändern will, dann jetzt. Sonst wird es zu spät sein.

4. Schauen Sie in den Spiegel

Sehr dicke Menschen sind so unbeliebt, weil sie uns vor Augen führen, wie wir in zehn Jahren aussehen werden.

Die Zeit ist ein seltsames Gut. Es ist das wichtigste, von dem alle anderen Güter abhängen, und doch vergessen wir es leicht, weil es unsichtbar und körperlos ist. Es wird uns geschenkt, aber wir können es nicht nachkaufen. Wir können es quantifizieren und wissen dennoch nicht, wie viel wir davon noch haben. Und was wir auch tun, es wird jeden Tag weniger. Und dennoch gewinnen wir daraus kein Gefühl der Dringlichkeit – jedenfalls nicht dauerhaft.

Interessanterweise sind hier die im Vorteil, denen einmal Zeit geraubt wurde. Der lebenshungrigste Mensch, den ich je kennengelernt habe, war ein Hamburger Schriftsteller, der wegen Mordes 15 Jahre lang in Santa Fu gesessen hatte. Danach war er ein wahrer Energiequell, ein Lebensvulkan. Auch mein Großvater hat nach fünf Jahren Kriegsgefangenschaft noch einmal völlig neu angefangen und mit 43 (!) ein neues Studium begonnen. Ist einem derart brachial Zeit genommen worden, dann erkennt man ihren Wert, für den wir in Freiheit Lebenden blind bleiben. Dass unsere eigene Zeit permanent verschwindet und sich unwiederbringlich in nichts auflöst, beängstigt uns in der Regel nicht, weil wir dieses Verschwinden nicht sehen und daher auch nicht fühlen können. Der Wahrheitssucher kann in dieser Hinsicht reden, rechnen und beweisen, so viel er will – der Schönfärber gewinnt fast immer.

Sehr viel konkreter als die abstrakte Zeit sind diese komischen Flecken da auf dem Unterarm. Ab einem bestimmten Zeitpunkt beginnt unser Körper zu verfallen, und wir haben nicht damit gerechnet. Wir stehen nachts um vier nach einer durchfeierten Nacht vor dem Spiegel, gehen ganz nah ran und versuchen die Person, die uns dort anblickt, irgendwie zuzuordnen. Und nüchtern abzuschätzen, wie hoch ihre sexuelle Anziehung noch ist. Handelt es sich möglicherweise um einen verschollenen, älteren, dickeren Bruder? Warum sieht er so verlebt aus? Und jetzt nicht anfangen, über dieses schreckliche Wort nachzudenken: *verlebt*.

Nach dem runden Geburtstag ist der Blick in den gutbeleuchteten Spiegel unser zweiter Verbündeter. Da gibt es nicht viel schönzureden: Haaransatz, Fältchen, Bindegewebe, Doppelkinn (allein diese Wörter niederzuschreiben ist schon sehr unangenehm). Das erste Mal sah ich bei mir den Ansatz (natürlich nur den Ansatz!) eines Doppelkinns auf einem Foto, das ich von meinem Sohn und mir auf einer Fahrradtour gemacht hatte. Ich sehe das Motiv noch genau vor mir: Wir saßen im Kinosessel eines »5D«-Kinos im Legoland Günzburg. Ich sah ohnehin schrecklich bleich und teigig aus, aber woher kam dieses *Doppelkinn*? Hatte ich vielleicht mein Gesicht zu sehr nach unten geneigt? Nein, hier kam der Schönredner nicht weit. Mir war wochenlang schlecht. Denn wir sehen ja nicht plötzlich aus wie Clint Eastwood und der späte Robert Redford. Wir sahen nie so aus, und wir werden auch nie so aussehen.

Die letzte Zuflucht des Schönredners besteht darin, nur flüchtig und bei Schummerlicht in den Spiegel zu sehen, lieber keine eigenen Fotos anzuschauen, erst recht keine Filmaufnahmen, und im Übrigen auf das warme Kerzenlicht zu vertrauen, in das die Reaktionen unserer alten Freunde uns hüllen: »Siehst gut aus! Überhaupt nicht wie 43!« »Alles im grünen Bereich!«, will uns der innere Schönredner daraufhin beruhigen – als könnten wir auf das Feedback von Schulfreunden auf einem Klassentreffen irgendetwas geben. Wir brauchen uns dort ja nur eine Minute selber zu beobachten. Wir sagen: »Mensch, Jens, lange nicht gesehen – du hast dich aber gut gehalten!«, während wir denken: *Meine Güte, hat der abgebaut.* Hat Ihnen jemals ein Freund gesagt: »Du bist aber alt geworden! Was sind denn das für Krähenfüße?«

Die einzigen Menschen auf der Welt, die einem die Wahrheit über Speckbauch, Achselschweiß, fleckige Hemden, zu enge Jeans, unmodische Frisuren und überlange Nasenhaare sagen, sind die eigenen Kinder. Wehe dem, der keine hat. Und auch noch kurzsichtig ist.

Das Gewicht nimmt zu, die Sehkraft ab. Und alles andere entwickelt sich ebenso ungünstig: Gelenkigkeit, Kondition, Kraft, Belastbarkeit. Sie möchten endlich den Sport für sich entdecken, um den Alterungsprozess zu verlangsamen – aber Eistanz, Ballett, Kickboxen, Kunstturnen, Ski- und Turmspringen können Sie schon mal generell abhaken. Schwimmen ist sogar kontra- produktiv: Es löst erwiesenermaßen mehr Hunger aus, als es Kalorien verbraucht. Bei Fußball reißen Ihnen die morschen Bänder, Laufen, Tennis, Badminton, Volleyball und Squash zerstören die Gelenke. Bleiben Hatha-Yoga, Nordic Walking oder Kieser-Training – Akti- vitäten, bei denen Sie Menschen treffen, die die Mid- life-Crisis schon vor 20 Jahren hinter sich gelassen haben.

Das ist auch der Grund, warum der Mann Mitte 40 am liebsten das alleralbernste Hobby überhaupt auf- nimmt: Motorrad fahren. Sieht dynamisch, wild und jugendlich aus. Besteht aber genau genommen nur daraus, auf einem weichen Leder zu sitzen. Ja, zu *sit- zen*, nur eben bei 200 km/h.

Oder wir besorgen uns ein Rennrad mit den dazu-gehörigen Funktionsklamotten, in denen wir im Ganz-körperspiegel plötzlich irre sportlich aussehen. Selbst wenn wir höchstens Zehnkilometertouren im flachen Umland unternehmen.

Nein, der Körper lügt nicht. Besser als die ablau-fende Uhr führt er uns unsere Endlichkeit vor Augen und macht den Schönredner in uns etwas kleinlauter. Er beschert uns die zweite Erkenntnis der Midlife-Crisis:

Die dünnen Jahre sind vorbei. Die jungen auch. Die Zellerneuerung verlangsamt sich. Wir werden welk, und überall wuchern überflüssige Haare und Flecken. Sexy werden wir nur noch durch sehr viel Geld, den Chef-posten oder einen italienischen Anzug, in dem wir aus-sehen, als hätten wir den Chefposten und sehr viel Geld. Wenn wir jetzt nicht mit Sport anfangen, enden wir als Sofakartoffel im Herzinfarkt. So wie der Wind sich nicht um den Baum kümmert, dessen Äste er zer-bricht, so kümmert sich der Körper nicht um den Irr-glauben, wir hätten unendlich viel Zeit. Die haben wir nicht. Das Zeitfenster schließt sich.

5. Vergleichen Sie sich mit anderen

Die Vergangenheit ist nichts als ein Meer
verpasster Gelegenheiten.

Neid gehört zu den sieben Todsünden. Wolfgang Schmidbauer sagt: »Wer sich mit anderen vergleicht, ist schon ein Stück aus seinem eigenen Leben vertrieben.« Ein Satz, den ich lange für richtig gehalten habe. Inzwischen bin ich mir da nicht mehr so sicher.

Denn was ist Denken? Denken ist Unterscheiden. Und wie unterscheiden wir Dinge? Indem wir sie miteinander vergleichen. Denken ist also Vergleichen.

Was Schmidbauer *meint*, ist vermutlich: Ich soll mich nicht grämen, dass ich weniger Wirkung auf Frauen ausübe als Ryan Gosling, denn ich sehe nun einmal nicht aus wie Ryan Gosling. Wenn allerdings ein Freund, der deutlich schlechter aussieht als ich, dennoch deutlich mehr Erfolg bei Frauen hat, dann liegt es nahe, dass er irgendetwas ziemlich richtig macht – oder ich irgendetwas ziemlich falsch. Und das sollte mich nachdenklich stimmen. Es *vertreibt* mich nicht aus meinem Leben – nein, es *eröffnet* mir möglicherweise ein besseres Leben.

Von Anfang an werden uns unsere ungenutzten Potentiale durch diejenigen vor Augen geführt, die ebenso alt (oder jünger!) sind, aber ihr Potential bereits in surreal erscheinender Weise verwirklicht haben. Erst sind es nur die Sportler: Fußballer, Tennisspieler, Olympiasieger. Das sind die ersten Altersgenossen, die man mit 18, 19 Jahren in der *Tagesschau* sieht. »Huch, der ist genauso alt wie ich und schon Millionär«, denkt man. Aber bevor man ins Grübeln gerät, ist der innere Schönredner schon zur Stelle: »Olympiasieger im Hammerwerfen – wie behämmert ist das denn? Sind doch eh alle gedopt. Sinnloser Extremrandsport. Tennis war vor 20 Jahren mal in. Und Fußball – was für ein Beruf ist das, bitte? Man kann ihn höchstens 20 Jahre ausüben, ist von geistig Minderbemittelten umgeben, und danach sind Knie und Füße ruiniert. Na ja, eigentlich der ganze Körper. Sei froh, dass du kein Fußballer geworden bist!«

So lässt man sich einlullen und taumelt weiter halb bewusstlos durchs Leben. Studieren? Ja, genau, absolut, also – vielleicht. Erst mal Interrail. Und dann ein Praktikum. Irgendwas mit Medien.

In seinen Zwanzigern wird man von Schauspielstars und Sängern überholt. Aber das ist für die meisten sehr weit weg. Film und Popmusik – »die sind doch alle kokainabhängig«, ruft der innere Schönredner. »Psychisch labil, vom Erfolg überrollt, von Agenten aus-

gebeutet, zum Feiern gezwungen, von Groupies ge-
stalkt. Grund zum Neid? Nein, Grund zum Mitleid!«

Mitte 30 wird es langsam kritisch. Die ersten Minis-
ter und Parteivorsitzenden sind jetzt schon jünger als
man selber. Wie haben die das bitte geschafft – so
viel Macht, Ruhm, Geld und Einfluss in so kurzer Zeit?
»Wahrscheinlich«, sinniert der Schönredner, »waren es
immer schon Streber, Außenseiter, krankhafte Ehrgeiz-
linge. Und guck dir doch an, was aus Philipp Rösler
oder Guttenberg geworden ist. Oder Christian Lindner –
willst du etwa mit dem tauschen?«

Anfang 40 ist es nicht mehr kritisch. Es ist eine
Katastrophe, und man wird langsam fatalistisch. Die
Altersgenossen fluten in alle Spitzenpositionen. Sie
tauchen auf als Topmanager, Chefredakteure und Best-
sellerautoren, und zwar schon nicht mehr als jugendliche Shooting-Stars, sondern als arrivierte Routiniers,
denen man ernsthaft zuhört. Sie werden porträtiert
und interviewt und erzählen aus ihrem Leben. Ab 40
gibt es kein wirksameres Depressivum, als sich mit
den Erfolgreichsten seines Jahrgangs zu vergleichen –
und zwar ganz konkret mit den früheren Mitschülern
und Mitstudenten. Danach geht es einem erst mal
richtig schlecht. Weil man nämlich feststellt, dass
selbst die letzten Knallköpfe eine Riesenkarriere hin-
gelegt haben, während man selbst hier und da herum-
gerollt ist wie eine herrenlose Billardkugel.

Schöne Überraschungen erwarten einen auch auf den Klassenfesten der eigenen Kinder. »Was machst du denn so?«, fragt man einen anderen Vater. »Ich? Ach, ich komm grad von einem Interview aus Neuseeland zurück.« – »Oh, Neuseeland. Bist du Reisejournalist?« – »Nein, ich leite das *Spiegel*-Feuilleton.«

Glücksforscher und Schönredner – oft sind es dieselben Personen – unterscheiden zwischen Aufwärts- und Abwärtsvergleichen. Ihr Glücksrezept überrascht nur wenig. »Warum«, fragen sie aufmunternd, »vergleichst du dich mit den Siegern? Vergleiche dich doch lieber mit deinem arbeitslosen Ägyptologenfreund Malte, mit deiner Jugendliebe Sophie, die inzwischen in einem Call-Center jobbt, oder gleich mit den Obdachlosen am Hauptbahnhof. Schon bist du dankbar und zufrieden.« Aber wollen wir uns wirklich mit so etwas trösten?

Sophie war schon in der siebten Klasse nicht sehr helle. Und Malte hat alle Lebensenergie darauf verwendet, die Frühstücksgewohnheiten der Nubier im 6. Jahrhundert vor Christus als zu kohlehydratlastig zu entlarven. So abseitige Interessen muss man erst einmal haben. Was aber zeichnet die Erfolgreichen unter den eigenen Bekannten aus? Mit Schrecken erkennt man: Das Talent war es nicht. Die Chefärzte und Chefredakteure, die Aufsteiger und Sieger waren gar nicht übermäßig klug oder begabt. Sie haben sich einfach nur irgendwann ein Ziel gesetzt und es nicht mehr aus den Augen verloren, sondern hartnäckig verfolgt – manchmal mit ansteckender Leidenschaft, manchmal mit aggressiven Ellenbogen, manchmal als listig-eifrige Netzwerker, aber immer unermüdlich und besessen. Und was haben sie damit erreicht? Alles. Eine eigene TV-Show. Ein eigenes Unternehmen. Eine eigene Redaktion. Man selber sieht nur der Staubwolke eines davontrabenden Pferdes nach und reibt sich die Augen: So funktioniert das also.

Als Kind schaut man auf die Großen, Reichen und Berühmten als Wesen vom fremden Stern, als Auserwählte, als Aliens. Jetzt sieht man: Sie kochen alle nur mit Wasser. Bis hin zum Präsidenten: ganz normale Menschen. Hannah Arendt diagnostizierte im Eichmann-Prozess die Banalität des Bösen. Wir erkennen jetzt etwas nicht ganz so Furchterregendes, dafür aber sehr Deprimierendes: die Banalität des Erfolgs. Wir wissen: Wir selbst haben es einfach nur vergeigt. Wir hatten keine klaren Ziele, keine klaren Prioritäten, keine Strategie, keinen Plan, nichts. Wenn man so »vorgeht«, ist es unmöglich, erfolgreich zu sein.

Unsere dritte Erkenntnis lautet also: *Andere in meinem Alter haben mit denselben Voraussetzungen sehr viel erreicht, ich dagegen so gut wie nichts. Weil ich es gar nicht wirklich versucht habe. Wenn ich jetzt nicht damit beginne, bleiben mir als Lebenseinstellung nur noch Buddhismus und Abwärtsvergleiche.*

Nun beginnt die Zerknirschung – und das Selbst-
studium. Was habe ich eigentlich in all der Zeit gemacht? Wo ist sie bloß hin?

»Ach, was soll die Zerknirschung?«, rufen der Glücksforscher und der Schönredner (wieder ziehen sie an
einem Strang). »Die Vergangenheit ist vergangen. Lass
sie ruhen! Ändern kannst du eh nichts mehr. Schau
lieber fröhlich in die Zukunft! Vor allem: Lebe im Hier
und Jetzt! Vielleicht gönnst du dir mal eine halbstün-
dige Aromamassage mit anschließendem Fußbad?«

Aber diesmal fallen Sie nicht darauf herein. »Wer
die Geschichte nicht kennt, ist dazu verdammt, sie zu
wiederholen.« (George Santayana) Es lohnt sich sehr
wohl, einmal in Ruhe auszukundschaften, welche Fehler Sie bis jetzt gemacht haben. Das misslungene
Leben besteht meistens aus schlechten Gewohnheiten.
»Gewohnheiten sind stoffwechselbiologisch und neuro-
nal billig«, weiß Gerhard Roth. Die Griechen drücken
es noch plastischer aus: Wenn der Mensch stirbt, entweicht erst die Seele – und dann entweichen die Gewohnheiten. Sie sind sozusagen unser Innerstes. Und
sie verstärken sich permanent selbst (gewohnheits-
mäßig belohnt sich unser Gehirn für das Einhalten von
Gewohnheiten). Wenn man sich bestimmte Fehler zur
Gewohnheit gemacht hat, sieht es also düster aus.
Vor allem, wenn man nicht mal weiß, worin die Fehler
eigentlich bestehen.

Ich kenne Sie nicht persönlich. Aber ich tippe, dass Sie genau wie ich und alle anderen Midlife-Crisis-Geplagten eine Reihe ganz spezifischer Fehler gemacht haben. Lassen Sie uns die Liste mal durchgehen. Es ist Zeit für eine Inventur.

6. Hören Sie auf, Geber zu sein

Es braucht ein Gleichgewicht zwischen Geben und Nehmen, sagt der Nehmer zum Geber.

Sie sind ein Geber. Ich kann das nicht beweisen, aber ich vermute es. Erst haben Sie mir (und dem Verlag) Geld für dieses Buch gegeben, jetzt schenken Sie mir Ihre Aufmerksamkeit, und am Ende tragen Sie sich in meinen Newsletter ein und überlassen mir Ihre Daten. Das ist Ihr Lebensprinzip: Sie geben lieber zu viel als zu wenig, denn Sie möchten niemandem zur Last fallen und auch nicht als kleinlich gelten. Sie stellen Ihre Kopfhörer so leise, dass niemand von Ihrer Musik gestört wird, sogar dann, wenn Sie selbst kaum noch etwas hören. Sie überlegen sich dreimal, ob Sie jemanden nach dem Weg fragen, den Sie schon seit einer halben

Stunde suchen. Natürlich würden Sie niemals einen Ra-
tenkredit aufnehmen, und wenn Sie auch nur eine private Restaurantquittung als Betriebsausgabe absetzen,
plagt Sie bereits ein schlechtes Gewissen. Ihr Trinkgeld
fällt naturgemäß zu hoch aus, und Sie zerbrechen sich
über Geburtstagsgeschenke für Leute den Kopf, die
Ihnen noch nicht mal gratulieren. Oder Sie helfen
Frauen beim Umzug oder ihrer Masterarbeit, die Ihnen
weder davor noch danach auch nur einen Blick widmen.

Ständig gehen Sie in Vorleistung im festen Glauben,
dafür einen Gegenwert zu erhalten. Am Ende, so hoffen Sie, werde es ein Gleichgewicht geben zwischen
Geben und Nehmen. Das Herstellen dieses Gleich-
gewichts ist das Ziel Ihrer Handlungen, und Sie gehen
davon aus, dass alle anderen dasselbe Ziel verfolgen.
Wenn es also irgendwo dieses Gleichgewicht noch
nicht gibt, so muss das an Missverständnissen liegen
oder an einer kleinen Zeitverzögerung – denken Sie.

Dann machen Sie immer wieder dieselben irritieren-
den Erfahrungen: Ihr Cousin lädt sich und seine Familie an Weihnachten zu Ihnen ein und belegt für eine
Woche Ihr Wohnzimmer. Ihre Putzfrau kommt eine halbe Stunde später, geht eine halbe Stunde früher, und
die Flusen unterm Sofa sind immer noch da. Und bevor Ihr Kollege zwei Monate auf Kur geht und von dort
in den Bildungsurlaub, bedankt er sich dafür, dass Sie
seine Arbeit für ihn miterledigen werden.

Diese Erfahrungen haben alle denselben Grund. Es gibt nämlich noch eine andere Sorte Mensch: den Nehmer. Sein Leben sieht etwas anders aus als Ihres. Er dreht seine Anlage bis zum Anschlag auf, solange sich niemand beschwert, wartet darauf, dass jemand anderes den Abwasch macht, lebt am Rande des Dispos und von seinen Eltern. Er ist ein Meister in der Kunst des Krankschreibens, Schwarzfahrens und Dinge-nicht-Zurückbringens und entwickelt eine unglaubliche Virtuosität darin, Arbeit zu vermeiden, zu delegieren und vorzutäuschen.

Erinnern Sie sich? Sie sind ihm schon früh begegnet – und haben es immer zu spät bemerkt. Umgekehrt ist das übrigens nicht so. Der Nehmer begreift sofort, dass er es mit einem Geber zu tun hat. Ihr vierjähriger Sohn zeigt immer wieder auf die Kugelbahn im Schaufenster, weil er weiß, dass Sie gar nicht anders können, als sie ihm zu kaufen. Der Religionslehrer aus dem 6. Stock bittet von allen Nachbarn ausgerechnet Sie darum, in den Sommerferien sechs Wochen lang seine Blumen zu gießen. Und der Bankberater fragt Sie sorgenvoll, ob Sie denn überhaupt schon den simpelsten Basisschutz hätten: Berufsunfähigkeits-, Rechtschutz-, Unfall-, Zahnzusatz-, Risikoleben-, und eine Ausbildungsversicherung pro Kind dazu Riester, Rürup und Bausparvertrag. Sie werden sich entschuldigen, sich bedanken und fragen, wo Sie unterschreiben dürfen.

Es ist ein Phänomen, dass die meisten Geber die Vorgänge nicht recht durchschauen. Zum einen, weil gewisse Dinge für sie selbstverständlich sind: zum Beispiel, dass man Versprechen einhält, andere weder täuscht noch belügt, immer sein Bestes gibt und andere nicht im Regen stehen lässt. Geber können sich nicht vorstellen, dass all diese Dinge dem typischen Nehmer einfach nur egal sind. Der hat nämlich einen anderen Blick auf die Welt. Er stellt sich die Frage: Komme ich damit durch? Was steht mir zu? Und wie kriege ich es selbst dann, wenn es mir nicht zusteht? Der Nehmer verspricht etwas, um eine Vorleistung zu bekommen, und behauptet etwas, um den anderen günstig zu stimmen; der Wahrheitsgehalt spielt eine nachgeordnete Rolle. Wenn er überhaupt etwas gibt, dann immer nur gerade so viel, wie nötig ist, um nicht aufzufliegen, rauszufliegen oder verklagt zu werden. Und wenn der andere im Regen steht, dann ist das schließlich seine Schuld! Immer geht es dem Nehmer um eine Minimierung von Anstrengung, um Faulheit aus Prinzip, aber auch um den Reiz, herauszufinden, wie weit man es treiben kann, was die Geber einem alles abkaufen, was sie sich versprechen lassen, wie weit und wie einfach sie sich einspannen und ausnehmen lassen.

Einer der erfolgreichsten deutschen Betrüger war Jürgen Harksen. Er sammelte von 1987 bis 1992

150 Millionen DM ein, zum Beispiel von Udo Lindenberg und Dieter Bohlen. Im Interview mit der Zeitschrift €uro beschrieb er, wie dieser Reiz ihn schließlich sogar dazu trieb, sich völlig absurde Dinge auszudenken. Er versprach Gewinne von bis zu 1300 (!) Prozent mit einem »Epibrationsfonds«. »Epibrieren« war ein Nonsenswort, das er sich selbst ausgedacht hatte. »Aber keiner hat gefragt. Die Schnösel wollten sich nicht die Blöße geben, etwas nicht zu wissen.« Vielmehr habe der Präsident der Hamburger Handelskammer begeistert gerufen: »So was braucht Hamburg!«

Können Sie verstehen, dass es einen ganz eigenen Spaß verspricht, brave und gutgläubige Menschen auf diese Weise einzuwickeln? Dieses Handeln beruht zwar auf einer Abwesenheit von Moral und Gewissen; aber gerade aus der Tatsache, dass der andere sich ausnehmen oder einspannen lässt, lässt sich auch eine etwas krude moralische Rechtfertigung basteln – was auch Harksen tut: »Wenn jemand Gewinne von mehr als sieben Prozent verspricht, muss man vorsichtig sein. Wäre es leicht, solche Gewinne zu generieren, würde es doch jede Bank selber machen.« Mit anderen Worten: Wer nicht das nötige Misstrauen an den Tag legt, ist eben selber schuld. Aus Sicht des Nehmers klingt das logisch. Er weiß, dass es Nehmer und Geber gibt.

Der Nachteil des Gebers besteht darin, dass er das eben nicht weiß. Er beginnt sein Leben im Glauben, alle seien so wie er: gutgläubig, treu, verlässlich, guten Willens, gewissenhaft. Der Geber rechnet nicht damit, dass andere bedenkenlos die Wahrheit verdrehen, das Blaue vom Himmel versprechen und niemals ein Bedürfnis verspüren, irgendetwas »zurückzugeben«. Er kann sich nicht vorstellen, dass andere einfach nur darauf aus sind, mit möglichst wenig Einsatz möglichst viel herauszubekommen – also das Verhältnis von Geben und Nehmen bis zu einem grotesken Ungleichgewicht zu verschieben.

Ahnungslosigkeit ist das eine. Sich einspannen zu lassen hat aber auch verschiedene Vorteile. Sie reparieren anderen kostenlos ihren Computer oder ihr Fahrrad, korrigieren ihre Seminararbeit, lektorieren ihren Roman, zeigen ihnen, wie das neue iPhone funktioniert, trösten sie in stundenlangen Gesprächen über ihre aktuelle Chaosbeziehung – und fühlen sich dabei ungeheuer gebraucht und nützlich. Sie müssen nicht nein sagen und sich dabei unhöflich vorkommen, Sie müssen selber kein Ziel festlegen (das hat der andere übernommen) und bekommen vom anderen das, wonach Sie sich so sehnen: Dankbarkeit und Anerkennung (und sei es nur in Form eines kurzen Lächelns und einer flüchtigen Umarmung). Mehr noch, Sie sind zufrieden mit sich, weil Sie Ihr Bild von sich

selbst als eines höflichen, freundlichen und hilfsberei-
ten, mithin »guten« Menschen bestätigt haben.

Das Ganze hat aber einen entscheidenden Nachteil:
Sie selbst kommen währenddessen Ihren Zielen keinen Millimeter näher. Der andere ist mal wieder einen
Kilometer weiter. Und es hat ihn nur ein Lächeln gekostet. Sie können Ihr gesamtes Leben damit verbringen, anderen Leuten Gefallen zu tun, doch dann
wundern Sie sich bitte nicht, wenn Sie auf der Stelle
treten. Ich sage nicht, dass Sie dazu übergehen sollen, nun umgekehrt andere als Lastesel für sich zu
benutzen, sondern dass Sie damit aufhören sollten,
freiwillig den Lastesel für andere zu spielen. Stellen
Sie sich die Frage, was Sie vom Nehmer lernen können. Zum Beispiel dieses: eigene Wünsche klar, direkt
und unmissverständlich zu äußern – so wie das Kind
mit der Kugelbahn. Irgendetwas in Ihnen sagt Ihnen
vielleicht, das sei unhöflich, unfreundlich und egoistisch. Aber ist es das überhaupt? Wieso soll es unhöflich oder unfreundlich sein, eine freundliche Bitte
zu äußern? Offenbar hängt alles an dem kleinen Wort
»egoistisch« und der damit verbundenen Überzeugung,
Geben sei seliger als Nehmen. Solange Sie in Ihrem
Innern davon überzeugt sind, es sei zutiefst egoistisch
und unsozial, jemand anderem eine Bitte abzuschla-
gen oder selbst eine zu äußern, solange Sie sich überhaupt an diesen merkwürdigen beiden Kriterien mes-

sen – nicht unsozial und egoistisch zu sein –, wird es mit Ihrem Abschied vom Geberdasein nichts werden.

7. Überwinden Sie Ihre Egoismus-Phobie

*Liebe dich selbst zumindest halb
so sehr wie deinen Nächsten.*

Egoismus steht in keinem guten Ruf. Egoistisch zu sein oder zu handeln ist ebenso wie »egozentrisch« keine Beschreibung, sondern eine Beschimpfung. Freilich ohne Argument. Denn was ist daran verwerflich, etwas für seine eigenen Interessen zu tun? Mein Freund Michael brachte es sehr schön auf den Punkt: »Man kann heutzutage nichts Schlimmeres wollen, als dass es einem gut geht.«

Wie unlogisch es ist, das Handeln »für den anderen« für besser zu halten als das Handeln »für sich selbst«, kann man schon daran erkennen, dass der Bezugspunkt derselbe ist: Bedürfnisse, Wünsche und Interessen. »Mein« und »dein« sind ja nur zufällige Perspektiven. Wenn Sie etwas für mich tun, tun Sie etwas für meine Interessen; wenn ich etwas für mich tue, tue ich etwas für meine Interessen. Warum soll das Erste besser sein als das Zweite?

Wir können das Ganze auch von oben betrachten und fragen, welches System besser funktionieren würde: wenn jeder sich hauptsächlich a) um seine eigenen Interessen kümmerte oder b) um die Interessen der anderen. Das illustriert folgender Witz: Eine Frau wird schwanger und bekommt einen sehr dicken Bauch. Es kommt aber nie zu einer Geburt, und sie stirbt viele Jahrzehnte später. Als die Ärzte den Bauch öffnen, finden sie darin zwei ergraute Zwillinge, die abwechselnd rufen: »Bitte nach Ihnen!« – »Bitte nach Ihnen!«

Das Paradox des Altruismus besteht darin, dass er nicht jedem erlaubt, altruistisch zu sein. Jemand, der anderen ostentativ die Tür aufhält, ist nett; er macht sich aber auch wichtig, und zu seiner demonstrativen Bescheidenheit passt nicht ganz, dass er sich einen Platz erobert hat: den des guten, bescheidenen Altruisten. Denn sein Verhalten ist nicht verallgemeinerbar: Nicht jeder kann dienstfertig und selbstlos den anderen die Tür aufhalten. Irgendwer muss der »Egoist« sein, der als Erster durchgeht.

Immerhin entsteht hier überhaupt noch ein Nutzen (jemand kann durch eine Tür gehen). Oft genug führt altruistisch gemeintes Handeln jedoch dazu, dass überhaupt kein Nutzen, sondern nur Schaden entsteht. Dafür gibt es den Fachbegriff *Abilene-Paradox*.

Die dem zugrundeliegende Geschichte geht so: Familie Coleman entspannt sich sonntags glücklich auf ihrer Terrasse, als der Schwiegervater, der kein Langweiler sein möchte, vorschlägt, zum Abendessen ins 53 Meilen entfernte Abilene zu fahren. Alle stimmen zu. Die Fahrt ist lang und anstrengend, es ist heiß und staubig, natürlich ist auch das Essen in Abilene miserabel. Nachdem sie völlig erschöpft wieder zu Hause sind, wagt die Schwiegermutter zu bemerken, dass sie eigentlich lieber zu Hause geblieben wäre. Es stellt sich heraus, dass es allen so ging, aber niemand sich getraut hatte, es zu sagen, in der Annahme, alle anderen seien total begeistert von der Idee, nach Abilene zu fahren. Keiner wollte Spielverderber sein, jeder wollte den anderen einen Gefallen tun – nur dass am Ende alle darunter litten.

Das ist das grundlegende Problem am Altruismus: Was wir selber wollen, wissen wir; was die anderen wollen, können wir immer nur mutmaßen. Der amerikanische Sexualtherapeut und Bestsellerautor David Schnarch sieht hierin sogar den Grund dafür, dass das Sexleben von Paaren nach wenigen Jahren so langweilig wird, dass es zum Erliegen kommt: Jeder traut sich immer nur, das zu tun und zu fordern, von dem er glaubt, dass der andere es will. Worauf die Partner selber Lust haben, trauen sie sich gar nicht zu äußern. Am Ende bekommt keiner das, worauf er wirklich Lust hat.

Dennoch gilt nicht der Altruismus als sinnlos, albern und wichtigtuerisch – nein, Egoismus gilt als böse, weil »rücksichtlos«. Meistens werden die Wörter zusammen verwendet: »rücksichtslos und egoistisch« oder »rücksichtsloser Egoist«. Das ist seltsam. Pflegt der Egoist nämlich seine Interessen, indem er zu Hause sitzt und liest, Musik hört, Filme guckt, im Internet surft oder fernsieht, schadet er ja niemandem. Tritt er aber in Interaktion mit anderen – indem er zum Beispiel einen Laden aufmacht, um Geld zu verdienen, oder in einen Fußballverein eintritt, um Fußball zu spielen –, dann wird er schon im eigenen Interesse Rücksicht auf die anderen nehmen. Schließlich wird er nur dann Geld verdienen, wenn er in dem Laden das anbietet, was die anderen dringend brauchen, und er wird auch nur mitspielen können, wenn er sich den Gepflogenheiten im Verein anpasst. Gerade sein Egoismus macht ihn zu einem sozialen Wesen. Diese Erkenntnis geht bekanntlich auf Adam Smith zurück: »Nicht von dem Wohlwollen des Fleischers, Brauers oder Bäckers erwarten wir unsere Mahlzeit, sondern von ihrer Bedachtnahme auf ihr eigenes Interesse.« Gerade erfolgreiche Egoisten sind extrem sozial, das heißt sensibel für die Interessen, Wünsche und Empfindlichkeiten anderer. Der Markt verwandelt den Egoismus des Einzelnen in soziales Verhalten.

Genau umgekehrt verhält es sich mit Menschen, die

sich der altruistischen Aufgabe verschrieben haben, in irgendeiner Form die Welt zu retten: vor Ungläubigen, Juden, dem Kapitalismus oder irgendeiner anderen angeblichen Gefahr. Diese Ziele erscheinen dann so groß und wichtig, dass rücksichtslose Gewaltanwendung schon mal als Kollateralschaden akzeptiert werden muss. Altruisten können daher sehr nett sein – privat sowieso –, aber wenn es um ihre gute Sache geht, denken sie oft wie Mao: »Für alles Reaktionäre gilt, dass es nicht fällt, wenn man es nicht niederschlägt. Es ist die gleiche Regel wie beim Bodenkehren – wo der Besen nicht hinkommt, wird der Staub nicht von selbst verschwinden.« So werden Menschen zu Staub: im kommunistischen China nicht anders als im Hollywood-Actionfilm. »Keine Katastrophe der Menschheit begann mit dem Satz: Denk an dich selbst«, stellte Ayn Rand trocken fest – sie schrieb auch das schöne Buch *The virtue of selfishness*. Altruisten sind gefährlich, weil sie im Namen eines höheren Ideals unterwegs sind. Trotzdem hört man den Ausdruck »rücksichtslose Altruisten« nie.

Besonders sinnfrei ist die Behauptung von Altruismus im Bereich der Ökonomie. Ich kenne einen Autor, der seine Bücher damit bewirbt, sämtliche Gewinne aus dem Verkauf flössen in die Hilfe für Afrika. Nun, wenn das so ist, wovon lebt der Mann dann? Offenbar von einer anderen Tätigkeit, mit der er genau den »Gewinn« macht, den er hier selbstlos weitergibt. Wenn ich dagegen meine bescheidenen Tantiemen für mich behalten will, stehe ich als gefühlloser Egoist da, dem die Not in Afrika egal ist.

Die nächste Frage ist, ob die über 1000 Milliarden Dollar Entwicklungshilfe, die seit 1950 nach Afrika geflossen sind, die Lage dort überhaupt verbessert haben. Der ugandische Journalist Andrew Mwenda zeigt in seinem Vortrag *Aid for Africa? No thanks*, dass das Gegenteil der Fall ist: Dieses Geld von außen wird nicht investiert, sondern finanziert aufgeblähte Staatsapparate, die wenigen ein leistungsloses Einkommen versprechen und um deren Kontrolle blutige Bürgerkriege entbrennen. Auf Dauer gestellte Hilfe schafft das Interesse daran, arm und verschuldet zu bleiben; Psychologen sprechen von »erlernter Hilflosigkeit«.

Dennoch sind wir sicher: »Hilfe« ist gut, »Profit« ist schlecht. Die Worte »Profit«, »Gewinn«, »Kapital« und »Konzern« stehen heute grundsätzlich für etwas Böses, Unsoziales, Rücksichtsloses, und zwar völlig unabhängig davon, wie und womit diese Gewinne erwirtschaftet werden, und auch unabhängig davon, dass aus den Gewinnen des privaten Sektors Polizei, Krankenhäuser, Schulen und Universitäten finanziert werden, die dann wiederum als »gut« und »sozial« gelten.

Dennoch ist nichts populärer, als jemandem, der sich erfolgreich um Gewinn bemüht hat, »Gier« vorzuwerfen. Dass Mark Zuckerberg zum Beispiel 99 Prozent seiner Facebook-Aktien an eine Stiftung spenden wird, die sich um Chancengleichheit für Kinder aus aller Welt einsetzt, wurde bei uns als klarer Beweis seiner Gier gewertet (auf Facebook.) So wie Egoisten »rücksichtslos« sind, so sind Reiche »gierig«. Dabei kann natürlich in Wahrheit jeder »gierig« sein: vom Flüchtling bis zum Staatschef, vom Punksänger bis zum Verwaltungsbeamten, vom Betriebsrat bis zum Umweltaktivisten. Und es ist ungeheuer schwierig und mühsam, durch den Verkauf von Gütern oder Dienstleistungen auf dem freien Markt einen Gewinn zu erzielen; allein in Deutschland gehen jedes Jahr rund 30 000 Firmen pleite.

Ich bin mir nicht sicher, was zuerst da war: die Ablehnung von »Egoismus« als Verhalten oder die Ablehnung von »Profitorientierung« in der Wirtschaft. Sicher ist nur, dass beide sich in verhängnisvoller Weise gegenseitig hochschaukeln und bestätigen. Im Ergebnis wollen wir auf keinen Fall als selbstsüchtig und gierig dastehen und lassen uns lieber von anderen einspannen, statt unser eigenes Potential so gut und zielstrebig wie möglich zu entfalten.

Glücklicherweise gibt es bereits jede Menge guter Bücher, mit deren Hilfe Sie die Egoismusphobie therapieren können, die uns schon von unseren sozialdemokratischen Kindergärtnerinnen eingeimpft wurde. (Sie

erinnern sich: Man bekommt etwas in die Hand gedrückt, nur um es im nächsten Moment »abgeben« zu
müssen.) Lesen Sie Josef Kürschners Klassiker *Die
Kunst, ein Egoist zu sein,* Wayne Dyers *Der wunde
Punkt,* Veit Lindaus *Heirate dich selbst!* oder Eva-Maria
Zurhorsts *Liebe dich selbst und entdecke, was dich
stark macht.* Wenn Sie dazu keine Zeit haben, wiederholen Sie einfach immer wieder dieses Mantra, die
vierte Erkenntnis der Midlife-Crisis:

*Es ist vernünftig, sinnvoll und lobenswert, sich um
die eigenen Wünsche, Genüsse, Interessen und Ziele zu
kümmern. Sinnlos, unklug und verkehrt ist es dagegen,
sich selbst und seine Bedürfnisse zu vernachlässigen,
zu übergehen, schlechtzureden und zu unterdrücken.*

8. Bekämpfen Sie Ihr ADS

Leben ist Weglassen.

Über 500 000 Kinder und Jugendliche in Deutschland
leiden schätzungsweise an ADS, dem Aufmerksam-
keits-Defizit-Syndrom. Die Betroffenen vermeiden Aufgaben, die größere geistige Anstrengungen erfordern,

verlieren häufig Gegenstände, hören oft nicht richtig zu, sind innerlich abwesend, lassen sich durch äußere Reize leicht ablenken, sind vergesslich und haben Schwierigkeiten, ihr Leben zu organisieren.

Kommt Ihnen das irgendwie bekannt vor?

Wer zwei Hasen jagt, wird keinen fangen, heißt es in China. Wie viele Hasen jagen wir? Die betroffenen Kinder und Jugendlichen bekommen im Jahr über 50 Millionen Tagesrationen Ritalin verabreicht. Und was nehmen wir? Die wir mittels Laptop, Smartphone und Fernseher zwischen Songs, Tipps, Clips, News, Mails, Links und Calls herumirren, vom Shitstorm zum Liveticker, von *Buzzfeed* zu *Spiegel Online*, von Skype zum Onlinedating? Stefan Berg hat eine schöne Wette dazu angeboten: »Wer mir noch am Abend aus dem Gedächtnis alle Personen nennen kann, die er während des Tages angesimst oder angemailt hat, dem schenke ich mein Mobiltelefon.«

Unsere Kultur leidet unter kollektivem und kontinuierlichem ADS. Das Wort »Reizüberflutung« trifft die Sache nicht, denn was uns trifft, sind keine zufälligen, natürlichen »Reize«. Spätestens seit Georg Francks *Ökonomie der Aufmerksamkeit* wissen wir, dass Aufmerksamkeit eine neue Währung ist, ähnlich wichtig wie Geld; sie zu generieren ist Aufgabe hochbezahlter Spezialisten (PR, Marketing, Werbung), die aufgrund wissenschaftlicher Erkenntnisse und empirischer Erhebungen sowie mit Hilfe millionenschwerer Budgets, skurriler Ideen und erprobter Manipulationstechniken ein einziges Ziel verfolgen: uns für irgendetwas zu »interessieren«. Sowohl die Produkte selber (Lebensmittel, Klamotten, Autos, Medien, Reisen) als auch ihre Werbung rufen uns zu: *Hier! Nicht verpassen! Ein Must-have!*

Pro Jahr erscheinen alleine in Deutschland weit über 100 Kinofilme, über 20 000 Musikalben und 80 000 Bücher. Mehr als 1500 Zeitschriften wollen abonniert, über 100 Tageszeitungen möchten gelesen sein. Allein der öffentlich-rechtliche Rundfunk in Deutschland betreibt 23 Fernseh- und 63 Radiosender. Und da haben wir den Computer noch nicht einmal angeschaltet.

Der amerikanische Mediziner Edward M. Hallowell diagnostiziert die schwerwiegendste Folge dieser Dauerzerstreuung: »Das Individuum verliert die Perspektive und die Fähigkeit, Prioritäten zu setzen.« Man könnte sogar noch weiter gehen: Es verliert die Fähigkeit, autonom und zielgerichtet zu handeln. Hätte Wolfgang Amadeus Mozart 60 Symphonien komponieren können, 27 Klavierkonzerte, 23 Streichquartette, 22 Opern, 18 Messen, 17 Kirchensonaten, 6 Violinkonzerte sowie vier Hornkonzerte, und das alles während eines kurzen Lebens (er starb mit 34), wenn er ein iPhone besessen hätte? Dank What'sApp, Skype,

Facebook, Twitter und iMessenger wäre er mit einem angefangenen Flötenkonzert in die Musikgeschichte eingegangen.

Mozart wusste genau, was er wollte: komponieren, und zwar in dem von ihm entwickelten, frühvollendeten Personalstil. Und was wissen wir? Bislang eigentlich nur, dass wir nicht so weitermachen wollen wie bisher. Das ist auch eher ein Gefühl, und es verursacht ein leichtes Ziehen im Magen.

Veränderungen brauchen Zeit, Ruhe und Besinnung. Machen Sie sich bitte Folgendes klar: Sie verpassen nichts, wenn Sie sich auf sich selbst konzentrieren. Der Hamburger Coach Tom Diesbrock schlägt daher in seinem Buch: *Ihr Pferd ist tot? Steigen Sie ab!* für die Zeit der Midlife-Crisis ein *Medienfasten* vor: vier Wochen ohne Radio, Fernsehen, Zeitung, Zeitschrift und Internet. Versuchen Sie das mal. Sicherlich ist es hochspannend, ob der HSV absteigt, wann Griechenland aus dem Euro fliegt und ob ein ZDF-Comedian ins Gefängnis muss. Aber es hilft Ihnen nur wenig bei der Bewältigung Ihrer eigenen Probleme. Bis Sie die nötigen Entscheidungen getroffen haben, sollten Sie das mediale Dauerplätschern einfach mal auf null dosieren.

Sich auf sich selbst zu konzentrieren hat merkwürdigerweise keinen guten Ruf. Angeblich leiden wir dann unter zu viel »Selbstbespiegelung«, »Nabelschau«, ja, sogar an »Autismus«. Beim Medienfasten werden Sie schnell feststellen, dass das kompletter Unsinn ist. Von einer »Gesellschaft der Autisten« sind wir so weit entfernt wie Sigmar Gabriel vom Amt des Bundeskanzlers.

So wie es viel einfacher ist, seine Wohnung für einen Gast aufzuräumen als für sich selbst, so ist es auch viel mühsamer, sich auf die Frage nach seinem eigenen Traumberuf zu konzentrieren als auf die Karriere von Mesut Özil. Es geht ja schließlich »nur« um Sie. Viel wichtiger ist doch, was aus dem lustigen dicken Türken bei *The Voice of Germany* geworden ist! Wie lange hält sich Frank Underwood im Weißen Haus? Kommt TTIP durch? Müssen wir uns von Chlorhühnchen ernähren? Und wie geht die siebte Staffel von *Game of Thrones* aus?

Mit Selbstbesinnung fängt alles an. Schreiben Sie Tagebuch. Gehen Sie spazieren. Reisen Sie in ein Land, in dem Sie die Landessprache weder lesen noch verstehen können. Ich habe meine besten Ideen immer auf Reisen gehabt. Vielleicht geht es bei alldem noch um etwas ganz anderes: nämlich darum, die Zuschauerränge zu verlassen. Darum geht es im folgenden Kapitel.

9. Besiegen Sie den inneren Oblomow

Das Leben ist eine Skizze –
aber wo ist bitte das Radiergummi?

Ilja Iljitsch Oblomow verbringt sein Leben hauptsächlich an zwei Orten: im Bett und auf dem Sofa. Zentrum und Schwerpunkt seiner alltäglichen Verrichtungen ist der Mittagsschlaf. Weder sein ehrgeiziger und tatkräftiger Freund Stolz (ein Deutschrusse) noch die Liebe zur jungen Olga noch die katastrophalen Zustände auf dem väterlichen Gut können ihn aus seiner lebenslangen Lethargie reißen. Dabei ist er keineswegs dumm und beschränkt; im Gegenteil, er ist klug, gedankenvoll und gebildet. Auf dem Sofa liegend, schmiedet er weitreichende Pläne, was mit Olga, dem Gut und seinem Leben zu tun sei. Nur: warum gerade heute? Manchmal steigert sich Oblomow Freunden gegenüber geradezu in einen Rausch hinein, wenn er erzählt, was er alles vorhabe, wenn er den Diwan erst einmal verlasse. Alles, alles werde er verändern! Seine Freunde bekommen es mit der Angst zu tun und überreden ihn, doch lieber liegen zu bleiben. Nach langem Hin und Her gibt er ihren Bitten nach, trinkt noch einen Tee und hält ein Schläfchen.

Obwohl Iwan Gontscharow 1869 völlig unbekannt war und auf 700 Seiten praktisch nichts passiert, war der Roman schon bei seinem Erscheinen eine Sensation; bis heute ist Oblomow eine der berühmtesten Romanfiguren überhaupt. In Deutschland heißt nicht nur eine Kneipenkette so, sondern auch *Herr Lehmann* von Sven Regener ist offenbar ein Wiedergänger des russischen Faulenzers, ebenso wie der Ich-Erzähler in den Geschichten von Horst Evers, der sich vollkommen darin verlieren kann, den Geräuschen seiner Kaffeemaschine zu lauschen. Immer wieder hat mein Vater mir als Kind die Geschichte von Oblomow erzählt, es war sein Lieblingsroman – vielleicht, weil auch er so gerne auf dem Sofa lag, viel erzählte und von seinem Leben träumte.

Oblomow ist sozusagen der Godfather der Prokrastinierer; der Idealtypus des Menschen, der zwar dazu in der Lage ist, exzellente Pläne zu schmieden, diese aber so geschickt immer wieder in die Zukunft verlegt, dass es nie zu einer Realisierung kommt. Dass eben dieses Verschieben und die dazugehörigen Selbstrechtfertigungen, das Erfinden von Ausreden, das Aufstellen und Überschreiten von Fristen, das Fassen und Revidieren von Entscheidungen eine Sisyphosarbeit ganz eigener Art ist, hat Gontscharow so glänzend beschrieben, dass wir uns alle in diesem so mühsamen wie urkomischen Prozess des Selbstbetrugs wiederfinden.

Buch und Figur wurden unglaublich beliebt – fataler-
weise. Denn Selbstironie ist eine Tugend, Aufschieben
dagegen nicht.

Im Charakter von Entscheidungen liegt es, dass die
Wahl einer Möglichkeit alle anderen Möglichkeiten
ausschließt. So kommt es zur Idee oder zum Gefühl
des ungelebten Lebens. Der Prokrastinierer löst diesen Widerspruch auf, indem er sein Leben lang im
Konjunktiv verbleibt. Er bewahrt sich alle Möglichkeiten,
indem er keine realisiert. Sein Reichtum an Möglichkeiten bleibt also unendlich groß. Bringt er nach extre-
mem äußeren Druck, viel zu spät und unter katastrophalen Umständen doch einmal ein Projekt zu Ende, so ist
das Ergebnis natürlich dürftig und wird seinen eigenen
Ansprüchen nicht gerecht – nicht etwa, weil der Prokrastinierer zu untalentiert ist, sondern weil er pro-
krastiniert hat.

Der englische Psychologe Neil Fiore hat sich sein
Berufsleben lang mit Aufschieberitis beschäftigt und
sie in seinem Buch *The Now Habit* analysiert. Fiore
zufolge kann kein Schaden, den das Aufschieben
dem Aufschieber verursacht, an seinen Gewinn heran-
reichen: sich über alles Scheitern im realen Leben hin-
weg als großartig zu empfinden. Ich *könnte* einen
Roman schreiben, der die *Buddenbrooks* und die
Blechtrommel weit hinter sich lässt – wenn ich nicht
ein neurotischer Aufschieber wäre! So kommt natürlich

entweder gar nichts oder nur minderwertiger Mist heraus. Was für ein grandioses Selbstbild: Man ist so
klug und bescheiden, die eigenen Produkte gnadenlos
zu kritisieren und als miserabel zu entlarven, und kann
gleichzeitig davon überzeugt bleiben, das größte Talent
unter der Sonne zu sein. Demonstrative Uneitelkeit
vermählt sich harmonisch mit zutiefst empfundener
Eitelkeit. Haben Sie nicht auch als kleiner Junge davon geträumt, mit ihrem Tor Deutschland zum Weltmeister zu schießen? Prokrastinierer haben den geistigen Zustand dieses kleinen Jungen nie verlassen.

Aber wieso spreche ich von diesem Typus in der dritten Person? Ich selbst leider unter Aufschieberitis im
vorletzten Stadium! Und habe zuletzt doch sehr von
den praktischen Tipps profitiert, die Fiore in seinem
Buch gibt:

1. Nehmen Sie sich fest vor, nur für eine halbe Stunde
    an dem aufgeschobenen Projekt zu arbeiten und
    danach in die Sauna zu gehen (in der Regel wird
    aus der halben Stunde dann nämlich eine ganze
    Nachtsitzung).
2. Tragen Sie im Wochenplan nicht zunächst die
    Arbeitsphasen ein, sondern die Freizeittermine,
    Treffen mit Freunden, Belohnungen – damit Sie
    nicht das Gefühl bekommen, sich in einen freud-
    losen Puritaner und willenlosen Arbeitssklaven zu

verwandeln, nur weil Sie sich an Ihren Schreibtisch setzen.

3. Planen Sie in einem umgekehrten Zeitplan Projekte von rückwärts, vom Ende her; das diszipliniert ungemein (übrigens eine der *Seven Habits of highly effective people,* die Stephen Covey in seinem gleichnamigen Buch darlegt).

Aber so gut diese Tipps auch funktionieren oder funktionieren könnten: Fiore hat selbst analysiert, was einen davon abhält, sie anzuwenden. Wer vor allem daran interessiert ist, das Idealbild von sich und seinem Leben zu erhalten und dafür, wie Oblomow, konsequent im Universum des Konjunktivs zu bleiben, dem nützen alle praktischen Tipps nichts – denn er *will* ja gar nicht in die Realität der Entschlüsse, Handlungen und Reaktionen, des Erfolgs oder Misserfolgs. Wer keine Ziele verfolgt, kann sie auch nicht verfehlen; wer keinen Erfolg anstrebt, kann auch nicht scheitern.

Dennoch möchte ich Sie dazu überreden, das Gegenteil zu tun. Die Midlife-Crisis ist die Gelegenheit, zu erkennen, dass es besser ist, in der Realität zu scheitern, als in der Phantasie Erfolge zu erzielen. Beenden Sie die Generalprobe. Führen Sie das Stück endlich auf. Legen Sie den Bleistift weg, nehmen Sie den Kugelschreiber. Verzichten Sie auf den Konjunktiv, stürzen Sie sich in den Indikativ. Verlassen Sie den Zuschauerrang, gehen Sie aufs Spielfeld. Glauben Sie Gontscharow nicht, der den tatkräftigen Gegenspieler Oblomows als dümmlich, oberflächlich und naiv darstellte.

Ich glaube, das, was hinter dem Aufschieben, der Passivität, Trägheit und Zögerlichkeit steckt und was uns davon abhält, aufs Spielfeld zu gehen, ist schlichtweg *Angst*. Eine Angst, die so tief sitzt, dass wir sie uns vielleicht nicht einmal eingestehen, und die erst zum Vorschein kommt, wenn der Wahrheitssucher droht, den Schönredner zu besiegen.

Was ist das für eine Angst? Und wie werden wir sie los?

10. Hören Sie auf, das Scheitern zu fürchten

Gerade Wege sind rasend langweilig.

Die schlechte Nachricht: Es sind sogar eine Reihe von Ängsten, die Sie in der Midlife-Crisis plagen und die sich in der Praxis zu einer diffusen Ängstlichkeit verdichten. Die gute Nachricht: Unsere Vernunft erlaubt uns, diese Angstmonster einzeln zu betrachten und als Scheinriesen zu entlarven.

Ich beginne mit der ersten, »vernünftigsten« Angst: der Angst vor dem Scheitern. Scheitern erscheint uns als das maximale Unglück. Schon rein sprachlich: *Gescheitert – krachend gescheitert – gescheiterte Existenz.* Lieber ein Leben lang im verhassten Lehrerjob verharren, als mit seinem selbstgebastelten Projekt auf dem freien Markt zu scheitern. Aber was genau ist »scheitern«? Eine Beziehung ist nicht gescheitert, nur weil sie irgendwann von einem der Partner beendet wird. Sie kann viele Jahre ganz wundervoll funktioniert haben.

Jahrelang wurde uns nach den Konzerten meiner A-cappella-Gruppe LaLeLu am CD-Stand gesagt, eine CD könne die Show gar nicht wiedergeben: Wir bräuchten eine DVD, die würde man dann auch sofort kaufen. Bei unserem siebten Programm *Nimm mich! Die Hochzeitsoper* war es dann so weit: Wir engagierten ein Filmteam mit einem Aufnahmeleiter und fünf Kameramännern, produzierten zusätzlich 40 Minuten Bonusmaterial und verbrachten zahlreiche Nächte beim Schnitt. Die Produktion kostete ein Vermögen. Dafür waren die Leute, die am CD-Stand immer das Fehlen einer DVD beklagt hatten, plötzlich verschwunden. Im Schnitt verkauften wir eine oder zwei DVDs am Abend, manchmal auch gar keine. Selbst die Hoffnung, irgendein öffentlich-rechtlicher Bildungsspartensender wie *zdf theater* würde die Aufzeichnung dienstagnachts um 3:05 Uhr senden, erwies sich als hoffnungslos naiv. Das Ganze war ein ökonomischer Totalflop. Bis der Leiter eines großen deutschen Theaters von der DVD so begeistert war, dass er uns mit diesem Stück für eine Silvestervorstellung engagierte – die ziemlich genau die Herstellungskosten der DVD wieder einspielte. Ist das Projekt nun gescheitert oder nicht? Und selbst wenn man es als gescheitert betrachtet: Warum ist es immer noch besser, in der Realität nicht den erhofften Erfolg zu haben, als in der eigenen Phantasie der König der Welt zu bleiben?

Aus sechs Gründen:

Erstens sind auch sehr kleine reale Erfolge tausendmal besser für unser Selbstbewusstsein als große fiktive. Im letzten Winter besuchte ich südlich von Bangkok eine alte, königliche Flechtmanufaktur und belegte dort einen Flechtworkshop. Am Ende schaffte ich es mit großer Mühe, einen sehr schmalen Armreif mit einem zweifarbigen Muster zu flechten. Sie würden für diesen Armreif vermutlich nicht mal zehn Cent ausgeben, er sieht wirklich nicht spektakulär aus. Aber ich habe ihn selbst geflochten, ich war sehr stolz, und sollte ich irgendwann auf die Frau meines Lebens treffen, werde ich ihr genau diesen Armreif schenken. »Nichts macht dich so glücklich, wie etwas zu schaffen, was dir niemand zugetraut hat« – eine Postkarte mit diesem Spruch hing jahrelang über meinem Schreibtisch. Gerade weil ich durch Gene, Erziehung und Faulheit ein so miserabler Handwerker bin, werde ich von Endorphinen geflutet, wenn ich den inneren Handwerker-Oblomow überwinde.

Selbstgeschaffene Dinge machen uns schon in sehr kleinen, unauffälligen Dosen glücklich, denn sie lassen uns erfahren, was Verhaltenstherapeuten *Selbstwirksamkeit* nennen. Deshalb ist es so ungerecht, dass Volkshochschulkurse einen so miserablen Ruf haben. Ein selbsthergestelltes Foto, Aquarell, Ölgemälde, Musikstück oder Gedicht wird Sie viel glücklicher machen als ein sauteures Musical oder ein 200-Millionen-Dollar-Actionfilm. Lassen Sie die anderen ruhig lästern – das Glück der Selbstwirksamkeit lernt Oblomow nie kennen.

Zweitens: Wenn Sie alles versucht haben, können Sie auch dann mit sich zufrieden sein, wenn Sie gescheitert sind. Das ist mir zum ersten Mal aufgegangen, als ich in einer kleinen Dachwohnung in Hamburg-Eimsbüttel wohnte – einer wunderbar romantischen Zwergenwohnung, eineinhalb Zimmer auf 22 Quadratmetern, mit Blick über die Dächer und die Flugzeuge im Airportanflug. Nur leider knarzten die Dielen unter dem Wohnzimmerteppich bei jedem Schritt fürchterlich. Das Knarzen machte mich als geräuschempfindlichen Musiker wahnsinnig. Dennoch unternahm ich monatelang nichts. War der Vermieter überhaupt zu-

ständig? Würde er mich auslachen und darauf verweisen, Knarzen in Altbauwohnungen sei völlig normal?
Wäre ein Beschwerdeanruf nicht nur das wehleidige
Gemecker eines Möchtegernbohemiens mit 110 Prozent Hörfähigkeit? Würden die Dielen in dem Moment
aufhören zu knarzen, wo der Vermieter und der Hand-
werksmeister zum Ortstermin auftauchten? Wäre ich
im Ernstfall bereit, die Handwerkerkosten selbst zu
bezahlen? Und überhaupt: Wollte ich aus dem winzigen
Verschlag nicht ohnehin bald ausziehen? Vermutlich
war es rein technisch völlig ausgeschlossen, das Knarzen zu beseitigen. Mehrere Monate litt ich unter den
knarzenden Dielen, und ebenso lange flüsterte der
innere Schönredner mir ein, es sei absolut richtig,
mich *nicht* darum zu kümmern. Kurz vor Weihnachten
muss er kurz erkrankt sein – jedenfalls rief ich meinen
Vermieter an und schilderte ihm die Sachlage. Kein
Stutzen, kein Zögern, kein trockenes Auflachen. Das
Problem gebe es leider öfter, sagte er, er würde einen
Handwerker vorbeischicken. Ich war platt. Nie und
nimmer hätte ich damit gerechnet, dass er sich für
zuständig erklären würde. Der Handwerker rief an. Er
müsse den gesamten Teppich aus dem Raum entfernen, dazu müsse ich alle Möbel und Regale ins Neben-
zimmer verfrachten (was mich einen ganzen Tag kostete). Der Handwerker kam, riss den Teppich heraus,
nagelte die Dielen mit Spezialdübeln fest und verlegte

den Teppich neu. Es dauerte einen Vormittag. Nachmittags kam ich wieder. Mit heiliger Vorfreude betrat ich meine Wohnung, das Wohnzimmer, die Dielen. Sie knarzten. Ich habe feine Ohren, ich habe keinen Unterschied gehört – gar keinen. Aber ab diesem Tag hat es mich nicht mehr gestört. Ich hatte alles getan, was in meiner Macht stand. Der Handwerker auch (das hoffe ich zumindest). Das Knarzen war vom Reich des selbstverschuldeten Unglücks ins Reich des Schicksals gewechselt. So konnte ich meinen Frieden damit schließen.

James Frey fordert in seinem Bestseller *Wie man einen verdammt guten Roman schreibt* vom Autor, seine Figuren immer auf Maximalniveau handeln zu lassen; alles andere werde der Leser dem Autor und seiner Geschichte übelnehmen. Wenn der Protagonist also die Frau seines Lebens erobern will, reicht es nicht, dass er sie einmal schief anlächelt; wir Leser wollen, dass er für sie um die Welt segelt, Weltmeister im Kickboxen wird oder den höchsten Turm der Welt baut. Wenn sie ihn dann immer noch ablehnt, dann ist es eben so. Mir hat das damals sofort eingeleuchtet. Warum fordern wir von Romanfiguren, auf Maximalniveau zu handeln, aber nicht von uns selbst?

Drittens: In unserem Scheitern lernen wir etwas über die Welt. Der Versuch, mit irgendetwas erfolgreich zu sein, ist das spannendste Experiment, das sich denken lässt. Hamburg ist zum Beispiel eine Hochburg der Slamkultur: Poetry-Slam, Singer-Song-writer-Slam, Kurzfilm-Slam, Science-Slam. Die Beiträge sind kurz, eine spontan aus dem Publikum erwählte Jury entscheidet über das Weiterkommen der Kandidaten, das Applausometer über den Sieger. Die Mischung aus Kunst, Wettbewerb, Spontaneität und Albernheit ist unwiderstehlich. Im Sommer 2012 hatten eine Freundin und ich die Idee, dass auch klassische Instrumentalisten spielend und improvisierend gegeneinander antreten könnten – und zwar genau in dem Molotow-Club auf der Reeperbahn, der seit Jahren rappelvolle Poetry-Slams veranstaltet. Nur: Würde das funktionieren? Würde das Molotow klassische Geiger oder Fagottisten auf seiner Bühne haben wollen? Und würde sich das irgendjemand ansehen wollen? Und das kam dabei heraus: Das Molotow war begeistert. Die Medien auch. Das Publikum rannte uns den Laden ein. Den ersten, ausverkauften Klassik-Slam im Februar 2013 gewann eine Tubistin mit einer Improvisation über den Titel *Ein Elefant versucht, Badelatschen anzuziehen.* Der Saal tobte. Das NDR-Fernsehen wollte aufzeichnen. Und dann? Fanden wir keine Teilnehmer mehr! Klassische Musiker, so lernten wir, spielen großartig, aber sind so ungeübt im Improvisieren, dass sie fürchten, sich zu blamieren. Entweder sie meldeten sich gar nicht erst an oder am Tag des Slams wieder ab. Das Projekt ist gescheitert. Aber die Idee ist immer noch gut.

Viertens: Scheitern macht sympathisch. Das Publikum liebt den Verlierer. »Nobody loves you when you're down and out«, sang Bessie Smith 1929 (und nach ihr zahllose andere Künstler). Kompletter Unsinn. »Everybody loves you when you're down and out«, müsste es heißen. Warum? Weil nahezu alle Menschen sich als Verlierer fühlen und sich erst mit anderen identifizieren, wenn denen ein ähnliches Schicksal widerfährt. Müsste es nicht eigentlich peinlich sein, immerzu davon zu singen, wie man verlassen wurde oder dass man sich vergeblich nach jemandem sehnt? Doch zahllose Musiker, von Sinéad O'Connor bis zu Damien Rice hatten mit genau dieser Loser-Story ihren großen Durchbruch.

In den über 1000 Konzerten, die ich mit meiner A-cappella-Gruppe gegeben habe, gab es zwei Nummern, die mir wirklich Lampenfieber verursachten. Die erste war ein improvisiertes Liebeslied auf eine Frau aus dem Publikum, die mir im Gespräch acht Wörter nannte, auf die ich binnen weniger Sekunden Reime finden und in ein improvisiertes Liebeslied einbauen musste. Immer, wenn ich spontan einen Reim fand, gab es Lacher; den größten Lacher und Szenenapplaus gab es freilich, wenn ich gar keinen Reim fand und stattdessen etwas murmelte wie »Verdammt, was reimt sich auf Stangensellerie?«. Noch schlimmer war mein Lampenfieber bei meinem Lied übers Jonglieren beim Jonglieren, für das ich extra Jonglieren gelernt hatte. Bei der Premiere war mir übel vor Aufregung, und tatsächlich flogen die Bälle, die ich sonst mühelos in der Luft hielt, herunter und kullerten sogar von der Bühne. Das Publikum kriegte sich gar nicht ein vor Begeisterung. Zehn Vorstellungen später fielen die Bälle nicht mehr herunter, und die Reaktionen gingen extrem zurück: *Ach so, er jongliert. Nun ja.* Es gibt Kollegen, die jeden Abend an der gleichen Stelle einen Texthänger oder Blackout einbauen, um ebendiesen Solidarisierungseffekt herzustellen: *Wir lieben dich, auch wenn du da vorne gerade etwas total vergeigst – ja, genau deswegen!*

Fünftens: Das Scheitern erzählt die besten Geschichten – die spannendsten und bewegendsten, die traurigsten und lustigsten. Woody Allens erster Film hieß *Woody, der Unglücksrabe*. Im Grunde hat er nie aufgehört, ihn zu drehen. Und wie oft konnte ich schon meine Freunde mit den Geschichten darüber zum Lachen bringen, wie ich seit 30 Jahren von Fremden penetrant für eine Frau gehalten werde (»Entschuldigen Sie, das hier ist die Herrentoilette!«). Erfolgreiche Menschen dagegen sind nicht nur strunzlangweilig, sondern sie reizen uns auch in ihrer Eitelkeit und Naivität, sie nerven und machen uns aggressiv. Zum

Schreien komisch sind dagegen Stan Laurel und Oliver Hardy, wenn sie von ihren Frauen im Nachtclub dabei erwischt werden, wie sie das mühsam ersparte Haushaltsgeld mit Amüsierdamen vertrinken, und beim Weglaufen plötzlich in einem Schlammloch versinken. »Komik ist Wahrheit und Schmerz«, erkannte Humortheoretiker John Vorhaus.

In seinem wunderbaren Buch *Viva Warszawa!* erzählt Steffen Möller von den diversen Versuchen seines Vermieters Tomek, einem diplomierten Elektroingenieur, sich eine Existenz aufzubauen, die alle im Reinfall enden – polnisch: *klapa*. Zunächst konstruierte Tomek jahrelang eine Wasserpumpe, die Trinkwasser aus großer Tiefe heraufholen und in Flaschen abfüllen sollte, die er an Privathaushalte liefern wollte, vor allem an ältere Damen, denen der Weg zum öffentlichen Brunnen zu beschwerlich war. Aber niemand wollte Geld für Wasser ausgeben, das es kostenlos im Brunnen gab – *klapa*. Dann kaufte Tomek einen Hektar Wald nahe der Ostsee, doch die staatlichen Zuschüsse trafen mit großer Verspätung ein, die langen Fahrten zur Ostsee zermürbten ihn, er musste den Wald wieder verkaufen, mit Verlust – *klapa*. Dann arbeitete er als Schichtleiter in einer chinesischen CD-Hüllen-Fabrik, aber die Bezahlung war erbärmlich und die chinesische Leitung extrem unfreundlich, also kündigte er wieder – *klapa*. Er ließ sich von einer amerikanischen Firma anwerben, um Putzmittel zu verkaufen, fand jedoch im gesamten Jahr nur eine einzige Kundin, die ihm die Sachen abkaufte – *klapa*. Dann wollte er Bürgermeister der Kleinstadt werden, in der er aufgewachsen war, unterlag freilich in der Stichwahl der Amtsinhaberin – *klapa*. Schließlich widmete sich Tomek der Perlhuhnzucht. Er kaufte einen verwahrlosten Bauernhof und verpachtete ihn an ein junges Paar, das die Perlhühner versorgen und die Eier auf den umliegenden Märkten verkaufen sollte. Das ging ein paar Monate gut, doch im Winter froren die Hühner und das Paar entsetzlich, das Paar verließ den Hof und kam nie wieder, so dass Tomek selbst auf den desolaten Bauernhof ziehen musste, wo er bis heute lebt. Ich weiß, es ist viel verlangt, so viel Selbstironie aufzubringen – aber am Ende besteht das Leben aus den guten Geschichten, die man darüber erzählen kann. Und die besten Geschichten handeln nun einmal von Missgeschicken und vergeblichen Anstrengungen.

Sechstens: Das Scheitern ist der Moment, in dem wir etwas über Erfolg lernen. Erkenntnis entsteht im Prozess des Ausschließens von Irrtümern (»Falsifikation« nannte Karl Popper das). Leben ist die Kunst des Möglichen. Als ich 2010 meine Kompositionen zum ersten Mal nicht über einen Verlag veröffentlichte, sondern selbst produzierte und herausgab, machte ich alles falsch, was ich falsch machen konnte. Ich ließ viel zu große Auflagen in einer viel zu teuren Druckerei auf zu teurem Papier drucken und engagierte einen viel zu teuren Produktionsmanager, nur um festzustellen, dass ich über meine Website nicht annähernd so viel Anfragen bekam, wie meine Verlage verkauft hatten. Vermutlich wird dieses Geld nie wieder hereinkommen. Seitdem lasse ich viel kleinere Auflagen drucken und achte so sehr auf die Kosten, dass tatsächlich manchmal eine Art Stundenlohn herauskommt (der freilich weit unter dem gesetzlichen Mindestlohn liegt). Trotzdem macht diese Arbeit mich glücklich. Denn wie viele Menschen können überhaupt Noten lesen? Wie wahrscheinlich ist es, dass jemand zeitgenössische Noten kauft und die Stücke auch noch einübt, wo es schon Musik von Bach, Mozart, Beethoven und anderen nicht eben unbegabten Kollegen gibt? Ganz ehrlich, ich bin wirklich stolz darauf und habe die Vision, noch Jahre nach meinem Tod könnte auf irgendeiner Bühne dieser Welt diese Musik erklingen. Das ist meine Art, einen Stein ins Wasser zu werfen.

Wenn es so viele Gründe gibt, sich nicht vor dem Scheitern zu fürchten und stattdessen der amerikanischen Devise *Try quick, fail quick* zu folgen, warum behält dann der innere Oblomow doch so oft die Oberhand? Warum bleiben wir metaphorisch oder buchstäblich so oft auf dem Sofa liegen? Weil hinter der

Angst vor dem Scheitern oft eine noch größere Angst
steckt: als Person abgelehnt zu werden.

11. Fürchten Sie sich nicht vor Ablehnungen

Berechtigte Kritik ist am schwersten zu ertragen.

Im Dezember 2014 fand im Hamburger Literaturhaus
zum ersten Mal der *Salon du Refusés* statt (der »Salon
der Abgelehnten«), unter dem Motto: *Texte verdienen
eine zweite Chance.* Vier Autoren durften aus ihren von
Verlagen abgelehnten Texten vorlesen (zehn Minuten);
danach erklärten eine Lektorin, ein Verleger und eine
Kritikerin, was an den Texten dringend noch verbessert
werden müsse (fünfzehn Minuten). Nachher stellte
sich heraus, dass sich 40 Autoren für die Veranstaltung beworben hatten, 36 waren abgelehnt worden.
Sie können nun in ihre Vita schreiben, dass sie sogar
vom Salon der Abgelehnten abgelehnt worden sind.

Ablehnungen nagen an uns: an unserem Stolz,
unserem Selbstbewusstsein, unseren Nerven. Am
liebsten höre der Mensch »Versprechungen, Schmeicheleien, Anerkennungen und Komplimente«, wusste

schon Tucholsky und fügte hinzu: »Bei Schmeicheleien empfiehlt es sich, immer drei Nummern gröber zu verfahren, als man es gerade noch für möglich hält.« Nur leider verhält es sich im Leben oft genau umgekehrt. Wer sich abhärten will, möge sich nur einmal als Mann in einer Online-Dating-Plattform anmelden. Noch so liebevoll gestaltete Anschreiben werden in neun von zehn Fällen gar nicht beantwortet oder mit so tröstlichen Kurzmessages wie »bist nich mein typ sry« – in meinem Fall auch gerne mit »sorry aber ich trage gern hohe schuhe« oder »bist zu klein«.

Die Angst vor Ablehnung beeinflusst unser Verhalten viel mehr, als uns bewusst ist. Wir vermeiden nämlich, überhaupt in Situationen zu geraten, in denen wir abgelehnt werden könnten. So erfahren wir weder, ob wir tatsächlich abgelehnt werden, noch ob diese Ablehnung überhaupt schmerzt. Vielleicht müssen wir sie nur anders einordnen, gemäß dem Satz: »*Verabschiede deine Ängste – es sind bloß Gedanken!*«

Der erste Gedanke ist der, dass es uns als Person abwertet, angreift, herabsetzt oder beleidigt, wenn ein Vorschlag von uns abgelehnt wird. Das ist aber gar nicht der Fall! Nicht wir werden abgelehnt, sondern der Vorschlag. (Gut, wenn wir George Clooney wären, würde vermutlich jeder begeistert zustimmen, egal, was wir vorschlagen. Aber wir sind eben nicht George Clooney.)

Der zweite Gedanke ist der, wir hätten durch die Ablehnung irgendetwas zu verlieren. Auch das ist nicht der Fall, wie wir an der alten Weisheit sehen können: *Ein Nein hat man sicher. Ein Ja kann man kriegen.*

Verhaltenstherapeuten fordern von ihren Klienten, sich immer zu fragen, was denn die schlimmstdenkbaren Konsequenzen eines Verhaltens wären. Das Schlimmste beim Fallschirmsprung ist, dass sich der Schirm nicht öffnet – dann sind wir tot. Wenn Sie aber den Roman über Ihre misslungene Jugend in Quickborn an Suhrkamp schicken mit der Bitte um Veröffentlichung, dann ist das Allerschlimmste, was passieren kann, dass Suhrkamp das Buch nicht veröffentlicht – also genau das, was passiert, wenn Sie das Manuskript gar nicht erst losschicken. Merken Sie, wie sinnlos es ist, auf diese Bitte zu verzichten? Ein Freund von mir mailte sein Romanmanuskript an den Aufbau-Verlag und bekam drei Tage später eine Zusage. Als ich mit 25 meine ersten Blockflöten-Kompositionen an die sechs größten deutschen Musikverlage schickte, boten drei davon mir einen Vertrag an (die Überraschung meines Lebens). Alles ist möglich. Oder auch nicht. Man muss sich nur angewöhnen, die Sache sportlich zu nehmen. Es ist völlig in Ordnung, sein Manuskript an jeden deutschen Publikumsverlag zu schicken. Es ist aber genauso okay, wenn der Verlag diese Manuskripte einem Germanistikstudenten im ersten Semester aushändigt, der sie ungelesen in den Papierkorb wirft. Und es ist sinnlos, das Desinteresse und die standardisierten Absagebriefe (»passt leider nicht in unser Verlagsprofil«) als »respektlos« und »unwürdig« zu skandalisieren.

Wir finden einfach keine rationale Einstellung zum Scheitern. Erst trauen wir uns jahrelang nicht, uns überhaupt zu bewerben; und wenn wir es dann doch einmal tun und eine Ablehnung kassieren, sind wir gekränkt und beleidigt. Ja, Sie haben Ihre Traumfrau, Ihren Traumjob, Ihr Traumhaus und Ihren Traumverlag nicht bekommen. Aber hatte Ihnen das irgendjemand versprochen?

Über 1000 Jahre haben Alchimisten versucht, aus Erde, Wasser, Luft und Feuer Gold herzustellen. Es ist ihnen nicht gelungen. War das nun ein Anlass, gekränkt zu sein? »Das Quecksilber bringt mir nicht den nötigen Respekt entgegen!« – »Ich werde von der Schwefelsäure diskriminiert!«

Der Vergleich ist weniger abwegig, als es scheint. Denn der Grund für Absagen ist oft genau der: Die Chemie stimmt nicht. Das ist zwar unfair und willkürlich. Aber wenn die Chemie nicht stimmt, wird eine langfristige Zusammenarbeit so gut funktionieren wie ein Herdgitter als Teesieb.

Bei Licht betrachtet, ist es schon eine Art emotionale Erpressung, eine Nichtzusage als »Ablehnung« oder

»Zurückweisung« zu brandmarken. Das Leben ist keine Jukebox. Absagen sind der Normalfall, was wir
auch wüssten, wenn wir uns für alles bewürben, was
uns interessiert. Die Absage besagt lediglich: Die
anderen wollen uns nicht – jedenfalls nicht im Moment.
Vielleicht haben sie etwas anderes zu tun, als sich mit
uns zu beschäftigen. Vielleicht werden sie sich in drei
Jahren bei uns melden. Ich war in den ersten Jahren
für das Buchen von Auftritten für meine A-cappella-
Gruppe zuständig. Ich habe uns bei Hunderten von
Veranstaltern und Agenturen beworben. Die allermeis-
ten haben nicht mal abgesagt. Es dauerte sechs
Jahre, bis eine professionelle Agentur uns unter Ver-
trag nahm, die die Zahl der Konzerte dann auf einen
Schlag vervielfachte.

Immer wieder berichten Arbeitslose im Ton einer
Lebenstragik von ihren »84 vergeblichen Bewerbun-
gen«. Das hat natürlich damit zu tun, dass das Job-
Center ihnen einen Bewerbungsmarathon vorschreibt.
84 abgelehnte Bewerbungen kann aber auch heißen:
Da hat sich jemand 84 Mal falsch eingeschätzt. Eine
Schulfreundin von mir hat sich bei zahllosen Großkon-
zernen als Projektmanagerin beworben; ihre Berufs-
erfahrung beschränkte sich auf das Leiten von Bauch-
Beine-Po-Kursen. 84 Bewerbungen verweisen dann auf
Albert Einsteins Definition von Wahnsinn: immer dasselbe zu tun, aber auf andere Ergebnisse zu hoffen.

Wir nehmen Zurückweisungen im doppelten Sinne zu persönlich. Weder will der andere unsere Persönlichkeit zerschmettern, noch hat er überhaupt stundenlang darüber gegrübelt. Einflussreiche Journalisten, Verleger und Scouts von Plattenfirmen werden unter Angeboten regelrecht begraben, und auch beim Onlinedating ist Ihr geistreiches Anschreiben vielleicht nur daran gescheitert, dass die Frau wenige Minuten vorher vom amtierenden Kitesurfing-Europameister angeschrieben wurde oder aber gerade jetzt bis zum Hals in Arbeit steckt und keinen Nerv hat, sich nach Feierabend auch noch akribisch mit unbekannten Personen zu beschäftigen.

Eine mögliche Ablehnung ist also kein Grund, es nicht zu versuchen. Und das ist keineswegs eine dümmliche amerikanische Durchhalteparole. Ich habe in 15 Jahren drei Romane und einen Kurzgeschichtenband geschrieben, die jeweils von allen deutschen Verlagen abgelehnt wurden. Auch drei renommierte Literaturagentinnen konnten nichts daran ändern. Ich ging irgendwann fest davon aus, dass in diesem Leben kein Buch mehr von mir erscheinen würde. Dann gab es einen glücklichen Zufall, und ich veröffentlichte zehn Bücher in vier Jahren.

Wer sich nicht bewirbt, verliert von vornherein. Und wer ablehnt, verliert vielleicht auch. Sie müssen sich unentwegt klarmachen, dass Sie der Hauptgewinn

sind; der andere wird derjenige sein, der seine Entscheidung später bereut. Alle großen deutschen Belle-
tristik-Verlage haben *Harry Potter* abgelehnt; nur ein
Jugendbuchverlag aus Hamburg schlug zu. Wenig später lehnten alle die *Twilight*-Trilogie ab. Bis auf be-
sagten Hamburger Verlag.

Ja, Sie können, wenn alles stimmt, der große Preis
sein. Machen Sie sich das regelmäßig klar. Hören Sie
dreimal täglich »Zu Spät« von den Ärzten. Sorgen Sie
dafür, dass Sie tatsächlich der Hauptgewinn *sind*.
Und lassen Sie sich von nichts und niemandem ent-
mutigen.

Harald Schmidt hat seine Sendung auch deswegen
bekommen, weil er die zuständigen WDR-Redakteure
seinerzeit bis in die Tiefgarage verfolgt hat. So etwas
wird sich mit einem Dasein auf dem Sofa nur schwer
vereinbaren lassen. Denken Sie also an den unsterb-
lichen Satz von Winston Churchill: »Never, never, never
give up.«

Wenn Ihr innerer Oblomow aber trotz aller Angst-
Dekonstruktion immer noch in der Horizontalen bleiben will, woran kann das jetzt noch liegen?

12. Stellen Sie sich den Risiken

Warum hören wir auf die Tante, die uns vor dem fremden Land
warnt, in dem sie nie gewesen ist?

Sie kennen Paternoster? Das sind diese so langsam wie beständig fahrenden Kabinenaufzüge, in die man hinein- und wieder herausspringen kann. In Deutschland laufen sie schon seit 1876. Im Januar 2015 beschloss das Bundeskabinett auf Vorschlag von Arbeitsministerin Andrea Nahles die *Verordnung zur Neuregelung der Anforderungen an den Arbeitsschutz bei der Verwendung von Arbeitsmitteln und Gefahrstoffen*. Diese neue Betriebssicherheitsverordnung umfasste mit technischen Anlagen rund 100 Seiten. Unterpunkt 4.4 des Anhangs 1 *(Besondere Vorschriften für bestimmte Arbeitsmittel)* schrieb vor, dass ab dem 1. Juni 2015 Paternoster nur noch durch »vom Arbeitgeber eingewiesene Beschäftigte« benutzt werden dürften, keinesfalls aber von arglosen, nicht eingewiesenen Besuchern – zu gefährlich.

Man fragt sich, wie die »Einweisung« des Beschäftigten durch den Arbeitgeber aussehen wird (»Wenn die Kabine kommt, steigen Sie ein – vorher nicht!«).

Nahles begründete das Verbot damit, es sei in der Vergangenheit immer wieder zu schweren Unfällen gekommen. Das ist in der Tat bedauerlich. Allerdings ist es in der Vergangenheit auch im Zusammenhang mit Bügeleisen, Herdplatten, Toastern, Fahrrädern, Skiern, Skateboards, Kettensägen, Hämmern und Bohrmaschinen immer wieder zu schweren Unfällen gekommen. Sogar im Zusammenhang mit Motorrädern, Autos und LKWs. Im Stuttgarter Rathaus läuft der Paternoster seit 1956 ohne jeden Zwischenfall. Umso wichtiger, ihn jetzt abzuschalten – bevor es zu spät ist.

In seinem Buch *Mut Proben! Das Leben ist tödlich. Aber es muss nicht sterbenslangweilig sein* schildert Carsten Jasner, wie paradox sich Risiko und Angst in unserer Kultur entwickelt haben. Deutschland ist das sicherste und unfallärmste Land der Welt – und das Land, in dem die meisten Versicherungen verkauft werden. Je weniger objektiven Risiken wir ausgesetzt sind, desto weniger »Risikokompetenz« entwickeln wir und desto allergischer reagieren wir auf kleinste Bedrohungen. Schon in meiner Grundschulzeit scheiterten die Hälfte der Ausflugsvorschläge an »versicherungsrechtlichen Gründen«. In Bad Hersfeld, wo die Kinder einer Freundin zur Schule gehen, ist den Schülern jetzt verboten worden, den nahe gelegenen Wald zu betreten. Je sicherer wir leben, desto panischer werden wir. Der Alarmismus der Medien tut ein Übriges.

Walter Krämer weist darauf hin, dass »von Anfang des Jahres 2000 bis Ende 2010 im redaktionellen Teil der *Süddeutschen Zeitung* und der *Frankfurter Rundschau* rund viermal so oft von Asbestbelastung, Dioxinvergiftung, BSE und Schweine- oder Vogelgrippe zu lesen war wie im spanischen *El País*, im französischen *Figaro* oder in der italienischen *Repubblica*.« Krämers Analyse des Dioxin-in-Eiern-Skandals von 2011: Nachdem »mehrere tausend Bauernhöfe in der Republik gesperrt, Dutzende Existenzen zerstört und zahlreiche gesunde Firmen in den Ruin getrieben« worden waren, stellte sich heraus, dass zu keinem Zeitpunkt eine Gefahr für Gesundheit oder gar Leben bestanden hatte.

Oder die Schweinegrippen-Panik 2009: Die WHO rief die höchste Alarmstufe aus, Deutschland kaufte 34 Millionen Impfdosen (von denen 28,3 Millionen später weggeworfen wurden). Die Pointe: Der »Schweinegrippen«-Virus hat den saisonalen Influenza-Virus in vielen Teilen der Welt verdrängt – und dadurch die Zahl der Grippetoten *gesenkt*. Er ist nämlich viel harmloser. In Australien starben 2009 statt der üblichen 2000 bis 3000 Menschen nur 190 an der saisonalen Influenza und 189 durch die Schweinegrippe. Haben Sie das mal irgendwo gelesen?

Ich bin noch jeden Morgen alleine zwei Kilometer mit dem Fahrrad zur Grundschule gefahren, wie alle meine Mitschüler. Die Schulen meiner Kinder führten

dagegen mehrfach Kampagnen durch, in denen sie die
Eltern anflehten, ihre Kinder bitte, bitte alleine zur
Schule gehen zu lassen und nicht jeden Morgen mit
dem Geländewagen hinzubringen – denn das führte
morgens und mittags zu einem gigantischen (und ge-
fährlichen) Verkehrschaos vor der Schule. Abgesehen
davon, dass Kinder auf diese Weise statt Risikokompetenz nur das bedrückende Gefühl lernen: *Die Welt
ist ein gefährlicher Ort.*

Helikoptereltern, behördliche Überregulierer, ver-
sicherungsrechtliche Vorschriften und alarmistische
Medien erzeugen eine Kultur der Verzagtheit, die auf
alle Lebensbereiche durchschlägt. Sechs von zehn Ab-
iturienten geben als Berufsziel »Beamter« an. Sieben
von zehn Deutschen waren noch nie in Polen und wollen auch niemals dorthin *(Ist das nicht das Land der
Autodiebe?).* Wir leiden unter einer völlig verzerrten
Risikowahrnehmung. Jeder Hobbykletterer oder Fallschirmspringer muss täglich die Frage beantworten:
»Ist das nicht gefährlich?« Dabei müssen Sie statis-
tisch 150 000-mal mit dem Fallschirm springen, um
einmal abzustürzen. 2011 starben in Deutschland
zwei Menschen beim Drachenfliegen, neun beim Berg-
steigen und 19 beim Wandern. Im Straßenverkehr dagegen 4197. Und durch Unfälle im eigenen Haushalt
7868. Ach ja, und 342 233 durch Erkrankungen des
Herz-Kreislauf-Systems, also vor allem dadurch, dass

sie zu viel auf dem Sofa gesessen haben – in der Angst, dass ihnen »draußen« etwas zustoßen könnte.

Der grundlegende Denkfehler bei der verängstigten Risikominimierung besteht darin, Mittel und Zweck zu verwechseln. Natürlich sollten wir bei allem, was wir tun, Risiken minimieren: beim Paternosterfahren wie beim Fallschirmspringen, beim Sägen wie beim Fahrradfahren, beim Waldspaziergang wie beim Schulweg – aus Ehrfurcht vor dem Leben. Wenn aber die Risikominimierung zum Selbstzweck wird, geht ihr der Sinn verloren. Wenn wir am Ende Paternoster und Im-Wald-Spielen verbieten, die Kinder mit dem SUV zur Schule bringen, damit ihnen nichts passiert, und Fallschirmspringer für verrückt erklären – dann verpassen wir mit großer Sicherheit genau das, um was es mal ging: unser Leben. Es macht keinen Sinn, auf das Beste zu verzichten, um minimale Risiken auszuschließen. Sprechen Sie mal mit Fallschirmspringern oder Bergsteigern; sie werden Ihnen erzählen, dass sie das Leben selten so sehr spüren und lieben wie während der Ausübung ihrer Passion. Sie werden neidisch werden beim Zuhören. Und das ist auch gut so. Sie sind in der Mitte Ihres Lebens. Jetzt ist der Moment, Risiken einzugehen, um Ihre Kinderträume wahr zu machen: durch den Himmel fliegen. Den Bodensee durchschwimmen. Den Mount Everest besteigen. Alaska. Dschungel. Meinetwegen auch Panamericana.

Lassen Sie sich nicht mehr von Ihren Ängsten als Geisel nehmen. Aber ich fürchte, dieser Appell wird Sie nicht erreichen, wenn Sie sich in die tiefste und schwierigste aller Ängste vergraben haben: die Angst vor dem Tod.

13. Schauen Sie in die Sonne

Wieso haben alle Angst vor jemand,
dem sie nie begegnen werden?

Über den Tod an sich gibt es nicht viel zu ergründen. Er ist so grundlegend wie banal: Das Leben ist kurz, und dann stirbt man. Darüber kann man gute Witze machen, aber keine langen Bücher schreiben.

Über nichts werden wir uns kurz vor dem Tode mehr grämen, als wenn wir unser Leben verschwendet haben – und sei es mit der Angst vor dem Tod. Zumindest dieser Gedanke hat mich oft gerettet, wenn ich wieder mal in diesen Angst-Strudel geraten war.

Zunächst: Wir können keine Angst vor dem Tod haben, denn es ist ja sicher, dass er kommt. Gerade weil es kein Leben nach dem Tod gibt, müssen wir ihn *nicht* fürchten. Wäre der Tod der Übergang zu einem Jüngsten Gericht, das in Himmel oder Hölle endet, hätten wir eher Grund, Angst zu haben, nämlich vor der Richterentscheidung. Deshalb sind Gläubige im Angesicht des Todes in Wahrheit nicht »getröstet«, sondern tief verängstigt, da sie nämlich auf die Gnade (oder anders gesagt: Willkür) eines unbeeinflussbaren, unbekannten Dritten angewiesen sind. Da der Tod unsere Existenz und unser Bewusstsein aber nach Stand der Schulmedizin einfach nur beendet, und zwar definitiv, ist es genau umgekehrt: Wir verlieren am Ende alles, und deshalb haben wir am Schluss nichts zu verlieren. »Etwas Besseres als den Tod können wir überall finden«, sagen die Bremer Stadtmusikanten, bevor sie aufbrechen; müsste dieses Argument nicht mehr Selbsttötungen verhindern? Und die Monty Pythons stellen im Abschlusssong des Films *Das Leben des Brian* fest: »Wir kommen aus dem Nichts. Wir gehen ins Nichts. Wovor sollten wir uns fürchten?«

Wer dagegen beobachtet, wie kleingeistig, mutlos und risikoscheu wir die meiste Zeit unser Leben führen, muss zu der Überzeugung gelangen, dass wir im Grunde doch fast alle an ein ewiges Leben glauben – in Form einer sehr langsamen Beamtenlaufbahn: *Wenn Du 70 Jahre lang alle Erwartungen erfüllst, alle Gesetze einhältst und alle Steuern zahlst, darfst du noch mal 80 Jahre leben. Wenn du dann noch mal*

80 Jahre brav bist, darfst du noch mal 90 Jahre leben.
Und so weiter.

Nur ist da leider niemand, der uns Zeit schenkt als
Belohnung für ein braves Leben. Am Ende sind wir einfach weg. Und dieser Gedanke bleibt ungeheuerlich.
Selbst wenn wir ihn nicht Angst nennen, sondern
Schrecken oder Schwindel, wird dadurch nichts besser. Sich zu vergegenwärtigen, irgendwann nicht mehr
da zu sein und absolut nichts dagegen tun zu können – wie kann irgendjemand damit ruhig leben oder
schlafen? Und so hat Irving D. Yalom vielleicht recht,
wenn er vermutet, dass hinter den meisten Ängsten
die unbegriffene Angst vor dem Tod steckt.

Nur kann man sich mit dem Tod nicht »auseinander-
setzen« wie mit seiner Mutter oder seinem Chef. Die
Schlacht gegen ihn ist verloren. Und genau diese ab-
sehbare Niederlage wirft uns auf das zurück, was wir
haben: das Leben. Die Stimme des Todes übertönt
alle anderen, aber wenn wir ihr richtig zuhören und uns
nicht im Gefühl der Ohnmacht aufreiben, dann weist
sie uns den Weg. Hinter der Angst vor dem Tod ver-
birgt sich oft die Ahnung oder gar die Erkenntnis, dass
wir das falsche Leben führen. Der Schrecken vor dem
Tod übersetzt nur die Erkenntnis, dass die Zeit, die wir
im falschen Leben vergeuden, unwiederbringlich ist.
Mein eigener Schrecken und Schwindel vor dem Tod
ist erst verschwunden, seit ich Autor und Komponist

geworden bin – so, wie ich es immer gewollt habe. Damit hat sich die Beklemmung, die mich so lange verfolgte, in nichts aufgelöst.

Lassen Sie sich von keiner Religion etwas anderes erzählen: Der Tod ist kein Rätsel. Weder müssen Sie ihn verdrängen, noch müssen Sie ständig an ihn denken. Er ist auch kein Übergang. Das Leben entweicht, und es geht nirgendwohin. Es endet. Doch gerade deshalb kann der Tod Ihr bester Freund sein – weil man wegen ihm die Dinge immer vom Ende her denken muss.

Ludwig Wittgenstein arbeitete als Architekt, Philosophieprofessor, Laborassistent, Ingenieur, Gärtner, Krankenpfleger und Volksschullehrer, unterstützte mit seinem Erbe Künstler wie Georg Trakl, Adolf Loos und Rainer Maria Rilke, schenkte den Rest seinen Geschwistern, spielte Klarinette, konstruierte Flugzeugmotoren und medizinische Geräte und begründete mit einem posthum erschienenen Buch die sprachanalytische Philosophie (»Philosophie ist der Kampf gegen die Verhexung unseres Verstandes durch die Mittel unserer Sprache.«). Bevor er starb, bat Wittgenstein die Frau seines Arztes: »Sagen Sie ihnen, dass ich ein wundervolles Leben gehabt habe.«

Der Tod muss uns nicht lähmen; er kann uns lehren, das Leben umso mehr zu lieben, das Richtige zu tun und dafür zu kämpfen (auch wenn wir andere dafür enttäuschen müssen). »An meinem 40sten Geburtstag habe ich beschlossen, keine Angst mehr zu haben«, schrieb Johannes Gross in sein Notizbuch. Das gute Leben ist ein Leben ohne Angst. Das Abenteuer kann beginnen.

Nur, wo finden wir das Abenteuer? Die meisten suchen leider an der völlig falschen Stelle.

14. Bleiben Sie in der Kommandozentrale

*Piraten sind sehr romantisch –
außer für die Leute auf dem gekaperten Schiff.*

Stellen Sie sich vor, Sie fahren mit 180 über die Autobahn und stellen plötzlich fest, dass das Auto auf Ihre Anweisungen nicht mehr reagiert, weil ein Unbekannter sich in die Bordelektronik gehackt hat.

Sie kennen ihn nicht, Sie wissen nicht, was er vorhat, und Sie können mit ihm nicht kommunizieren. Ein Alptraum.

Würde irgendjemand sich freiwillig in diese Situation bringen? Merkwürdigerweise ja. Und nicht nur einer – Millionen!

Der erste Alkoholiker, den ich kennenlernte, war der Hausmeister des Altenpflegeheims, in dem ich Zivildienst leistete. Wir wohnten auf derselben Etage im Schwesternwohnheim. Während wir Zivis und Schwestern jeweils nur ein schmales, kleines Zimmer hatten, bewohnte Dietmar gleich zwei davon, durch eine Durchgangstür verbunden. Einmal lud er mich in sein Reich ein. Ich habe noch nie so viele leere Flaschen auf engem Raum gesehen: auf dem Boden, auf den Schränken, unterm Bett; es stank erbärmlich. Dietmar habe ich nie ohne Alkoholfahne erlebt; keine Ahnung, wie er seiner Arbeit nachgehen konnte. Samstags war es besonders schlimm. Dann fing er irgendwann laut zu fluchen an, rief vom Flurtelefon aus seine Exfrau an und beschimpfte sie, weil sie ihn verlassen hatte (das musste schon sehr lange her gewesen sein).

Der erste Dauerkiffer, den ich kennenlernte, lebte nur drei Häuser von mir entfernt; wie ich war er in der Totalverweigererszene engagiert, allerdings schon seit 20 Jahren. So lange musste er auch schon gekifft haben. Sein Gesicht war rötlich gefärbt, sein unaufhörliches Lächeln wirkte debil, er sprach sehr langsam und hatte große Mühe, seinen eigenen Worten zu folgen, geschweige denn meinen. Es war mir regelrecht unheimlich, dass er dieselben pazifistischen Ansichten vertrat wie ich, denn eigentlich war er gar nicht mehr in der Lage, irgendwelche Ansichten zu »vertreten«. Er rauchte sein Zeug und versuchte sich einen Weg durch den Nebel zu bahnen, in den sein vormaliger Geist sich aufgelöst hatte.

Leider blieben sie nicht die Einzigen. Ich empfinde beim Anblick von Opfern ihrer Suchtmittel Mitleid und Scham. Deshalb gehört es für mich zu den unerklärlichen Rätseln dieser Welt, wie oft es den Dauer- und Intensivkonsumenten von Nikotin, Alkohol, Hasch, Kokain, Speed, Ecstasy, Crystal Meth oder Heroin gelingt, irgendwie als cool, mysteriös, souverän und sexy rüberzukommen. Als ich 14 wurde, tauchten diese Typen in meinem Leben auf und wurden Jahr für Jahr mehr. Mir schien es sonnenklar, dass es sich dabei um Leute handelte, die unter ihrer meterdicken Lässigkeit verbargen, dass sie rasend uninteressant waren. Wie bekommt man es hin, Rauchen, Trinken, Kiffen oder Koksen als »Abenteuer« auszugeben? Ein Abenteuer ist das Durchqueren einer Schlucht, das Ersteigen eines Berges, das Durchschwimmen eines Ozeans, das Durchdringen eines Dschungels. Dagegen erfordert es weder Mut, Willensstärke, Geschicklichkeit noch Intelligenz, die Kontrolle über sein Gehirn an chemische Substanzen abzugeben.

Dadurch, dass die Substanzen süchtig machen, sind sie die ideale Ware: Der Konsument will sie immer wieder haben und zahlt praktisch jeden Preis dafür. Aber paradoxerweise umgeben gerade diese selbstverschuldet unmündigen Suchtlemminge sich mit einer Aura von »Rebellion« und »Underground«, die »Legalize«-Revoluzzer inszenieren sich als Gegenmodell zu »Kommerz«, »Kapitalismus« und »System«. Dabei gibt es kaum ein kommerzielleres, kapitalistischeres System als die weltweite Drogenökonomie.

Die den Suchtstoffen zugrundeliegende Vorstellung von Glück ist angelehnt an das Unisono der Werbespots: *Feel good*. Nur leider wird für ein paar künstlich erzeugte, vom tatsächlichen Erleben abgekoppelte »gute Gefühle«, sozusagen erfahrungslose Erfahrung, das preisgegeben, was uns als Menschen ausmacht: klarer Verstand und freier Wille. Dass ein auf bloße Sinneserfahrungen beschränkter Hedonismus als Glücksmodell nicht funktioniert, lässt sich schon bei Säuglingen recht gut beobachten. Nach der Sinnestheorie vom Glück haben sie alles, was sie brauchen: Wärme, Licht, umhüllenden Körperkontakt, süße Muttermilch, so viel Schlaf, wie sie wollen, zärtliche Zuflüsterungen der Eltern. Aber was tun sie einen großen Teil ihrer Zeit? Sie schreien – weil sie sich abhängig fühlen. Weil sie die Muttermilch nur von der Mutter kriegen. Will oder kann die Mutter gerade nicht, sieht es schlecht aus. Der Säugling fühlt sich ohnmächtig. Und das ist nun mal das Gefühl, das unsere Seele am schlechtesten aushält. Wir sind geboren, um Selbstbestimmung zu erreichen. Aus demselben Grund sind alte Menschen oft so grantig und schlechtgelaunt: weil sie ihre Selbstbestimmung schrittweise, aber unwiderruflich wieder verlieren. Und aus demselben Grund geraten wir in die Midlife-Crisis – weil wir feststellen, dass wir zu einem rotierenden Rädchen in einer ununterbrochen laufenden Lebensmaschinerie aus Ehe, Familie, Job und Hobby geworden sind. In diese Verpflichtungen haben wir uns Schritt für Schritt verstrickt – mal leichtfertig, mal gutgläubig, mal wohlüberlegt. Wir können diese ohnmächtige Auslieferung an Verpflichtungen durch bewussten Entschluss aber auch wieder auflösen. Anders bei den Drogen! Das Kennzeichen der Sucht ist nämlich, dass sie unserem Willen nicht verfügbar ist, sondern umgekehrt unseren Willen übernimmt, uns zu ihrer Marionette macht.

Mit einer guten alten Freundin, die mich in Hamburg besuchte, ging ich mittags in eine Kunstausstellung; als wir sie um drei Uhr nachmittags wieder verließen, wurde sie unruhig. Bevor wir nun irgendetwas anderes unternehmen würden, drängte sie, sollten wir zunächst nach einem Weinladen Ausschau halten; schließlich sei es wichtig, bereits vor dem abendlichen Kinobesuch ein paar Gläser zu trinken. Wir mussten einen langen Umweg zum Weinladen machen, wo sie sich lange beraten ließ und mit drei Flaschen herauskam; schließlich sei es immer gut, etwas Auswahl zu haben. Offen-

bar hatte der Alkohol ihre Kommandozentrale übernommen.

Bemüht und hilflos zugleich versuchen Eltern, Kran-
kenkassen und die »Bundeszentrale für gesundheit-
liche Aufklärung«, uns von diesem langen Lauf in den
Untergang abzuhalten. Nur leider mit dem falschen
Argument: der »Gesundheitsschädlichkeit«. Diese Versuche sind so rührend wie vergeblich. Denn die Menschen, die Drogen nehmen, wissen natürlich längst
von deren Schädlichkeit. In Ägypten prangen auf den
Zigarettenschachteln große, farbige Fotos von Rau-
cherbeinen, amputierten Kiefern und eitrigen Wunden.
Doch in keinem anderen Land der Welt habe ich so
viele Kettenraucher getroffen. Einer meiner Kettten-
raucherfreunde hat sogar in seinem Schlafzimmer
eine Sammlung aller Zigarettenpackungs-Warnhinweise
an seine Wand geklebt. Das Problem: Diese Warnun-
gen klingen immer nach der Mutter, die einem zuruft,
man müsse sich wärmer anziehen, draußen friere es;
oder nach der Omi, die einem erzählt, sie habe gelesen, man müsse sich vor engen Jeans in Acht nehmen – Hodenkrebs! Leute, die keine Ahnung haben,
erzählen einem Horrorstories, um einen wie ein Klein-
kind zu behandeln. Wer das ignoriert, lässt den Mut-
tersöhnchen-Status endlich hinter sich *(Bin kein Baby
mehr!)* und entlarvt die Warnung als demagogische
Übertreibung *(Haben die jemals gekifft?).* Und selbst

wenn die Drogen gefährlich sein sollten – so what? No
risk, no fun! Das gilt für Motorradfahren, ungeschützten
Sex wie für LSD. Gerade die Gefahr lässt das Ganze
als verrucht und todesmutig erscheinen. So kann
selbst das Trinken einer Flüssigkeit, das Herunterschlu-
cken einer Pille oder das Rauchen eines Grases auf
eine Stufe gestellt werden mit einer Weltumruderung
im Einerkajak oder einer Besteigung des Mount
Everest ohne Sauerstoffmaske. Zudem wirkt das Wort
»gesundheitsschädlich« ungeheuer puritanisch-verbies-
tert, so als gebe es eine Art staatsbürgerliche Pflicht,
seine »Gesundheit« zu erhalten, und als ob das Vermeiden aller denkbaren Risiken ein sinnvolles Lebens-
ziel sei. Beides ist nicht der Fall: Punktsieg für die
Drogenbefürworter.

In Wirklichkeit ist das andere Argument viel stärker:
dass die Drogen das Kommando übernehmen. Das
trifft ins Herz der Pro-Rausch-Ideologie, die immer behauptet, das Ganze habe etwas mit »Freiheit« zu tun.
Nein, Drogennehmer geben ihre Freiheit auf, sie werden abhängig, begeben sich freiwillig in den Status
eines Säuglings oder Greises. Wie stark dieses Argument ist, erkennen Sie daran, dass Raucher, Trinker
und Kiffer fast nie bestreiten, wie gesundheitsgefähr-
dend ihre Passion ist, aber immer und heftig dementie-
ren, irgendwie abhängig oder süchtig zu sein. Junkies
sind immer nur die anderen – man selbst hat alles im

Griff. Denn das – die Kontrolle über sich abgegeben zu haben – ist offenkundig so unklug, fahrlässig und selbstzerstörerisch, dass jeder sich dafür schämen muss. Und gerade weil dieser Umstand nicht zugegeben werden kann, führt die Sucht über kurz oder lang zu Realitätsverleugnung, Selbstbetrug und chronischer Unaufrichtigkeit. Drogenabhängige lügen und können Versprechen nicht halten. Es wird sehr schwer, mit ihnen zusammenzuleben oder zusammenzuarbeiten.

Für sie selbst wird das Leben auch nicht einfacher. Alkohol und Dope reduzieren die Fähigkeit, sich zu konzentrieren, sich zu erinnern und komplexe geistige Aufgaben auszuführen, sie lassen die grauen Zellen des Gehirns schrumpfen. Und Zigaretten ruinieren unser Äußeres. Ein Freund von mir war 30 Jahre lang Kettenraucher. Seine Zähne wurden gelb und fielen aus, seine Gesichtshaut wurde grobporig und bleich, und heute sieht er 15 Jahre älter aus als ich, obwohl er ein Jahr jünger ist.

Aber das ist geradezu niedlich, verglichen mit dem Preis, den andere gezahlt haben. Ike Turner kokste sich zu Tode, Bon Scott und Jimi Hendrix erstickten an ihrem Erbrochenen, Philipp Seymour Hoffman, Janis Joplin, River Phoenix, Sid Vicous, Keith Moon und John Belushi starben an einer Überdosis Heroin. Amy Winehouse, eine der besten Sängerinnen des 21. Jahrhunderts, wurde mit Alkohol, Crack, Heroin und Kokain

gerade mal 27. Ich denke immer, ein einziger Fall dieser Art müsste ausreichen, um die Menschheit von
der Drogenillusion zu heilen. Aber ich fürchte, es ist
sogar umgekehrt: Wenn eine Ikone der Popkultur wie
Amy Winehouse alle denkbaren Drogen genommen
hat, dann denken manche, sie würden dadurch, dass
sie alle denkbaren Drogen nehmen, zu einer Ikone der
Popkultur. Unter Drogen kann einem so etwas logisch
vorkommen.

In bester Absicht hat der Staat eine Reihe gefährlicher Suchtstoffe verboten – und damit alles noch
schlimmer gemacht. Warum nur diese Suchtstoffe?
Warum nicht alle? Und was geht die Behörden unser
Privatleben an? Dem Verbot zu trotzen und sich trotz
Illegalität das Zeug zu beschaffen, das fühlt sich
schon verdammt nach Che Guevara an. Autoritäten
untergraben und einfach tun, was man will – ist das
nicht die Botschaft jedes guten Rocksongs? Und dann
kommt noch eine Verschwörungstheorie zum Zuge:
Warum, fragen Intellektuelle wie Robert Pfaller (»Wofür
es sich zu leben lohnt«), wollen Staat, Versicherungen
und Medien unbedingt, dass wir diesem kleinen
privaten Vergnügen nicht nachgehen? Weil sie unter
dem Deckmantel der Fürsorge dafür sorgen wollen,
dass wir einwandfrei funktionieren, Profite erarbeiten,
Steuern zahlen und ansonsten den Mund halten. Die
Subjekte von Lust, Rausch und Eigensinn sollen zu

widerspruchslosen Ameisen umgeformt werden. Das Ruinieren der eigenen Gesundheit und des eigenen Verstandes wird im Lichte dieser Theorie zum Akt des Widerstands hochgejazzt: Saufen gegen das System, Kiffen gegen den Kapitalismus. Die Popkultur hat diese Botschaft bis ins letzte Bergdorf getragen, mit all dem Glamour, den Keith Richards, Pete Doherty und Amy Whinehouse nun mal ausstrahlen: *Sei du selbst – funktioniere nicht – lebe den Moment – zieh dir einen Joint rein – besauf dich bis zur Besinnungslosigkeit.* Wie etwas »antikapitalistisch« oder »systemkritisch« sein soll, was in jedem Werbespot von Warsteiner und Jever, Credit Suisse und Ergo angepriesen wird, werden sich die Zugedröhnten dann ganz in Ruhe untereinander erklären.

Paul Watzlawick stellte fest: »Reife ist die Fähigkeit, das Rechte auch dann zu tun, wenn es die Eltern empfohlen haben.« In der Midlife-Crisis zu stecken ist nicht gerade angenehm. Aber Suchtstoffe jeglicher Art bringen uns leider um keinen Millimeter voran. Sie können unsere Todesangst, unser Unbehagen am Dasein, unser Gefühl des Ungenügens und Versagthabens, unsere Beklemmung angesichts des Verrinnens der Zeit und unsere Selbstzweifel für eine Weile betäuben – aber das Verdrängte kehrt wieder, mit umso größerer Wucht.

Wenn wir das mit den Suchtmitteln bleibenlassen,

gewinnen wir eine ganze Welt. Alan Carrs *Endlich Nichtraucher* soll Wunder wirken. Aber leider gibt es noch ganz andere Betäubungsmittel, vor denen wir uns in Acht nehmen müssen.

15. Gönnen Sie sich nichts mehr

Wahrer Luxus besteht darin, auf allen Luxus zu verzichten.

Das Klischee der albernen Midlife-Crisis sieht vor, dass ein Mann Mitte 40 sich einen Ferrari kauft, obwohl er nicht das Geld dazu hat, eine Yacht, obwohl er in den Bergen wohnt, und eine Harley, obwohl er Angst vor Geschwindigkeit hat. Meine Lieblingsgeschichte dazu stammt vom Vermögensberater Bodo Schäfer *(Ihre erste Million in sieben Jahren)*, der erzählt, wie er nach Jahren einen Teilnehmer seiner Kurse wiedertraf. »Was ist aus Ihrem Vermögen geworden?«, fragte Schäfer. »Gucken Sie mal – steht draußen vor der Tür!«, strahlte der Teilnehmer und zeigte auf einen sehr teuren Porsche. All die mühsamen Jahre des Vermögensaufbaus, die in finanzieller Freiheit münden sollten, hatten sich in einen einzigen Haben-

wollen-Impuls auf der Stufe eines Dreijährigen aufgelöst.

Der Gedanke hinter solch sinnlosen Großausgaben
lautet: *Ich habe so viel geleistet und so wenig zurückbekommen – jetzt gönne ich mir endlich mal was!*
Genau das greift die Werbung auf und schmeichelt: *Du
hast so viel geleistet und so wenig zurückbekommen –
jetzt gönn dir endlich mal was!* Das ist dann wahlweise
ein Sportwagen, ein Benz-Sofa, ein Motorboot, eine
überteuerte Immobilie oder eine Rolex. Entscheidend
ist: Der Glückseffekt durch solche kostspieligen Käufe
verpufft in wenigen Tagen, aber Ihr Geld ist dauerhaft
weg. Im schlimmsten Fall haben Sie sogar eine 30-jäh-
rige Hypothek am Hals. Ganz abgesehen vom Geld, ist
die Glücksbilanz einer Villa auf dem Land miserabel:
An den großen Garten haben Sie sich nach wenigen
Wochen gewöhnt, aber der Stau auf dem langen Weg
zur Arbeit zehrt jeden Morgen und Abend an Ihren Nerven. (Laut Rolf Dobelli belegen Studien, dass das Pen-
deln mit dem Auto am meisten Unzufriedenheit auslö-
se und man sich kaum daran gewöhne.)

Aber selbst, wenn solche Nebenwirkungen wegfallen
wie bei einer Rolex: Ist Ihnen der Preis an *Zeit* bewusst,
den Sie dafür zahlen? Also die Zeit, die Sie gebraucht
haben oder brauchen werden, um das entsprechende
Geld zu verdienen?

Rolf Dobelli nennt es »hedonistische Tretmühle«,

Hugh McLeod spricht vom »Tod durch schöne Dinge«.
Zugegeben, das ist nicht so beklemmend wie die
Angst vor dem Tod, nicht so kleingeistig wie ängstliche
Risikovermeidung und nicht so tragisch wie Alkoholis-
mus. Es ist vor allem albern, also unfreiwillig komisch.
Denn das Ziel des Luxusgütererwerbs ist es ja vor
allem, andere (oder sich selbst) zu beeindrucken und
käuflich etwas zu kompensieren, worüber man von
Natur aus nicht verfügt: Selbstbewusstsein, Ausstrah-
lung, Witz, Klugheit – also etwas, was einem einen
authentischen Status verleiht. Nur leider ist ein osten-
tativer Luxusgütererwerb für viele gar nicht so beeindruckend (oder im schlimmsten Fall nur für Leute, die
Sie gar nicht beeindrucken wollen). Ist es eine »Leistung«, sich einen Porsche zu kaufen? Nein, es ist eine
Leistung, das Geld dafür zu verdienen – und beeindruckend blöd, es dann für so etwas auszugeben, wenn
man es nur um der Marke willen tut. Luxusgüter sind
eine Art Tautologie wie *Der Ball ist rund*: zugleich wahr,
aber vollkommen inhaltslos. Das Luxusgut besteht daraus, dass es ein Luxusgut ist – weil es ein Label zur
Schau stellt, mit dem man sich schmückt. Es gibt Bil-
lig-Ikea-Sofas für 300 Euro (auf denen man trotzdem
sechs Jahre entspannen kann). Es gibt gut verarbei-
tete, solide und schicke Sofas vom dänischen Möbel-
designer Bolia für 1500 Euro. Und dann gibt es Sofas
von Luxusmarken, die zum Teil aussehen wie die von

Ikea und nicht besser sind als die von Bolia, aber knapp 10 000 Euro kosten – und zwar nur, *weil* jeder weiß, dass sie so teuer sind, und *damit* jeder weiß, dass sie so teuer sind. *Ich kann es mir leisten* ist ihre Botschaft.

Aber stimmt das überhaupt? Buddha hat gesagt, wir sollten ein Drittel unseres Geldes verbrauchen, ein Drittel investieren und ein Drittel sparen. Eine sehr weise, leicht zu merkende Finanzregel. Frage: Verbrauchen Sie inklusive der Luxusausgaben nur ein Drittel Ihres Einkommens?

Gehen wir noch mal zurück. Es begann mit einem Missverhältnis: dem Gefühl, dass Sie sehr viel mehr geben (arbeiten), als Sie zurückbekommen. Wenn Sie nämlich sehr viel arbeiten und damit sehr gut verdienen, kann es leicht passieren, dass Sie für dieses Geld gar keine Verwendung haben. Vielleicht haben Ihre Partnerin oder Ihre Kinder dafür Verwendung, aber auch dann wird sich irgendwann das Gefühl einstellen: *Und ich? Wozu verdiene ich überhaupt dieses Geld?* Aus meiner Erfahrung ergibt sich geradezu ein Sog, das verdiente Geld wieder auszugeben, um eine Art Gleichgewicht herzustellen: um zu beweisen, dass die Arbeit nicht sinnlos gewesen ist. Zum Beispiel gönnt man sich plötzlich zwei Wochen in einem Sechs-Sterne-Luxus-Resort auf Bali oder Tahiti – daran hätte man als Studentenjobber nie zu denken gewagt, und warum

auch? Glauben Sie ernsthaft, es ist irgendwie er-
hebend oder führt zu dauerhafter Euphorie, irgendwo
herumzuliegen, und seien die Handtücher auf der Lie-
ge noch so edel? Und wenn dann auch noch die Klima-
anlage defekt oder das Buffet mittelmäßig ist, erleben
Sie statt des erhofften Glücks nur nagenden Ärger. Sie
haben sich übervorteilen lassen, denken Sie. Aber es
ist noch viel schlimmer: Sie wollten sich etwas gönnen – und haben nur wieder anderen etwas gegönnt,
in dem Fall dem Hotel. Den Klumpen Gold, den Sie wie
Hans im Glück in sieben Jahren verdient haben, haben
Sie gegen ein Huhn eingetauscht. Und das leidet jetzt
auch noch an Vogelgrippe.

Übrigens sind es nicht nur die großen Luxusgüter,
mit denen man sich trösten will. Ich habe mir auch
Dinge gekauft wie die 12-CD-Edition *Keith Jarrett in
Japan (*»Ich muss einfach mal wieder Jazz hören«)*, die
6-DVD-Box *The Blues* (produziert von Martin Scorsese!),
das Gesamtwerk von Hegel, Rothbard und Marcel
Proust (»Endlich mal was wirklich Gutes lesen!«) oder
80 leichte Knoten und wie man sie bindet (»Man soll
immer mal was Neues lernen«). Selbstredend sind
alle diese Produkte bis heute komplett unbenutzt geblieben – wie auch der dunkelblaue Samtanzug von
Herrn von Eden, der sich schon beim ersten Tragen als
zu dick, zu warm und zu klein herausstellte.

Es ist ein langer Weg zur Erkenntnis, dass Anti-

Sparsamkeit dasselbe ist wie Verschwendung. Wir hängen an der Zeitillusion, also an der Idee, wir hätten die Zeit, die DVDs zu gucken und die CDs zu hören, nur weil wir das Geld haben, sie zu kaufen. Nein, wir haben diese Zeit nicht; und wir benötigen sie übrigens auch für andere Dinge, gerade jetzt, in der Midlife-Crisis.

Machen Sie sich klar, dass Sie sich etwas gönnen, *indem Sie Ihr Geld behalten*. Dieses Geld kann Ihnen irgendwann einmal Zeit kaufen. Oder irgendetwas wirklich Wichtiges (vielleicht will Ihre Tochter ja mal in Stanford studieren). Und fragen Sie sich, woher das Gefühl des Missverhältnisses wirklich kommt. Entweder Sie arbeiten schlicht zu viel – oder es ist die falsche Arbeit! Wenn Sie sich wirklich etwas »gönnen« wollen, dann arbeiten Sie weniger oder suchen sich eine Arbeit, die besser zu Ihnen passt. »Hallo, und wovon soll ich dann bitte leben?«, entgegnen Sie. »Und meine Familie?« Nun, genau deshalb sollten Sie das Geld ja behalten.

Mit einem Wort: Die Midlife-Crisis beginnt oft damit, dass man die Ressourcen verschleudert, die man gebraucht hätte, um sie zu beheben. Aber nicht nur Geld verschwenden wir, sondern leider auch Zeit und Energie. Und jetzt kommen unsere Mitmenschen ins Spiel.

16. Holen Sie sich keine Ohrfeigen mehr ab

*Wenn du den Krieg verloren hast,
verlasse das Schlachtfeld.*

Die Midlife-Crisis ist der Moment, wo Sie merken,
dass Sie den Krieg verloren haben. Die Frage ist nur:
Werden Sie es auch schaffen, das Schlachtfeld zu verlassen? Oder doch noch einen allerletzten Versuch
unternehmen, sich durchzusetzen? Oder zumindest
klarzustellen, wie der Streit verlaufen ist ... warum Sie
eigentlich recht hatten ... warum der andere eigentlich
auch weiß, dass Sie recht haben, es nur nicht zu-
geben will ... zumindest könnte er es wissen, wenn er
aufrichtig wäre ... zumindest das könnte er ja mal zu-
geben ... Moment, wie könnte so eine Mail beginnen ...?

Es gibt ein recht klares Indiz dafür, wann man das
Schlachtfeld verlassen sollte: dann, wenn man anfängt, solche inneren Monologe zu führen; wenn man
beim Joggen innerlich Mails an den oder die Widersa-
cher formuliert; wenn man nicht einschlafen kann, weil
man Verteidigungsreden hält; wenn man sich beim
Spazierengehen fortlaufend neue SMS und WhatsApp-

nachrichten ausdenkt (und im schlimmsten Fall sogar abschickt). Denn dieses Verstricktsein, dieses Argumente sammeln, ausarbeiten und zuspitzen, dieses Nicht-Nachlassen-Können zeigt deutlich an: Sie haben den Krieg verloren. Tun Sie sich den Gefallen und seien Sie ein guter Verlierer. Ob ein grundlos eitler Chef, ein Ekel-Kollege oder ein nervtötender Partner: Sie werden weder den anderen ändern noch seine Meinung. Denken Sie an Sätze wie »80 Prozent der Probleme in einer Partnerschaft lassen sich nicht durch Reden lösen«. Nächtelange Beziehungsgespräche bringen meiner Erfahrung nach exakt so viel wie tagelange Mailkriege: zero, null, niente. Wobei Mailkriege ihre eigene Form grotesker Komik entfalten: Jeder kann sich an seiner trockenen, süffisanten oder feinsinnigen Rhetorik berauschen und seine Argumente dadurch noch plausibler machen, dass er sie weitschweifig wiederholt und variiert. Der Angegriffene (meist fühlen sich beide angegriffen) wird keinen einzigen Punkt auf sich sitzen lassen, sondern jedes Argument mit Gegenargumenten widerlegen, so dass die Mails den Umfang von Meyers Konversationslexikon annehmen. Im persönlichen Gespräch mäßigt man sich, weil man dem anderen in die Augen schauen muss und sich selber zuhört; beim Mailen entfallen diese Schranken. Man kann seitenlang vor sich hin schimpfen – natürlich äußerst geistreich – und hat am Ende zwar eine

Geliebte, einen Freund oder einen Geschäftspartner verloren, kann sich dafür aber vorkommen wie eine Mischung aus Marcus Antonius und Oscar Wilde.

Setzen Sie auch nicht allzu hohe Erwartungen in Teamsupervision und Paartherapie. Letztlich hegen alle Beteiligten den geheimen Wunsch, der teuer bezahlte Profi auf dem Stuhl in der Mitte möge endlich der Wahrheit zum Recht verhelfen und für die eigene Position Partei ergreifen. Das wird er schon alleine deswegen nicht tun, weil er nur dann weiterbezahlt wird, wenn *alle* Beteiligten seinem Engagement zustimmen. Natürlich gibt sich jeder Mühe, möglichst rational, zivil und verständnisvoll aufzutreten – allein schon, um gut dazustehen und den Experten davon zu überzeugen, dass man der Einzige ist, der die *vernünftige* Position vertritt. Das bedeutet aber nicht, dass irgendjemand im Raum bereit wäre, auch nur einen Millimeter von seinem Standpunkt abzurücken. Denn gäbe es diese Bereitschaft, wäre die ganze teure Veranstaltung überflüssig.

Das Image von Supervision und Therapie ist systematisch zu hoch; denn wer sich dazu kritisch äußert, zeigt entweder »innere Widerstände« und »psychische Blockaden« oder hat schlicht keine Ahnung. Die Supervisoren und Therapeuten werden schon aus ökonomischen Gründen nur Erfolgsgeschichten erzählen. Eine seltene Ausnahme ist der Hamburger Paartherapeut Michael Mary, der in seinem Buch *Mythos Liebe* überzeugend darlegt, warum Paartherapie meistens nichts bringt: weil nämlich die Partner in bestimmten Hinsichten einfach nicht zueinanderpassen, Erwachsene aber in aller Regel so bleiben, wie sie sind – egal, was passiert. Ich werde nie vergessen, wie ich 1986 im Krankenhaus lag und mein Bettnachbar, dessen beide Beine durch einen Motorradunfall zerschmettert waren, stundenlang mit seinen Kumpels Prospekte durchging, welche Maschine er sich als Nächstes zulegen würde. Die Lernfähigkeit des Menschen ist begrenzt; seine Bereitschaft zur Veränderung auch. Erst recht wird sich niemand »für seinen Partner« ändern. Das ist der wahre Kern des schrecklichen Satzes »Du musst mich so nehmen, wie ich bin« (schrecklich deswegen, weil er impliziert, dass man vor all seinen Mängeln kapituliert und jedes Streben nach Selbstverbesserung aufgibt). Zweitens, so Mary, wird die Möglichkeit, durch »Kommunikation« etwas zu verbessern, dramatisch überschätzt. Im Gegenteil: Das gute Paar schafft es, die wahren Differenzen nicht anzusprechen oder gar zu dramatisieren, sondern freundlich zu beschweigen. Für sich behalten statt meckern, akzeptieren statt kritisieren, Geheimnisse zugestehen statt bedingungslose Offenlegung fordern: So können Paare in Frieden alt werden. Therapie und Supervision aber zielen aufs Gegenteil: alles thematisieren und

problematisieren, jeden Makel studieren, jede Schwäche unter die Lupe nehmen. Am Ende ist nichts besser als vorher, aber man weiß jetzt leider auch, dass
die Partnerin eigentlich lieber einen südländisch
aussehenden Basketballer ohne Brille an ihrer Seite
gehabt hätte.

Mit dem verzweifelten Versuch, das Unabänderliche
zu ändern – und sei es eine gescheiterte Beziehung zu
retten –, können Sie den Rest Ihres Lebens verbringen. Davon möchte ich Ihnen aber abraten. Entweder
es ist okay für Sie, wie es jetzt ist – oder Sie verabschieden sich und brechen auf. Fünf Jahre lang, von
der 5. bis zur 9. Klasse, habe ich vergeblich um Anerkennung und Zuneigung von Mitschülern gekämpft,
die mich einfach nicht mochten. Dann habe ich die
Klasse gewechselt und in der Parallelklasse das
glücklichste Jahr meines Lebens verbracht. Warum
brauchen wir immer so lange für solche Entscheidungen?

Vielleicht hilft Ihnen ein Begriff aus der Verhaltenstherapie: *Radikale Akzeptanz*. Können Sie die Verhält-
nisse, in denen Sie leben, radikal akzeptieren? Wenn
nein, verlassen Sie das Schlachtfeld. Gehen Sie auf
Wanderschaft. Mögen die Sesshaften Ihnen auch Ab-
bruch, Treulosigkeit, Flucht, Unstetigkeit und Egoismus
vorwerfen: Vielleicht sind sie nur neidisch, weil sie
sich solches nicht trauen – oder schlechte Verlierer.

17. Machen Sie keine Therapie

Sein Leben ändern zu wollen ist keine Krankheit.

Sie sollten dringend zum Therapeuten! Wenn Sie sich 30-mal am Tag die Hände waschen; wenn Sie aus Platzangst weder Fahrstuhl fahren noch ins Kino gehen; wenn Sie den dringenden Wunsch verspüren, Ihr Kind aus dem Fenster zu werfen; wenn Sie acht Stunden am Tag Gewaltpornos gucken; wenn Sie sich regelmäßig die Adern aufritzen; wenn Sie glauben, dass Gott zu Ihnen spricht; oder wenn Sie überzeugt sind, die NSA habe Ihnen eine Sonde ins Hirn gepflanzt, um jeden Ihrer Schritte zu überwachen. In so einem Fall können Medikamente helfen oder eine Therapie (oder beides). Wenn Sie hingegen nachts kein Auge zutun können, weil Ihnen siedend heiß klarwird, dass Sie in einem Zug sitzen, der in die falsche Richtung rast – dann sind Sie kerngesund. Nur dass sich Ihre Seele halt widerborstig zeigt, oder wie Konstantin Wecker singt: »Das sind die großen Nächte, halte fest / die Stunden, die dich so gefährden / wo dir die Seele sagen lässt / du musst ein andrer werden.« Zwänge, Phobien, Panikstörungen und Psychosen sind seeli-

sche Störungen; Unglück, Unzufriedenheit, Selbstzweifel und Melancholie sind seelische Zustände, Teil des
Dramas unserer Existenz. Sie wollen gehört werden,
nicht geheilt.

Der Verdacht liegt nahe, dass die nahezu vier Millionen Klienten, die pro Jahr in Deutschland psychotherapeutisch behandelt werden, nicht alle wirklich gestört
sind. Das liegt daran, dass unser Verhältnis zur
Psychotherapie nach wie vor extrem gespalten ist.
Überblickt man die Landkarte der sozialen Milieus in
Deutschland, die das SINUS-Institut alle zwei Jahre
erneuert, kann man ziemlich eindeutig zuordnen: Menschen aus dem konservativ-etablierten Milieu, dem
traditionellen Milieu und dem prekären Milieu betrachten Psychotherapie mit Skepsis, Spott oder Verachtung.
Sie gehen selbst bei massiven Problemen höchstens
im schlimmsten Notfall dorthin, heimlich und viel zu
spät. Menschen aus dem sozial-ökologischen Milieu,
liberale Intellektuelle, Performer und Expeditive wiederum neigen zum Gegenteil: Viele von ihnen horchen
unentwegt auf ihr Inneres, reflektieren und problematisieren es sorgfältig (nur nichts verdrängen!) und probieren alles aus: Psychoanalyse, Gesprächstherapie,
Körperarbeit, Familienaufstellung – ein nicht endender
Selbsterfahrungsprozess. Sie registrieren kleinste
psychische Abweichungen und Beeinträchtigungen
und entwickeln eine eigene Sprache, um sich über die-

se Mini-Ereignisse auszutauschen – achtsam, nachfühlend, vorspürend und innehaltend. Sie freuen sich, dass die Krankenkasse ihr Hobby im vollen Umfang finanziert (eine Diagnose findet sich immer), und finden im Therapeuten den idealen Freund: Immer hört er aufmerksam zu, nie wertet oder verurteilt er, nie fängt er an, von sich zu labern. Immer hat er eine intelligente Frage parat und strahlt Kompetenz und tiefes Verständnis aus.

Möchte man so jemanden jemals wieder preisgeben? Mitnichten! Zwei Freundinnen von mir befinden sich seit über 20 Jahren in serieller Dauertherapie; sie wandern von einer Therapeutin und einer Therapierichtung zur nächsten und haben stets das Gefühl, diesmal einen wirklich neuen, entscheidenden Schlüssel entdeckt zu haben. Übrigens wirken beide recht alltagstüchtig, fröhlich und munter. Aber das ist selbstverständlich sehr oberflächlich gedacht; man muss nur lange genug darüber nachdenken, um festzustellen, wie schlecht es einem geht.

Therapien machen süchtig. In diesem Raum zu sitzen, allein mit dem Therapeuten, der sich ganz auf einen konzentriert, und mit heiligem Ernst über sich selbst zu konferieren, all das verleiht einem ein Gefühl von Wichtigkeit, die man normalerweise nicht erlebt. In fast religiöser Andacht werden die eigenen Gefühle verhandelt, auf denen, genau betrachtet, praktisch

alle bislang herumgetrampelt sind. Wer hat einen nicht
alles gekränkt, verletzt, nicht ernst genommen? Darüber muss erst mal in Ruhe geredet werden. 25 oder
50 Stunden (oder auch 300, wenn Sie an einen
Psychoanalytiker geraten). Ob das Ganze irgendwie
hilft, ist äußerst schwer zu beantworten – es fehlen
die harten Kriterien. Gefühle sind eine Frage von Introspektion, Interpretation und Kommunikation. Der
Klient will dem Therapeuten gefallen; ständig bildet er
sich ein, dass es ihm schlagartig oder allmählich bes-
sergehe. Um das Ganze fortsetzen zu können, geht es
ihm dann plötzlich wieder schlechter, andere Probleme
treten hinzu, oder ein ganz frühes Trauma fällt einem
wieder ein.

Wo es harte Kriterien gibt, sieht es schlecht aus für
die Therapeutenzunft. »70 Prozent aller Alkoholabhän-
gigen erleiden im ersten Jahr nach einer Therapie
einen Rückfall, im zweiten Jahr trinken sogar 90 Prozent wieder«, so Thomas Hillemacher von der Medizi-
nischen Hochschule Hannover.

Therapien sind gefährlich, gerade weil sie so reizvoll
sind für unser Ego, das immer an zu wenig Anerkennung leidet. Am Ende verlieren wir dadurch weitere
Jahre und wissen immer noch nicht, was wir wollen.
Therapien entfalten ihre eigene Logik. Als Klient konzentrieren wir uns auf unsere Probleme statt auf
unsere Wünsche, auf unsere Vergangenheit statt auf

unsere Zukunft, auf unsere Kränkungen statt auf unsere Ressourcen, auf unsere Verzagtheit statt auf unseren Mut. Wir vertiefen uns in alles Schreckliche, was uns je widerfahren ist. Vielleicht ist das hilfreich, wenn schwerwiegende seelische Störungen zu heilen sind. Aber wir sind nicht gestört: Nein, wir sind in der Midlife-Crisis. Und der Typ da gegenüber sieht zwar kompetent aus, weiß im Grunde aber nur wenig über uns – viel weniger als unser Bruder, unsere Eltern, unsere Freunde oder unsere Partnerin. Warum fragen wir nicht die um Rat? Meistens haben Therapeuten bestimmte Theorien, unter die sie alle Fälle subsumieren wollen, und entsprechend stets dieselben Rezepte und ein bestimmtes Schema im Kopf. Das ist ihnen nicht vorzuwerfen. Nur: Hilft uns das? Zum Beispiel in der äußerst schwierigen Frage danach, was für ein Leben wir eigentlich wollen?

Wenn Sie professionelle Hilfe in Anspruch nehmen wollen, gehen Sie lieber zu einem Coach (ich habe damit gute Erfahrungen gemacht). Ein Coach arbeitet kurz, intensiv und lösungsorientiert und wird nicht von der Krankenkasse bezahlt, was ich für einen großen Vorteil halte. Denn dadurch werden Sie von sich und vom Coach in jeder einzelnen, teuren Sitzung viel verlangen und erwarten; Sie werden sich ausführlich vorbereiten und umso überraschter sein von seiner Reaktion. Freunde sagen einem häufig genau das, was man

hören will, oder das, was ihr eigenes vermurkstes
Leben rechtfertigt. Ein guter Coach dagegen ist ein
Spürhund für Lebenslügen, Selbstbetrug und Potem-
kinsche Dörfer. Er wird Ihnen unangenehme Fragen
stellen und Ihre geschickten Ablenkungsmanöver igno-
rieren. Er kann ein starker Verbündeter sein in der
schweren Zeit Mitte 40, wenn Sie Entscheidungen treffen und umsetzen müssen. So einen können Sie gut
gebrauchen.

Was Sie nicht gebrauchen können, ist das therapeutische Versenken in Ihre Vergangenheit und das
Kultivieren Ihrer Empfindlichkeiten. Und was Sie noch
weniger gebrauchen können, ist das, was Priester und
Pfarrer Ihnen anbieten.

18. Bleiben Sie der Philosophie treu

Das unsichtbare rosafarbene Einhorn ist mein Hirte;
es weidet mich auf grüner Au.

»Denken Sie an den betrübenden Kontrast zwischen
der strahlenden Intelligenz eines gesunden Kindes
und der Denkschwäche des durchschnittlichen Erwach-

senen. Wäre es so ganz unmöglich, dass gerade die religiöse Erziehung ein großes Teil Schuld an dieser relativen Verkümmerung trägt?« (Sigmund Freud)

Über das Christentum ist bereits alles gesagt, und zwar von den allerbesten Köpfen: Von Marx (»Die Kritik der Religion ist die Voraussetzung aller Kritik.«) bis Feuerbach (»Denn nicht Gott schuf den Menschen nach seinem Bilde, sondern der Mensch schuf Gott nach seinem Bilde.«), von Kleist (*Das Erdbeben in Chili*) bis Brecht (*Gegen Verführung*), von Richard Dawkins (*Der Gotteswahn*) bis Christopher Hitchens (*Der Herr ist kein Hirte*). Schon Epikur bemerkte trocken: »Ist Gott willens, aber nicht fähig, Übel zu verhindern? Dann ist er nicht allmächtig. Ist er fähig, aber nicht willens, Übel zu verhindern? Dann ist er nicht allgütig. Ist er jedoch sowohl fähig als auch willens, Übel zu verhindern? Dann dürfte es in der Welt kein Übel geben!« Das neueste Highlight sind Religionsparodien wie das *Fliegende Spaghettimonster*. Ersetzen Sie einfach an einer beliebigen Bibel- oder Koranstelle das Wort »Gott« durch diese Wörter, und Sie erkennen den Nonsens des Ganzen: »Ich bin der Herr, dein fliegendes Spaghettimonster. Du sollst keine fliegenden Spaghettimonster haben neben mir.«

Intellektuell sind die monotheistischen Religionen erledigt. Nur: Gebracht hat das wenig. Immer noch ist die Kirche die mutmaßlich reichste Organisation der

Erde, beschäftigt Millionen von Angestellten (die Ein-
kommensquelle bestimmt das Bewusstsein), sitzt in
Rundfunkräten, Parteien und Lehrplankommissionen
und versammelt die Jugend auf Kirchentagen. Sie hat
sich auch dem Zeitgeist angepasst: Pastoren sind heute für Flüchtlinge und Frauenquoten und warnen vor
dem Klimawandel. Von jahrhundertelang bewährten
Methoden wie Bücherverbot und Menschenverbren-
nung ist man abgekommen, Galilei wurde 1992 rehabi-
litiert (nach 359 Jahren), und selbst die Evolution des
Lebens wird nicht mehr von allen Christen bestritten.

Das Verhältnis zum modernen Wissen ist der irritie-
rendste Punkt. Warum wohl hat Gott in der Genesis
weder Bakterien noch Viren noch Dinosaurier geschaffen? Weil er sie vergessen hat? Weil sie unwichtig
sind? Oder doch, weil die Bibelautoren diese Wesen
noch gar nicht kannten? Die Naturwissenschaft hat
das Weltbild der Bibel komplett widerlegt – deswegen
wurde ja Galilei zum Widerruf gezwungen, Giordano
Bruno verbrannt und Charles Darwin auf den Index gesetzt. Nur haben die Verfolger offenbar das Bedürfnis
der Menschen nach Logik überschätzt. Dass die Bibel
keine wahren Aussagen enthält, obwohl sie doch angeblich direkt vom allwissenden Gott stammt, scheint
niemanden zu stören. Stattdessen wird eine neue
Kategorie eröffnet: die seelische *Nützlichkeit*. Das
Christentum inszeniert sich nicht mehr als Welterklä-

rung und auch nicht als Vorbereitung aufs große Strafgericht, sondern als *Lebenshilfe.* Theologie ist so gesehen nicht mehr die Wissenschaft von Gott, sondern von den »Sorgen und Nöten«, der Glaube gibt »Hoffnung und Halt«, »Kraft und Orientierung«, lässt uns zu »innerem Frieden« kommen und verleiht »dem Leben einen Sinn«. Irgendwie haben die Pastoren und Priester es geschafft, als Experten für Leben, Moral und Krisen durchzugehen; sie taufen unsere Babys, konfirmieren unsere Jugendlichen und begraben unsere Toten. Sie haben ja auch alles, was man dafür braucht: die so kunst- wie weihevollen Gebäude, die erhabene Musik und die rhetorisch geschulten Profis. Der Ton bewegt sich geschickt zwischen Verständnis und Mitgefühl, wohlintoniertem Pathos und fingierter Weisheit, weitreichenden Versprechungen und leisen Drohungen. Es bleibt nur eine winzige logische Ungereimtheit: Können Aussagen trösten, die auf falschen Annahmen basieren?

Ich bin der Herr, dein Gott; du sollst keine anderen Götter haben neben mir. Nehmen wir einmal an, das wäre so: Ein Wesen, das wir weder sehen noch hören können, hat Vorschriften erlassen, denen wir folgen müssen, wollen wir nicht nach unserem Tod ewige Qualen erleiden. Ist diese Vorstellung wirklich tröstlich? Dass wir einem allmächtigen Autokraten ausgeliefert sind? Und selbst wenn ich der Hölle entrönne, aber wüsste, dass auch nur einer meiner Freunde oder Kinder dort ewige Qualen leiden müsste – könnte ich im sogenannten Paradies glücklich sein? Und dieses Wesen, dieses fliegende Spaghettimonster, das Sünder ins Höllenfeuer schickt, zeichnet sich vor allem dadurch aus, dass es uns »liebt«? Es ist alles so unlogisch, dass es schon weh tut. (»Ich liebe euch doch alle!«, behauptete auch Stasi-Chef Erich Mielke.) Spricht man einen glaubenden Zeitgenossen darauf an, wird er umgehend antworten, das sei selbstverständlich alles nicht »wörtlich« zu verstehen. Gut – wie habe ich mir dann eine nichtwörtliche Hölle vorzustellen? Als nie endenden Grünen-Parteitag?

Obwohl die Welt also ein extrem düsterer Ort wäre, wenn die Christen recht hätten, behaupten Theologen unbeirrt das Gegenteil: Ohne Glauben und ohne Gott seien das Universum leer, das Leben sinnlos, die Menschen verzweifelt. Lesen Sie als Gegengift mal die *Nikomachische Ethik* von Aristoteles. Sorgfältig, liebevoll, in sich ruhend behandelt Aristoteles alle Fragen, vor die die Lebensführung uns stellt: Was ist Glück? Warum ist Freiwilligkeit so wichtig? Warum ist es so schwer, gerecht zu sein? Wie werden wir ein guter Freund? Worin besteht ein tugendhaftes Leben? Weit entfernt von Erlösung, Offenbarung und Jüngstem Gericht, aber noch weiter entfernt von Verzweiflung, Einsamkeit und Amoralität.

Außerdem: Eine Moral, die nur darin besteht, dem Willen eines Mächtigen zu folgen, um Strafen zu vermeiden und Belohnungen zu ergattern, hat mit Moral ziemlich wenig zu tun: Offensichtlich geht es nur um die Maximierung des eigenen Nutzens. Barcelona hat denn auch nach einer verheerenden Seuche im 17. Jahrhundert kurzerhand die Stadt-Schutzheilige gewechselt – die erste war ja offenbar zu nichts zu gebrauchen. Auch Heilige müssen eben ab und zu evaluiert werden.

Die Kritik der Religion ist der Beginn aller Kritik; und die Abwendung von religiösen Illusionen ist der Beginn aller Lebenskunst. Sie brauchen keine Illusionen, um glücklich zu sein. Beschäftigen Sie sich nicht damit, es ist Zeitverschwendung. Wenn überhaupt, dann lesen Sie Lao-tse, Konfuzius und Buddha, die sich alle nicht auf eine göttliche Offenbarung beriefen, sondern auf die Plausibilität ihrer Argumente vertrauten. Diskutieren Sie auch nicht mit Religiösen über ihre Religion; diesen Kampf können Sie nicht gewinnen. Gegen eine göttliche Offenbarung kann man nicht argumentieren, denn sie ersetzt ja gerade das Prinzip des Argumentierens.

Es gibt keine »abendländisch-christliche Tradition«. Die abendländische Tradition beginnt mit Sokrates' Satz »Ich weiß, dass ich nichts weiß«. Ein Satz, der zugleich paradox und wahr ist, der Sinn für Ironie beweist und die kompromisslose Suche nach Erkenntnis in den Mittelpunkt stellt, mittels der gewaltfreien Macht des Arguments. In der Religion hingegen sind Ironie und Zweifel ausgeschlossen; Argumente zählen nicht; Logik ist überflüssig; das Individuum spielt keine Rolle. Die Bücher von Sokrates, Platon und Aristoteles wurden von Christen verbrannt; ganze Bibliotheken wurden abgefackelt; die meisten griechischen Klassiker sind nur durch arabische Übersetzungen erhalten. So sieht es aus mit Christentum und Abendland.

Wenn Sie auf der Suche nach einer Gemeinschaft sind, dann treten Sie lieber einem Ruderverein bei; wenn Sie etwas Gutes tun wollen, machen Sie bei Amnesty International oder dem Allgemeinen Deutschen Fahrradclub mit; und wenn Sie sich mit uralten Weisheitslehren befassen wollen, dann lesen Sie Aristoteles, Cicero und Seneca. *Gnothi seauton* stand über dem Orakel von Delphi: »Erkenne dich selbst.« Viel weiter sind wir auch 3000 Jahre später noch nicht gekommen. Genau das ist Ihre Aufgabe in der Midlife-Crisis.

Jetzt gibt es nur noch einen einzigen mentalen Gegner, dem Sie standhalten müssen, um diese Krise nicht sinnlos verstreichen zu lassen.

19. Bleiben Sie nicht, wie Sie sind

*Der ganz echte Revolutionär liegt den
ganzen Tag auf dem Sofa.*

Niemand ist perfekt. Auch mir sind schon katastrophale
Fehler unterlaufen. Vor drei Jahren habe ich die Ver-
abredung zu einem Radio-Interview sowohl vergessen
als auch verschlafen. Im Tiefschlaf taumelte ich völlig
entnervt zum dauerklingelnden Telefon, um mich live
im Hessischen Rundfunk wiederzufinden. »Und da
haben wir ihn am Apparat«, plauderte eine gutgelaunte
Frauenstimme, »den Autor des Romans *Superdaddy*.
Guten Morgen, Herr Sieg! Warum sind Sie ein Superdaddy?« Schon im vollkonzentrierten, wachen Zustand
hätte ich große Mühe mit der Frage gehabt (ich halte
mich nicht für einen »Superdaddy«, der Titel war iro-
nisch gemeint, in dem Buch geht es um eine An-
sammlung von Elternkatastrophen). Aber so verpeilt
und unvorbereitet, wie ich war, fiel mir auf die Frage
absolut nichts ein. Ich weiß nicht mehr, was ich ge-
stammelt habe – es war ein einziger Alptraum. Seitdem habe ich einen Wandkalender, in den ich solche
Termine eintrage und rot markiere. Ich habe mich also

systematisch bemüht, nie wieder in so eine Situation zu geraten.

Es ist kaum zu glauben, aber es gibt eine Richtung in der Lebensberatung, die genau dieses Bemühen zum Hauptproblem unserer Zeit erklärt und dem Anschaffen von Wandkalendern den Kampf angesagt hat. Die Bücher dazu heißen *Ich bleib so scheiße, wie ich bin. Lockerlassen und mehr vom Leben haben.* (Rebecca Niazi-Shahabi), *Du sollst nicht funktionieren! Für eine neue Lebenskunst* (Ariadne von Schirach) oder *Schnauze voll! Schluss mit dem Optimierungsquatsch* (Rainer Moritz). Im Moment scheint dies sogar die vorherrschende Richtung unter den Lebensratgebern zu sein; ihre Diagnose findet sich laufend in Print und Radio, und wenn Sie ihre Thesen mit sorgenvoller Miene in ein Partygespräch einfließen lassen, werden alle beifällig mit dem Kopf nicken *(Ja, genau, echt schlimm …).* Die Behauptungskette:

1. Unsere Gesellschaft ist gekennzeichnet durch einen zunehmenden Zwang zur *gnadenlosen Selbstoptimierung* (so der stehende Begriff). In Schule, Uni und am Arbeitsplatz, ja schon im Kindergarten werden wir unbarmherzig dazu gedrillt, unsere Leistungen auf ein unmenschliches Perfektionsniveau zu heben. Selbst Urlaub, Freizeit, Feiern und Liebe bleiben nicht vom Leistungszwang verschont.

2. Dieser Zwang bestimmt und verschlingt unser

Dasein, lässt uns keine Luft zum Atmen und keinen Raum zum Entspannen, treibt uns in chronische Erschöpfung und nimmt uns alles, was das Leben ausmacht: Achtsamkeit, Ruhe, Muße, Freude am Moment, stilles Glück, unperfektes Dasein.

3. Obwohl dieser Trend uns in Unglück und Depression stürzt, nimmt er täglich weiter zu, weil der entfesselte Markt, der ungebremste globale Kapitalismus, die Profitinteressen der privaten Wirtschaft es so verlangen. Der neoliberale Zeitgeist fordert seine Opfer.

4. Gegen diese Systemzwänge hilft nur eine kombinierte Strategie: Wir selbst müssen uns den Optimierungszwängen radikal verweigern, die Politik muss den Leistungszwang abmildern, die Burn-out-Opfer brauchen medizinische und therapeutische Betreuung, Medien, Schulen und Unis müssen aufklären, und eine gemeinwohlorientierte *Sharing-Economy* muss die private Profitmaximierung ablösen.

Interessant an dieser Debatte: Die ersten drei Behauptungen werden als wahr vorausgesetzt; wenn überhaupt, streitet man sich über die Gewichtung und Reihenfolge der Gegenmaßnahmen. Umso wichtiger, einmal die Basis-Annahmen zu überprüfen. Wann und wo haben Sie zuletzt »Überperfektion« und zu eifrige Selbstoptimierung erlebt und darunter gelitten? Ich möchte einige persönliche Erfahrungen beisteuern, die ich in den letzten 20 Jahren in verschiedenen Bereichen gemacht habe, um zu zeigen, wie weit wir aus meiner Sicht von einer übermäßigen Optimierung entfernt sind.

Kindergarten: Wir mussten Extrabeiträge zahlen für Honorarkräfte, die eigens gebucht wurden, um mit den Kindern einmal die Woche zu singen und Englisch zu lernen. Man hätte meinen können, dass Erzieher in drei Jahren Ausbildung Kindergartenenglisch und Liedbegleitungsgitarre hätten lernen können; stattdessen saßen sie, wenn wir die Kleinen abholten, meist rauchend im Garten, selbst bei Minusgraden. Meine Kinder haben sich fürchterlich gelangweilt und auf die Vorschule gehofft.

Grundschule: *Auf dem Dachboden toben* war ein reguläres Schulfach. Um den Kindern den Lustgewinn des Sofort-Losschreibens zu gewähren, mussten meine Kinder in den ersten beiden Jahren die Wörter so schreiben, wie sie sie hörten (und durften auch nicht korrigiert werden). Dadurch prägten sie sich ein falsches Schriftbild ein, das sie nachher umso mühseliger korrigieren mussten (Diktate gelten generell als unzumutbar und finden nicht mehr statt!). Auf die katastrophale Rechtschreibsituation in den Klassen drei und vier angesprochen, antwortete mir der Lehrer: »Der Rechtschreibprozess zieht sich heute oft bis in die achte Klasse.« Bei manchen dann sogar bis zur Rente.

Gymnasium: Da war zum einen der Kunstlehrer meiner Tochter, der aus Prinzip jedem eine Eins gab, unabhängig von etwaigen Leistungen, die er auch gar nicht einforderte; und umgekehrt die Französischlehrerin, die einen unangekündigten Test hatte schreiben lassen. Tumult auf dem Elternabend: »Annalisa hat geweint!« – »Ich habe gehört, Frau S. kommt von einem Elitegymnasium; will die uns hier terrorisieren?« – »Ist die überhaupt verheiratet? Ich hab den Eindruck, die lässt ihren Frust an unseren Kindern aus.« – »Wir sollten jetzt entscheiden, ob wir sie vor oder nach den Herbstferien aus der Klasse entfernen.« Die Lehrerin *wurde* aus der Klasse entfernt! Übrigens: Der Test war gar nicht unangekündigt. Nur hatten die meisten Schüler die Ankündigung im normalen Lärmpegel nicht mitbekommen.

Medizin: Vor einiger Zeit ging ich mit einem geschwollenen Knie zum Orthopäden, der mir eine Salbe verschrieb, die nicht half. Auch der nächste Orthopäde verschrieb eine untaugliche Salbe. Erst der dritte Arzt untersuchte das Knie und stellte fest, dass es mit Blut vollgelaufen war. Bis zu zwei Millionen Behandlungsfehler gibt es laut Schätzung von Experten in deutschen Kliniken, Praxen und Heimen pro Jahr. Offiziell als Kunstfehler anerkannt wurden 2014 4300 Fälle, 155 Menschen starben aufgrund dieser Fehler.

Schönheit: Setzen Sie sich mal in eine beliebige

deutsche Einkaufspassage und beobachten Sie die Vorübergehenden. Wie viele geben sich wirklich durch Kleidung, Schmuck, Schuhe und Frisur ein originelles, elegantes oder gar faszinierendes Aussehen? Wie viele tragen stattdessen Jeans, Sneakers, Hemd, Kapuzenpulli, bevorzugt in Dunkelblau oder Anthrazit? Auf dem fünfzigsten Geburtstag eines befreundeten Lehrers waren seine Kollegen in genau den Wollpullis, Cordhosen und Pullundern gekommen, mit denen sie auch zu Hause und in der Schule herumlaufen.

Handwerker: Ja, auch ich war einmal Bauherr. Wobei dieser Ausdruck das reale Geschehen nicht wirklich wiedergibt. Denn egal, wie detailliert und präzise man die Vorgaben formuliert, die Handwerker werden immer etwas anderes abliefern. Der Spitzboden wurde einen Meter zu hoch angebracht, so dass man dort nicht stehen konnte, die Nische im Badezimmer geriet so klein, dass kein Schrank mehr hineinpasste, das bereits verlegte und versiegelte Parkett wurde vom nächsten Handwerker ruiniert, von den sechs Telefondosen funktionierte nur eine, Rohre wurden an falschen Stellen verlegt und der Balkon war abschüssig. (Durch wundersame Vorschriften blieb die Behebung der Mängel und Schäden fast immer an uns hängen.)

Onlinedating: Man sucht die Frau oder den Mann fürs Leben – aber für das Ausfüllen des Profils wendet man keine drei Minuten auf. Man nennt sich *wurstbert* oder *schwolli*, schießt mit dem Smartphone ein Foto im Badezimmerspiegel, schreibt als Profiltext *No risk, no fun!* und schreibt die Angebetete an mit: *heyyyyy naaa alles gut?* Amaryllis26 hat in ihrem Buch *Lust auf Fikken? Aus den Abgründen des Onlinedating* tragikomisches Beweismaterial dafür zusammengetragen, wie lieblos und uncharmant – und keineswegs optimiert – in Deutschland online geflirtet wird.

Man muss also gar nicht auf die großen Stümpereien wie die Elbphilharmonie oder den Flughafen Berlin-Brandenburg hinweisen. Was wir schon auf alltäglicher und individueller Ebene oft genug erleben, ist ein Preisgeben von Standards, ein Wegfallen von Mühe, ein Erodieren von Qualitätsansprüchen. Das Optimierungspotential ist riesig. Nur optimiert wird nicht.

In Wahrheit gibt es gar keinen Optimierungszwang; es gibt oft nicht einmal Anreize zur Optimierung. In Hamburger Schulen kann man nicht mehr sitzenbleiben. Leistungslose Beiträge beim Schülerkonzert bekommen Riesenapplaus und werden stolz bei YouTube und Facebook gepostet. Universitäten führen keine Aufnahmeprüfungen durch. Die Zahl der Vollzeitbeschäftigten ist so hoch wie nie. Festangestellten kann kaum gekündigt werden, Beamten gar nicht.

Und wer leidet unter der schwachen Performance in vielen Lebensbereichen? Der Kapitalismus? Nein, *wir selbst*! Ein gut operiertes Knie, ein fachgemäß repa-

riertes Fahrrad, eine leckere Pizza, ein sorgfältig vorbe-
reitetes Konzert oder eine möglichst fehlerfreie Recht-
schreibung nützen nicht irgendwelchen dunklen
Interessen, sie nützen uns allen. Es existiert überhaupt kein Interessengegensatz zwischen Lebensquali-
tät einerseits und Disziplin und Arbeitseifer anderer-
seits. Wollen wir von jemandem operiert werden, der
Arbeitseifer und Disziplin ablehnt? Möchten wir jemanden als Partner haben, der so scheiße bleibt, wie er ist?

Der Neoliberalismus will selbstoptimierte Individuen,
heißt es – also sollten wir das Projekt der Selbstvervollkommnung einstellen. Aber wo ist überhaupt
dieser Neoliberalismus? Niemand bezeichnet sich so.
Allein 2015 wurden eine Mietpreisbremse, ein Mindestlohn und eine Frauenquote verabschiedet. Wir haben 150 000 Gesetze und Verordnungen in Deutschland und ein Volksvermögen, das zur Hälfte vom Staat
verbraucht wird. Ist das neoliberal?

Das wirklich Gefährliche an dieser Denkschule ist
nicht ihre Blindheit gegenüber der sozialen Realität
und ihre Wehleidigkeit gegenüber Leistungsanforderun-
gen, sondern dass sie das Beste in uns, das Streben
nach Vollkommenheit, als Wahn brandmarkt. Was ist
dagegen einzuwenden, dass ich versuche, meinen Job
bestmöglich zu erledigen? Dass ich Haargel benutze,
ins Fitnessstudio gehe, nicht rauche, mir die Finger-
nägel schneide und regelmäßig jogge?

Nein – bleiben Sie *nicht* so scheiße, wie Sie sind. Wenn Sie das Gefühl haben, mit Mitte 40 nicht glücklich zu sein, dann könnte das auch daran liegen, dass Sie bislang wenig für Ihre Selbstvervollkommnung getan haben. Übergewicht, Jähzorn und Faulheit machen nicht glücklich, sondern unglücklich. Sie wollen aber ganz woandershin. Und dafür müssen Sie notfalls bereit sein, sich zu ändern.

II.

Losgehen

Es gibt keinen Charterflug zum Glück.
Du musst schon zu Fuß gehen.

Die Irrwege in den Hades der Midlife-Crisis haben wir erkannt: Schönreden, Altruismus, ADS, Todesangst, Risikoscheu, Leben im Konjunktiv, Sucht, verlorene Kriege führen, überflüssige Luxusgüter, Therapie, Religion und Anti-Optimierungsgejammer. Aber wo geht es denn nun zu den Sternen? Sprich, zu einem Leben im Einklang mit uns selbst?

Glücklicherweise ist der Himmel viel näher, als wir denken – obwohl wir zu Fuß gehen müssen. Der gemütliche theoretische Teil liegt hinter uns. Sie können jetzt einfach weiterlesen – im Liegestuhl, am Strand, im Ohrensessel –, aber das allein reicht nicht. Sie müssen in die Puschen kommen! Eine Theorie der Praxis ohne Praxis ergibt wenig Sinn. Und nach dem Prinzip Fordern und Fördern fangen wir gleich mit dem Unangenehmsten an.

20. Räumen Sie Ihr Zimmer auf

Ordnung inspiriert.

Wenn unser Leben ein Chaos ist, wie können wir erwarten, damit fertig zu werden, wenn wir außerdem noch im Chaos leben? Die undefinierbaren Papierstapel da auf dem Boden; der Keller mit den Teppichresten, Billy-Regalstützen, Farbeimern und Pinseln aus Ihrer ersten WG (kann man bestimmt noch mal brauchen); der Dachboden, der so mit Möbeln, Klamotten, Büchern und Platten aus dem 20. Jahrhundert vollgerümpelt ist, dass Sie ihn nicht mehr betreten können; das unabgewaschene Geschirr in der Küche, die herumfliegenden Socken, das Chaos, sobald Sie irgendeine Schublade öffnen. Wenn Sie unbedingt das Gefühl haben wollen, Ihr Leben nicht im Griff zu haben – dann sorgen Sie einfach für Unordnung. Es gibt nichts, was Sie erfolgreicher lähmt als dieses Gefühl, es lohne sich gar nicht, mit dem Aufräumen anzufangen. Die Stapel liegen da schon seit Monaten rum, ebenso der Brief von den Wasserwerken, in dem Sie gebeten werden, den Zähler abzulesen. Aber wo ist noch mal der Zähler? Und ist die Frist nicht längst verstrichen? So, wie Sie alles haben verstreichen lassen? Sie sind eben lebensunfähig, nicht alltagskompatibel. Das bestätigen Sie sich achselzuckend und fangen zur Ablenkung erst mal an, durch Facebook zu scrollen.

Hier spricht ein Betroffener. Obwohl mir der Nutzen von Ordnung seit meiner Kindheit klar ist, obwohl ich eigentlich gerne aufräume und mich am Ende mit Blick auf die geordnete Umgebung ein kindlicher Stolz erfüllt, verhalte ich mich gleich darauf wieder absolut entgegengesetzt und produziere in kürzester Zeit eine Unordnung, von der ich mich so einschüchtern lasse, dass ich vor ihr kapituliere und ihre Beseitigung tagelang, manchmal wochenlang aufschiebe. Was steckt dahinter?

Zunächst der Gedanke, dass es Dringenderes gibt als Aufräumen. Andere Dinge müssen erledigt werden, das Aufräumen kann warten. Das machen wir später, wenn wir dafür Zeit haben. Oder am Wochenende. Aber will man am Wochenende nicht etwas Schönes machen? Und ist Aufräumen nicht vollkommen geistlos und stupide?

So spricht der innere Schönredner. Wir wissen es besser. Nicht das Aufräumen ist Zeitverschwendung, sondern das, wozu Nichtaufräumen unweigerlich führt:

das Verlegen, Suchen und Nichtfinden von Sachen. Wie viel Zeit Ihres Lebens haben Sie schon damit verbracht, Ihren USB-Stick zu suchen, das Aufladekabel des Handys, diverse Schlüssel, Ausweise, den Impfpass?

Aber Aufräumen spart nicht nur präventiv Zeit und Nerven, es ist sehr wohl auch geistige Anstrengung. Und genau diese scheuen wir. Bei jeder Notiz, jedem Brief, jedem ausgeschnittenen Zeitungsartikel müssen wir uns fragen: Wichtig oder nicht? Behalten oder wegschmeißen? Und wenn aufbewahren, dann wo? Der Brief muss beantwortet werden – wann? Das ist der Grund, warum Aufräumen immer viel länger dauert und viel fordernder ist, als man denkt – und ein weiterer Grund, ihm aus dem Weg zu gehen.

Das übliche Vorgehen nach dem Prinzip *Von vier bis fünf räume ich auf* funktioniert nie. Zumal sich in den aufzuräumenden Dingen all die unangenehmen Aufgaben verstecken, denen wir entflohen sind, indem wir die entsprechenden Briefe erst mal auf einen der vielen Stapel gelegt haben. Briefe lassen sich weglegen. Aufgaben nicht.

Dass wir uns gegen das Aufräumen sträuben, ist aber nicht nur geistige Faulheit, sondern auch Teil eines merkwürdigen inneren Machtkampfs. Wie einfach könnte alles sein, wenn wir für alle Dinge einen festen Platz hätten und sie nach Benutzung sofort dorthin zurücklegten – hat unsere Mutter uns das nicht schon immer gesagt?

Genau das ist das Problem: Ordnung ist spießig. Unordnung ist Rock 'n' Roll. Alles herumfliegen lassen ist die letzte Rebellion, die wir uns noch leisten (abgesehen davon, mit 180 über die Autobahn zu brettern und die Zeitschrift *Business Punk* zu lesen). Wir können unsere knappe Restlebenszeit mühelos mit dem Herumirren in unserer selbstverschuldeten Unordnung verbringen, uns dabei aber vorkommen wie eine Mischung aus Johnny Depp und Keith Richards. Beim Anblick riesiger Stapel auf dem Fußboden fühlen wir uns endlich wieder wie mit 16, als wir unsere erste Zigarette geraucht und Police oder Nirvana gehört haben. Damals sah der Boden nämlich genauso aus.

Die eigentliche Frage lautet: *Wollen wir jemand sein, der Ordnung hält?* Oskar Lafontaine wurde 1982 schlagartig berühmt mit den Sätzen: »Helmut Schmidt spricht weiter von Pflichtgefühl, Berechenbarkeit, Machbarkeit, Standhaftigkeit. [...] Das sind Sekundärtugenden. Ganz präzis gesagt: Damit kann man auch ein KZ betreiben.« Das traf damals zu hundert Prozent den Zeitgeist – und war sowohl richtig als auch völlig verkehrt. Was auch immer man auf die Beine stellen will in dieser Welt – eine Computerfirma, ein Rockfestival, einen Roman oder eine Kampagne gegen

Massentierhaltung –, man benötigt dafür zielgerichtetes Handeln.

Die weitverbreitete Geringschätzung der »Sekundärtugenden« hat zu einer regelrechten Generationsmacke geführt; es ist das sozialpsychologisch verheerendste Erbe der 68er. Faul, unpünktlich, unordentlich, zerstreut und zögerlich zu sein führt einfach nur dazu, dass wir nichts auf die Reihe bekommen. Wem ist damit geholfen – außer Freunden, die es beruhigt, wenn andere es auch versieben?

Mit Mitte 40 ist noch Zeit, sich geistig umzuprogrammieren. Denn Ordnung inspiriert! Sie gewährt uns Ruhe und Frieden. Sie vermittelt uns ein Gefühl von Einklang mit uns und der Welt. Ich erinnere mich gern an die kleine Wohnung der Freundin, mit der ich in meinen 20ern zusammen war. Unglaublich viele Bücher, Kassetten und Schallplatten gab es da, aber alles fein säuberlich geordnet und eingeräumt. Sobald ich die Wohnung betrat, fühlte ich mich geborgen und heimelig und zugleich voller Tatendrang. Der aufgeräumte Schreibtisch lud ein, sofort mit Lesen und Schreiben zu beginnen. Vielleicht ist dies das Geheimnis: Ein aufgeräumter Schreibtisch ist *leer*. Und Kreativität braucht Leere, um sie zu füllen. Daher hat auch Bert Brecht so gern in leeren Wohnungen gelebt. Sie mögen lieber Thomas Mann? Auch gut, der war ebenfalls ein Anhänger von penibler Ordnung und Disziplin.

Aufräumen ist Emanzipation: ein Akt der Befreiung von dem ganzen Müll und Schrott, der sich ansammelt, auftürmt und zum bedrohlichen Scheinriesen aufplustert, der uns in Ketten legt. Der Sieg über den Scheinriesen macht glücklich, ohne die Leber zu zerstören; er macht stolz, ohne andere herabzusetzen; er beruhigt, ohne Pharmakonzerne zu bereichern; er spendet Seelenfrieden ohne esoterischen Unsinn. Er ist ein Triumph über die Herrschaft des Dickichts. Ordnung schafft Klarheit, Transparenz, Entschlossenheit.

Hier nun die revolutionären Mittel, die ich Ihnen empfehle:

• Wenn Sie etwas notieren, dann nicht auf Zettel (niemals!), sondern in ein großes, festes, dickes *Superbuch*, in dem alles drinsteht. Termine tragen Sie nicht nur in einer Smartphone-App ein, sondern auch in etwas so Altmodischem wie einem riesigen Wandkalender. Für Geburtstage hängen Sie einen Geburtstagskalender in Ihr Wohnzimmer, Steuerquittungen kleben Sie sofort auf und sortieren Sie in Hängemappen, nach Kategorien geordnet (Waren, Dienstleistungen, Abschreibungsgüter, Bewirtung, Reisekosten etc). Für alle übrigen Unterlagen legen Sie Aktenordner an, die Sie gut leserlich beschriften und in Regalen übersichtlich aufstellen. Ich bin ziemlich stolz, dass ich fast alles, was ich suche, binnen einer Minute in meinen geliebten Leitz-Ordnern finde.

- Ebenso wichtig ist Ordnung auf Ihrem Computer. Dokumente und Ordner haben die Eigenschaft, sich ständig zu vermehren und den Desktop zuzumüllen. Legen Sie Überordner an und räumen Sie täglich auf. Ich komme mit nur vier Überordnern aus: *Dinge*, *Projekte, Geld* und *Planung&Privat*.

- Sie möchten aufräumen, wissen aber nicht, wann und wie? Der einzige gute Tipp, den ich dazu geben kann, ist *die unbefristete Erledigung.* Sie nehmen sich vor, so lange aufzuräumen, bis Sie fertig sind, egal, wie lange es dauert. Vermutlich bis drei Uhr in der Nacht. Aber dann ist es auch geschafft, und Sie dürfen sich auf die Schulter klopfen. Meiner Erfahrung nach funktionieren nur To-do-Listen, die aus einem einzigen Punkt bestehen.

Ordnung ist der am meisten unterschätzte Glücksbringer überhaupt. Umarmen Sie die Ordnung, lieben Sie sie. Den Kampf gegen den Verfall, das Scheitern und den Tod können Sie nicht gewinnen. Den gegen das Chaos schon, und zwar jeden Tag.

Natürlich gilt alles, was ich gesagt habe, auch für Sauberkeit. Wollflusen, Spinnennetze, Kaffeeflecken und verschimmelte Tomaten tragen nicht zum Gefühl bei, sein Leben im Griff zu haben. Auch hier müssen wir uns umprogrammieren. Bloß weil auch hasserfüllte und stumpfe Menschen penibel saubermachen, weil sie sonst nicht wissen, wie sie sich verwirklichen sollen, heißt das nicht, dass wir umgekehrt zu hasserfüllten Stumpflingen mutieren, wenn wir einmal in der Woche unsere Küche wischen. Sauberkeitsfanatiker mögen kalt und engstirnig sein. Aber lassen Sie sich davon nicht beirren: Sauberkeit selbst ist gemütlich, einladend und gastfreundlich.

1991 hörte ich im Audimax der Uni Hamburg einen Vortrag von Hans Georg Gadamer; der »Vater der Hermeneutik« war damals schon über 90 (er wurde 102). Gadamer sprach darüber, dass unsere großen Philosophen den Menschen immer nur als herstellendes Wesen gesehen hätten. Darüber sei die andere Hälfte des Universums verlorengegangen: das Pflegen, Erhalten und Reparieren, das Schützen, Schonen und Wiederherstellen – ebenso wichtig, ebenso Teil unserer Natur. Entgehen Sie diesem produktionistischen Irrtum. Räumen Sie auf, halten Sie sauber. Wenn Sie keine Zeit haben, engagieren Sie eine Putzfrau. Sie wird sich freuen – und Sie noch viel mehr. Meiner Erfahrung nach ist es aber noch besser, selber zu putzen. Es gibt einem das wundervolle Gefühl, für sich und seine Dinge zu sorgen. Und es ist eine großartige Gelegenheit, seine Gedanken schweifen und reifen zu lassen. Die Chinesen sagen: *Wenn Du Erleuchtung suchst, dann hacke Holz und trage Wasser.* Und zu keinem Zeitpunkt haben wir Erleuchtung so sehr nötig wie in einer Lebenskrise.

Sorgen Sie sich also um die Dinge um Sie herum. Genauso wichtig ist es allerdings, sorgsam mit seinen Ressourcen umzugehen. Leider ist uns auch das Wort dafür gründlich verleidet worden: Sparsamkeit.

21. Werden Sie sparsam

Man kann begrenzte Mittel nicht unbegrenzt einsetzen.

Sein Geld sparsam zu verwenden ist ein elementares Gebot der Lebensklugheit. Umso absurder, wie oft dieses Gebot heute schlechtgeredet wird. Der Sparsame gilt als geizig, knickerig, kleinkrämerisch, als Schnäppchenjäger, zwanghafter Preisvergleicher und Einkaufszettelkontrollierer, als sinnenfeindlicher Asket, der das Beste am Leben versäumt. Es mangelt ihm an Großzügigkeit, er hasst seine Mitmenschen und will nicht mit ihnen teilen. Dass er sein Geld hortet oder auf die Bank bringt, statt es umstandslos auszugeben, schwächt die Nachfrage, ruiniert die Konjunktur, vernichtet Arbeitsplätze und treibt uns in die Deflation. Die von ihm bevorzugten Dumpingpreise fördern Ausbeutung, unmenschliche Arbeitsbedingungen und Umweltverschmutzung in aller Welt. Nichts wird so einhellig gegeißelt wie die angeblich um sich greifende »Geiz ist geil«-Mentalität: in Kabarett und Comedy, auf Kirchentagen und soziologischen Kongressen, in Feuilleton und politischen Kommentaren. Es fühlt sich gut an, gegen »Geiz« zu sein.

Nur: Wer ist überhaupt geizig? Wären wir alle geizig, woher kommen dann Millionen überschuldeter Konsumenten und Zehntausende Privatinsolvenzen im Jahr? Die Gewinne von Porsche, Mercedes und BMW? Die Millionen Raucher, Trinker, Kiffer und Kokser? Oder auch die etwa sieben Milliarden Euro, die in Deutschland 2015 für gute Zwecke gespendet wurden? Es ist dasselbe wie bei der »gnadenlosen Selbstoptimierung«: Mit großem Aufwand und hohem Pathos haut die Kulturkritik auf etwas ein, was gar nicht existiert.

Sicher ist: Andere wollen unser Geld. Und was wollen wir? Möglichst viel davon behalten. Denn Geld ist kristallisierte Zeit. Wenn wir nicht gerade Susanne Klatten heißen, müssen wir unser Leben lang Zeit gegen Geld tauschen – obwohl wir ohnehin ständig Zeit verlieren. In dem Moment, wo Hans im Glück den Stein in den Brunnen wirft, hat er sieben Jahre umsonst gearbeitet, sieben Lebensjahre im Brunnen versenkt.

Gerade wer seine Erwerbsarbeit als Joch empfindet, sollte das mühsam erarbeitete Geld nicht auch noch zum Fenster hinauswerfen. Behielte er das Geld, müsste er in Zukunft nicht mehr so viel arbeiten; er könnte vielleicht irgendwann ganz damit aufhören.

Paul Lafargue, der Schwiegersohn von Karl Marx, entwarf in seiner Schrift *Das Recht auf Faulheit* die Vision einer Zukunft als Schlaraffenland. In den nächsten hundert Jahren, so schrieb Lafargue 1880, werde die Produktivität so explodieren, dass wir dauerhaft von schwerer und zeitraubender Arbeit befreit wären und unser Leben im Wesentlichen der Muße widmen könnten – Happy End durch technischen Fortschritt.

Was ist aus dieser faszinierenden Vision geworden? Nun, die Produktivität ist tatsächlich explodiert, sogar stärker, als Lafargue ahnen konnte. Für einen Fernseher mussten wir 1960 im Schnitt 42 Tage arbeiten, heute vier Tage, bei einem Pfund Bohnenkaffee reduzierte sich die nötige Arbeitszeit von dreieinhalb Stunden auf 21 Minuten. Trotzdem verbringen wir immer noch einen großen Teil unseres Lebens mit Erwerbsarbeit. Was ist da nur schiefgelaufen?

Genau zwei Dinge. Erstens hat sich der unproduktive Sektor – der Staat – in den letzten hundert Jahren exponentiell vergrößert. Während er bis ins 20. Jahrhundert mit 5 bis 8 Prozent des Volkseinkommens auskam und 2 bis 3 Prozent der Erwerbstätigen in seinen Diensten hielt, verzehrt der Staat mittlerweile 40 bis 50 Prozent des Volkseinkommens und beschäftigt 20 bis 30 Prozent der Erwerbsbevölkerung. Der produktive Sektor muss diesen unproduktiven Sektor mitfinanzieren. Überlegen Sie einmal, wie reich Sie wären, wenn Sie weder Steuern noch Sozialversicherungsbeiträge zahlen müssten.

Explodiert sind aber auch unsere Ansprüche. Wenn Sie bereit wären, mit dem durchschnittlichen Konsumniveau von 1960 (oder gar von 1880) auszukommen, wäre Lafargues Vision für Sie heute schon Wirklichkeit. Sie könnten mit einem Minimum an Arbeit – etwa 20 Wochenstunden – alle Bedürfnisse befriedigen und hätten viel mehr Zeit für Muße, Lesen, Freunde treffen, Feiern, Joggen oder Klavierspielen. Gebrauchte elektronische Geräte, Möbel und Klamotten bekommen Sie günstig auf Flohmärkten, in Second-Hand-Läden, über Avis, amazon und eBay. CDs und DVDs kann man sich für einen minimalen Jahresbetrag in öffentlichen Bücherhallen leihen. Über Mitfahrzentralen und Couchsurfing können Sie fast umsonst verreisen. Wenn Sie dann noch darauf verzichten, in angesagten Szenevierteln zu wohnen, sparen Sie umso mehr.

Wir könnten also mit sehr viel weniger Geld auskommen, als wir verdienen. Stattdessen lassen wir es uns mit den stupidesten Tricks aus der Tasche ziehen. Vertreter, Verkäufer und Finanzberater haben eines gemeinsam: Wir sehen sie meist nur einmal im Leben. Trotzdem schließen wir die Rechtsschutz-, Hausrat-, Berufsunfähigkeits- und Ausbildungversicherung eigentlich nur ab, um auf den Versicherungsvertreter nicht geizig und lehrerhaft nachfragend zu wirken. Wenn wir die neue Superflatrate für Festnetz, Handy und Internet buchen, die wir gar nicht brauchen, dann nur, weil der sächsische Call-Center-Mitarbeiter schon dreimal angerufen hat und wir fürchten, ihn sonst nicht loszuwerden. Die höchsten Provisionen fallen an, wenn wir Bausparverträge, Kapital-Lebensversicherungen und private Krankenversicherungen abschließen – zufällig genau die Produkte, von denen Verbraucherzentralen seit Jahrzehnten abraten. Am Ende geben wir einen absurd großen Anteil des Geldes, das am Ersten des Monats auf unserem Konto landet, bereits am zweiten an Allianz, Telekom und Co. weiter.

Die Möglichkeiten der Geldverschwendung sind unbegrenzt. Wir schließen Probeabos bei Zeitungen, Fitnessstudios und Datingagenturen ab, die wir natürlich nicht rechtzeitig kündigen. Beeindruckt von Rabattaktionen (»60 % auf alles außer Tiernahrung« – »Räumungsverkauf«), kaufen wir Massagenbürstensets, komplette Käsefondue-Ensembles und praktische Pastinaken-Entsafter. Wir pimpen unser Sozialprestige mit iWatch, Luxusmodelabels und SUVs und kaufen schließlich eine Wohnung in einer Gegend, die nach Einschätzung der

Bundesbank bereits zu 20 Prozent überbewertet ist – der Makler weiß es schließlich besser (»Kaufen statt mieten!« – »Lage, Lage, Lage!« – »Eigentlich ist die Wohnung schon weg!«). Auf diese Weise geben wir unser Restvermögen erst für Grunderwerbssteuer, Notar, Grundbucheintrag, Courtage, Umzug und Einbauküche aus, später für Wohngeld, Instandhaltungsrücklage und Schwammsanierung. Mit der 400 000-Euro-Hypothek im Rücken werden wir unserem misanthropischen Chef natürlich niemals kündigen, sondern entwickeln lieber Schlafstörungen und Magenkoliken.

In Wahrheit ist Sparen weder spießig noch geizig. Im Gegenteil: Es ist Selbstbefreiung, Selbstschutz, die Rettung des eigenen Lebens. Kaufen Sie nur das, was Sie wirklich brauchen und tatsächlich verwenden werden – und zwar so günstig wie möglich (was nicht immer heißt, so billig wie möglich). Lassen Sie sich dabei das Internet nicht schlechtreden. Es bietet neben besseren Preisen einen großen Vorteil: Sie entkommen dort der »Nehm ich eben noch mit«-Gefahr. Kürzlich wollte ich bei Tchibo eine günstige Personenwaage kaufen. Als ich wieder draußen stand, hatte ich außerdem ein Badeölset, einen induktionsfähigen Topf, einen rosa Seifenspender und eine Sammlung Garderobenhaken in meinem Rucksack.

Paradoxerweise können Sie auch beim Versuch, Geld zu sparen, viel Geld verlieren. Wir sind nicht reich genug, um uns billige Dinge leisten zu können. Wenn Sie immer nur die allerbilligste Waschmaschine nehmen, die stets nach zwei Jahren und einem Tag kaputtgeht, geben Sie natürlich am Ende viel mehr aus, als hätten Sie einmal ein hochwertiges Gerät gekauft. Nur sind hohe Preise leider längst nicht immer ein Indikator für hohe Qualität. Meine Apple-Geräte sind alle nach drei Jahren und wenigen Wochen kaputtgegangen (da endete der *Apple Protection Plan*). Auch Internetbewertungen täuschen; viele »Kundenrezensionen« werden praktischerweise direkt von den Firmen oder ihren Wettbewerbern in Auftrag gegeben.

Folgen Sie lieber diesen fünf goldenen Regeln:

1. Holen Sie sich persönliche Empfehlungen ein (etwa via Facebook).
2. Lassen Sie sich niemals (!) bei Kaufentscheidungen zeitlich unter Druck setzen (»Nur noch ein Zimmer frei!«).
3. Folgen Sie keinen spontanen Wohlfühlimpulsen (»Wow, eine hawaiianische Rückenmassagebürste – und so billig!«).
4. Fallen Sie nicht auf Milchmädchenrechnungen herein (30 Euro sparen, indem man 800 Euro ausgibt).
5. Vergleichen Sie die Qualität *(Stiftung Warentest)* und Preis (www.idealo.de) und treffen Sie dann wohlüberlegte Entscheidungen.

Genau das bedeutet Sparsamkeit. Machen Sie sich immer wieder klar: Aufgrund der märchenhaften Produktivität und des über Jahrhunderte aufgebauten Kapitalstocks unserer Volkswirtschaften haben wir das unfassbare Privileg, *bereits in Lafargues Utopie zu leben* – wenn wir es schaffen, unser Geld nicht laufend zu verplempern. Wir sind die erste Kultur der Weltgeschichte, die ihren Bedarf an Lebensmitteln mit nur zehn Prozent ihres Einkommens decken kann. Und wem 20 Stunden Erwerbsarbeit zu viel vorkommen, möge einmal mit Chinesen, Japanern oder Ukrainern über ihre Arbeitszeiten reden. Schon heute verbringen wir nur noch acht Jahre unseres Lebens mit Arbeit – und zwölf Jahre mit Fernsehen. Stellen wir uns vor, wir hätten diese zwölf Jahre in die Verwirklichung unserer Träume gesteckt; wären wir dann in der Midlife-Crisis?

Und damit sind wir beim anderen großen Übel: der Verschwendung unserer Zeit.

22. Hüten Sie Ihre Zeit

Wer sparsam mit seinem Geld umgeht, gilt als Geizkragen; wer sparsam mit seiner Zeit verfährt, hat es nicht viel besser. Er gilt als eigenbrötlerisch, ungesellig und ungefällig. Im besten Fall ist er distanziert, steif und unnahbar, im schlechteren unfreundlich, unhöflich und arrogant. Dabei ist der wohlüberlegte Umgang mit Zeit noch viel existentieller: Verlorenes Geld lässt sich manchmal ersetzen, verlorene Zeit nie.

»Wir haben nicht zu wenig Zeit, wir vergeuden sie«, stellte schon Seneca fest, in seiner brillanten Schrift *Von der Kürze des Lebens*. Wenn jemand den Menschen einen Teil ihres Grundstücks wegnehmen wolle, gingen sie auf die Barrikaden und vor Gericht. »Aber in ihr Leben lassen sie andere einbrechen, sie ebnen sogar denen die Wege, die in Zukunft über ihr Leben verfügen sollen. (...) Engherzig halten die Menschen ihr Vermögen zusammen, wenn es aber um Zeitverlust geht, sind sie äußerst verschwenderisch, wo doch hier allein Geiz sittlich berechtigt wäre.«

In der Tat; denn wir verlieren ohnehin ständig Zeit und verarmen jeden Tag mehr. Genau das steckt auch dahinter, wenn altersungleiche Paare misstrauisch beäugt werden: Was will die junge, also an Zeit reiche Person mit der älteren, also an Zeit armen Person?

Kein Gut ist existentieller als Zeit – und mit keinem gehen wir sorgloser um. Interessant ist, was Seneca alles als Zeitverschwendung geißelt: »Den einen hält unersättliche Habsucht gefangen, den anderen eine emsige Geschäftigkeit bei überflüssigen Beschäftigungen. Der eine ergibt sich dem Trunke, der andere über-

lässt sich trägem Nichtstun. Den einen treibt ein glü-
hender Ehrgeiz, der sich von fremdem Urteil abhängig
macht, bis zur Erschöpfung umher, den anderen
schleift seine Gewinnsucht und sein niederer Krämer-
geist weit über Länder und Meere. Manche Leute rei-
ben sich auf in der Pflege ihrer Beziehungen zu ein-
flussreichen Männern und unterwerfen sich freiwilliger
Knechtschaft – wahrlich ein undankbares Geschäft!
Viele Leute sind ganz erfüllt von dem Wunsche, es
möge ihnen so ergehen, wie es anderen ergeht, oder
sie bewegen sich in Klagen über ihr eigenes Geschick.
Die meisten aber verfolgen kein bestimmtes Ziel. Ein
unsteter Leichtsinn, verbunden mit innerer Unzufriedenheit, treibt sie zu immer neuen Plänen.«

Neun Wege, seine Zeit zu verplempern. Und da waren
YouTube, Facebook und »World of Warcraft« noch nicht
mal erfunden!

Es sind nicht nur »die Medien« und »das Internet«.
Ist Ihnen mal aufgefallen, wie schwer man sich vor
»Einladungen« schützen kann? Ablehnen oder sich
nicht melden gilt als gleichermaßen unhöflich; um seine Zeit zu schützen, ist man gezwungen, sich absurde
Ausreden auszudenken. Manche Leute laden sich sogar selber ein, vorzugsweise Verwandte (»Wir kommen
dann nächstes Wochenende – also von Donnerstag
bis Dienstag. Sucht doch schon mal was Schönes
raus, was wir machen können.«). Und dann gibt es

noch die, die uns einreden, wir seien ihnen unsere Zeit schuldig, weil wir sonst ein undankbares Kind, ein schlechter Freund oder ein liebloser Partner seien. Machen Sie sich klar: Liebe und Dankbarkeit funktionieren nur in der Sphäre der Freiheit. Wir sind niemandem unsere Zeit schuldig, dem wir sie nicht versprochen haben. Überlegen Sie sich gut, wem Sie wie viel Zeit wofür versprechen – und sagen Sie den anderen ohne schlechtes Gewissen ab.

Noch seltsamer ist, wie wir uns selber um unsere Zeit bringen. Tausend Varianten haben wir dafür entwickelt. Zum Beispiel durch das Abonnement einer großen Wochenzeitung aus Hamburg – natürlich nur mit den besten Absichten. Jeden Donnerstag steckt nun dieses Papierungetüm in unserem Briefkasten, das mehr Text enthält als zwei Großromane von David Foster Wallace. Nun zwingen wir uns dazu, möglichst viele Artikel zu lesen, selbst wenn schon die Überschrift so aufregend wirkt wie eine evangelische Laienpredigt. Wir schneiden die Artikel, die wir auf jeden Fall später noch lesen wollen, aus und sammeln sie auf kleinen Haufen, die wir um unseren Schreibtisch herum platzieren (damit kommen wir auch mit der Unordnung gut voran). Die wirklich brillanten Artikel zerschneiden wir so weit, dass sie auf Din-A4-Blätter passen, was aufgrund des ungewöhnlichen Formats nur wenige Stunden dauert. Dann archivieren wir die

DIN-A4-Blätter in thematisch geordneten Leitz-Ordnern, für die wir ein eigenes IKEA-Regal anschaffen, dessen Aufbau uns glücklicherweise wieder einen Nachmittag kostet (glauben Sie mir, ich habe das alles durchexerziert). Wir versäumen auch auf keinen Fall, alle 800-Seiten-Romane zu lesen, die wir zum Geburtstag bekommen haben oder zu deren Kauf wir uns beim Herumstreifen in der Bahnhofsbuchhandlung durch Aufdrucke auf der Vorderseite haben verführen lassen (*SPIEGEL-Bestseller*). Selbst wenn wir schon die ersten 30 Seiten nur im Schneckentempo und mit Hilfe von Aufputschmitteln hinter uns gebracht haben, lesen wir das Buch auf jeden Fall zu Ende! Im Kino setzen wir uns nie hinten an den Rand, um unauffällig die Vorstellung verlassen zu können, sondern in die Mitte einer vollbesetzten Reihe, so dass wir auf jeden Fall durchhalten müssen. Wir lassen uns vom »Kanon«- und »Klassiker«-Gerede beeindrucken und verbringen Jahre damit, das Gesamtwerk von Thomas Pynchon, Robert Musil und Marcel Proust zu lesen, ebenso natürlich den *Ulysses*, den ein alter Freund angeblich »in einer Nacht verschlungen« hat – selbstredend auf Englisch. Lesen Sie etwa noch Übersetzungen? Bildungsbürgertum ist eine Lebensaufgabe.

Dieselbe Art von Zeitvernichtung können wir auch mühelos mit Jazz, Rock, Metal, R'n'B, Hiphop oder westmongolischer Hirtenmusik betreiben. Wichtig ist allein der Anspruch, sowohl die neuesten »Trends« als auch die »Klassiker« zu kennen, um am Ende »mitreden« zu können. Ein Beatles-Fan wie ich braucht selbstverständlich die drei Anthologys, die zehn Kilo schwere 1200-Seiten-Biographie und die geleakten Kantinenaufnahmen von »Let it be«, um seinen Status als Kenner und Experte nicht zu verlieren.

Leider kann auch die an sich löbliche Absicht, Geld zu sparen, zu einer wahren Massenvernichtung an Zeit führen. So gibt es zum Beispiel einen schwedischen Möbel-Discounter, der seine Schränke und Küchen so günstig anbieten kann, weil er deren Aufbau aus Tausenden von Einzelteilen dem Kunden überlässt. Nachher schrauben wir vier Stunden lang einen Lattenrost zusammen, den wir für 20 Euro mehr auch zusammengebaut bekommen hätten, und reden uns diesen Höhepunkt an Sinnlosigkeit mit dem Hornbach-Slogan schön: *Keiner spürt es so wie du.* Wenn wir eine Radtour planen, buchen wir nicht das Gesamtpaket von Velociped, sondern sparen 200 Euro, indem wir alles selber recherchieren, planen und buchen – in weniger als einer Woche! Ein Urlaub ist eben erst dann richtig erholsam, wenn seine Vorbereitung länger dauert als der Urlaub selbst. Und wenn unser Auto nicht mehr anspringt, ist es in jedem Fall ratsam, bei Freunden und Bekannten, gutefrage.net und YouTube nach Do-it-yourself-Lösungen zu fahnden. Wer will schon ein Monatsgehalt an

eine Autowerkstatt zahlen? (»Das Fahrgestell ist ver-
zogen.« – »Muss komplett neu lackiert werden.« – »Da
hilft nur 'n neuer Motor.«) Gärtner, Putzfrau, Sekre-
tärin, Reisebüro, Steuerberater, Klempner, Umzugs-
unternehmen? Das kriegen wir alles selber hin – erstens besser, zweitens sorgfältiger. Und drittens verlieren
wir damit genau die Zeit, die wir so dringend bräuchten,
um unser Leben zu reorganisieren. Das Schlimme ist:
Im Prinzip ist *Do it yourself* eine gute Idee. Nur ganz
bestimmt nicht mitten in der Midlife-Crisis.

Irgendwie hat diese Krise die verhängnisvolle Ten-
denz, sich beständig selbst zu verstärken. Wir erschre-
cken darüber, wie viel Zeit wir schon verplempert haben, versuchen, nun alles auf einmal und in doppeltem
Tempo zu erledigen – und verlieren noch viel, viel mehr
Zeit. *Wenn Du es eilig hast, gehe langsam.* Jaja, die
Chinesen hatten gut reden, denken wir, das machen
wir im nächsten Leben auch so, ganz bestimmt, nur
jetzt, in diesem Moment, ist es wohl doch klüger, sich
das iPhone ans Ohr zu klemmen und weiterzutele-
fonieren, während wir unsere Gläser abwaschen. Die
Sekunden, die wir damit sparen, entschädigen uns mit
Sicherheit dafür, dass uns das Glas zu Boden fällt und
wir vor Schreck das Smartphone fallen lassen, was
uns ein gesprungenes Display beschert.

Ich selbst bin der ungekrönte Meister im Zeitverlie-
ren durch Hektik. Ich telefoniere, während ich aus dem

Bus aussteige, so dass ich Handschuhe und Mütze dort liegenlasse, die ich gerade noch auf dem Sitz neben mir abgelegt hatte, auf dem Laptop – und wo ist eigentlich der Laptop?

Das Verlieren von Dingen bringt gleich dreifachen Zeitverlust: durch Suchen, durch Nachkaufen und durch das Verdienen des Geldes, das fürs Nachkaufen draufgeht. Um den Zeitschaden zu maximieren, kaufen wir am besten alles sofort nach, bevor es von selbst wieder auftaucht. Dann ärgern wir uns zusätzlich über unser voreiliges Nachkaufen, können uns auf nichts mehr konzentrieren und verlieren noch mehr Gegenstände. Und noch mehr Zeit. Effektiver und sinnloser können wir unser Leben nicht verplempern.

Es sei denn durch Fernsehen. Zwölf Jahre Nettozeit pro Nase – das ist der Durchschnitt. Wollen Sie Ihr Leben wirklich so verbringen? Die Menschheit hat so wunderbare Formen des sozialen Lebens entwickelt: die Familienmahlzeit, das Treffen mit Freunden, die Tanzparty; so faszinierende kulturelle Formen wie das Konzert, die Theatervorführung, das Festival; so großartige Formen der Bildung und Information wie das Buch, die Zeitung, die Zeitschrift. Kein Mensch braucht Fernsehen. Die Unterhaltung ist dürftig, die Information oberflächlich, die Protagonisten eitel, und die Talks folgen PR-Gesichtspunkten. Selbst viele der hochgelobten Serien sind nur um das Prinzip des Cliffhangers herumkonstruiert. Schauen Sie sich lieber gezielt gute Filme an. Ich selber bin jedenfalls deutlich wacher, informierter und glücklicher, seit ich das Fernsehen aufgegeben habe.

Lassen Sie sich auch, egal von wem, nicht dazu verleiten, Dingen Ihre Aufmerksamkeit zu schenken, die genau betrachtet jeglicher Bedeutung entbehren: zum Beispiel, wer neuer SPD-Kanzlerkandidat, EU-Kommissionschef, Bayern-Trainer, DSDS-Sieger, Dschungelcamp-König, Hamburger Tatort-Kommissar oder Berliner Bürgermeister wird, wer welche Olympischen Spiele und Weltmeisterschaften ausrichtet. Es ist vollkommen unwichtig.

Aber was ist wichtig?

23. Geben Sie Ihrem Körper Vorrang

Geist und Seele – schön und gut.
Aber versuchen Sie mal, ohne Körper Fahrrad zu fahren.

Vielleicht kennen Sie die vier Quadranten des Selbst: Im ersten Quadranten ist das Bild, das wir von uns selber haben; im zweiten das Bild, das andere von uns haben; im dritten das Bild, das wir vom Bild der anderen haben; und im vierten sind wir selbst – wie und wer wir tatsächlich sind.

Unser Hauptproblem im Leben besteht darin, dass wir das Bild, das wir von uns selbst haben, an dem Bild ausrichten, das wir von dem Bild haben, das die anderen von uns haben. Wir glauben, wir seien unmusikalisch, weil unser Musiklehrer uns einmal spöttisch angelächelt hat; wir glauben, dass wir Handwerker werden sollten, weil unser Handwerkervater sich das so vorstellt; wir glauben, wir seien mit unserer Partnerin glücklich, weil alle anderen immer davon schwärmen, was für ein tolles Paar wir seien (vielleicht nur, um uns zu trösten?).

Tragikomisch wird das Ganze, wenn unser Bild vom Bild der andern nur ein Missverständnis war, wie in Kafkas Parabel *Vor dem Gesetz*. Aber selbst wenn wir uns nicht irren, ist es ein fundamentaler Irrtum, das Bild der anderen mit unserem wahren Selbst zu verwechseln. Oft ist der Einzige, der diesen Irrtum korrigieren und sich überhaupt Gehör verschaffen kann, unser Körper. Das macht ihn so verdammt wichtig für die Zeit der Midlife-Crisis.

Der innere Schönredner wird beispielsweise sagen: »Auch wenn du nicht immer glücklich bist als Mitarbeiter im Einwohnermeldeamt, letztlich ist es doch der perfekte Job für dich. Du wirst doch nicht so wahnsin-

nig sein und ihn aufgeben, um Klettertrainer, Kunst-
maler oder veganer Konditor zu werden!« Und so zer-
platzen unsere Tagträume. Der Einzige, der sich nicht
täuschen, besänftigen und beruhigen lässt, ist unser
Körper. Er gibt nicht auf. Und er ist variantenreich. Er
lässt uns nicht schlafen, setzt Fett an, tut uns weh
(Kopf! Rücken!), entwickelt Flecken, Ausschlag, Pus-
teln, Warzen, bricht sich ein Bein, behält nichts bei
sich, erhitzt sich und zwingt uns ins Bett.

Eine meiner wichtigsten Lebensentscheidungen habe ich getroffen, nachdem ich einen Tag und eine Nacht
mit Brechdurchfall in einer Hoteltoilette verbracht hatte. Ich war leer. Mein Kopf war leer. Ich fühlte mich
wie auf einem anderen Planeten. Und wusste plötzlich
genau, was ich zu tun hatte. Für die zweite wichtige
Lebensentscheidung musste mein Körper härter
arbeiten: Bis ich sie getroffen hatte, entzog er mir
über lange Zeit den Schlaf. Er hielt mich wach, bis ich
kapiert hatte. Erst dann gab er Ruhe.

Ich weiß nicht, warum, aber der Körper ist kom-
promissloser. Er ist wie der »Idiot« im gleichnamigen
Roman von Dostojewski: Er kann nicht lügen. Das
macht ihn so unbequem – und so vertrauenswürdig.
Umso wichtiger, dass wir das, was er tut, nicht als
»Dysfunktion« missverstehen; dass wir die Beschwer-
den, die er uns auferlegt, nicht einfach nur vertreiben.
Die meisten Menschen sind viel zu konfliktscheu. Es

ist für uns hundertmal leichter zu sagen »Ich kann nicht mehr!« als »Ich will nicht mehr!«. Das kann uns und andere misstrauisch machen – als sei die »Krankheit« oder »Störung« nur eine willkommene Ausrede. Aber das ist eine Fehldeutung. Es ist keine Ausrede – es ist der letzte Ausweg ins eigene Leben.

Zum Glück ist der Körper nicht nur kompromisslos, sondern hat auch die besseren Karten. Denn ohne ihn sind wir nichts. Sein Veto zählt. Er kann uns lahmlegen. Es sei denn, wir legen seine Abwehr lahm – das ist der Moment, wo die moderne Medizin anfängt, uns zu schaden. Kortison etwa kann diesen fiesen, juckenden Ausschlag zwischen den Fingern zerstören, aber nicht den Dauerstress, der ihn hervorgerufen hat. Die Medizin wird so nur den Zeitpunkt verzögern, an dem wir uns die nötigen Fragen stellen und auch beantworten – und das ist nicht die Frage, wie wir den Ausschlag möglichst schnell beseitigen. Im schlechtesten Fall gewinnt man den Kampf gegen die Symptome und verliert sein Leben. Herzinfarkt. Schlaganfall. Game over.

Dem Körper höchste Priorität einzuräumen bedeutet, ihm genügend zuzuhören und für ihn zu sorgen. Mein Schwiegervater ist 80 und topfit: Er läuft, fährt Fahrrad und Ski und wandert. Immer wieder erzählt er die Geschichte, wie ihm sein Hausarzt vor 40 Jahren sagte, er müsse sein Leben ändern und mit Sport beginnen.

»Ja, genau«, antwortete mein Schwiegervater, »wenn ich in Rente bin, werde ich das machen.«

»Die Sache ist die«, unterbrach ihn der Arzt, »wenn Sie so weitermachen wie bisher, werden Sie die Rente gar nicht erleben.«

Das Paradox besteht darin, dass wir alle wissen, was wir unserem Körper schulden, es ihm aber trotzdem schuldig bleiben. Treiben Sie täglich Gymnastik und zweimal die Woche Sport? Fahren Sie Fahrrad statt Auto? Nehmen Sie die Treppen statt den Fahrstuhl? Schlafen Sie genug, benutzen Sie Zahnseide, lassen Sie sich regelmäßig checken? Verzichten Sie auf die süßen, fetten und salzigen Süchtigmacher (Cola, Chips, Pommes)? Kaufen Sie frisch auf dem Markt statt im Discounter? Kochen Sie selbst, statt Pizzen in den Backofen zu schieben? Genießen Sie Obst statt Torte? Wir brauchen keine Tipps, wir wissen schon alles – wir müssten es nur tun. Aber irgendwie scheint immer etwas anderes wichtiger zu sein. Wenn wir uns um unseren Körper kümmern, dann profitiert erst einmal niemand davon außer uns selbst – und genau das scheint das Problem zu sein. Anscheinend reicht wirklicher Eigennutz nicht aus, um uns zu Handlungen zu bewegen. Die »Gesellschaft der Egoisten« ist so gesehen ein Märchen.

Unser Körper ist existentiell wichtig – weil wir nur in ihm existieren. Warum vernachlässigen wir ihn dann so fahrlässig? Es sind dieselben falschen Ideen, die wir schon aus dem Furor gegen Ordnung, Sauberkeit und Sparsamkeit kennen. Wieder einmal geht es gegen »Disziplin«, gegen »Gesundheits- und Moralapostel«, »Hygienefanatismus«, »totalitäre Kontrolle«, »Sinnenfeindlichkeit«.

47 Jahre lang hatte ich größte Probleme, durch mein linkes Nasenloch Luft zu bekommen, weil die Nasenscheidewand dafür kaum Platz ließ. Durch die S-Form entstand außerdem ein Luftzug, der die Nasenscheidewand links austrocknen ließ. Nasenatmung war darum meine Dauerbaustelle. Nie konnte ich durchschlafen. Im Winter hatte ich ständig Schnupfen, der sich zu Halsentzündungen ausweitete. In meinen 20ern dachte ich an eine Operation der Nasenscheidewand. Eine Freundin erzählte mir aber, die Entfernung der nach der OP eingeführten Tamponaden fühle sich an, als werde einem bei lebendigem Leib das Gehirn herausgerissen. Ich verzichtete also, schniefte, schnupfte und bekam keine Luft. Erst als mir 20 Jahre später eine Nachbarin enthusiastisch von ihrer Scheidewand-OP berichtete, ging ich zu ihrem Chirurgen, der so umgehend einen OP-Termin ansetzte, dass ich schlimmste Profitinteressen auf meine Kosten befürchtete. Noch am Tag vor der Operation wurde ich von Freunden auf Facebook gewarnt, das Ganze sei reine Abzocke und würde überhaupt nichts bringen.

Todesmutig ließ ich mich operieren. Als ich wieder aufwachte, war die Nase so geschwollen, dass ich aussah wie eine Mischung aus Karl Malden und Gerard Depardieu, und die Wunde im Gesicht tat mehrere Tage so weh, dass ich nur unter Schmerzmitteln schlafen konnte. Allerdings hatte ich mit meinen beiden Leidensgenossen auf dem Zimmer eine großartige Zeit. Und Überraschung: Die Entfernung der Tamponaden war vollkommen schmerzlos – es lief nicht mal Blut nach. Die OP ist nämlich inzwischen minimalinvasiv, die Tamponaden haben Anti-Haftbeschichtung und verkleben nicht mehr, selbst die Entfernung der inneren Kunststoff-Schutzhülle eine Woche später hat nur einmal geziept.

Ich habe seitdem kaum noch drei Taschentücher verbraucht, bekomme durch beide Nasenlöcher so viel Luft, wie ich brauche, kann besser riechen, hatte nie wieder Schnupfen und kann durchschlafen. Ich fühle mich ungefähr doppelt so wach, gesund und tatkräftig – kein Wunder, ich habe ja nicht mehr ständig das Gefühl zu ersticken. Es gibt kein Ereignis in meinem Leben, das mir so nachhaltig genützt hat. Warum nur habe ich mich so spät zu diesem Akt der Selbstoptimierung entschlossen?

Unser Körper ist das Gefäß unseres Geistes. Wer je erlebt hat, wie jemand vor seiner Zeit verfallen und gestorben ist, weil er sich nicht um seine Gesundheit gekümmert hat, der wird dieses Gefäß vielleicht fortan etwas sorgsamer behandeln.

Also: Schlafen Sie genug. Kaufen Sie sich Jogging-Schuhe. Treiben Sie Gymnastik. Sport gibt es umsonst. Und hören Sie auf, noch den letzten industriellen Mist in sich hineinzufressen.

Vielleicht müssen wir einfach vom Krankenkassen-begriff »Gesundheit« weg. Das klingt nach geschmacksfreiem Müsli, stupidem Hometrainer und Langeweile. Albert Schweitzer hat einmal gesagt, wir müssten lernen, unserem eigenen Leben mit Ehrfurcht zu begegnen. Diese Formulierung wird dem Ernst der Sache durchaus gerecht. Nicht Abbildungen eines Wanderpredigers aus dem ersten Jahrhundert sind heilig – nein, unser eigener Körper ist es. Nicht Geschichten über Brotvermehrungen und Totenauferweckungen sind Wunder, sondern das Zusammenspiel der Milliarden Synapsen in unserem Gehirn und das durch Millionen Jahren Evolution ermöglichte Schlagen des eigenen Herzens.

Damit kommen wir zur entscheidenden Frage des ganzen Buches und des ganzen Lebens: Wofür schlägt unser Herz?

24. Erkennen Sie sich selbst

*Noch schwieriger zu erkennen als der
subatomare Raum ist der eigene Wille.*

24 Stunden hat der Tag. 24 Türen hat der Advents-
kalender. 24 Fugen hat das *Wohltemperierte Klavier*.
Und in diesem 24sten Kapitel geht es um die wichtigste Frage, die wir zu beantworten haben – jeder Einzelne von uns.

Eike von Savigny hielt sich nicht nur für den klügsten
Philosophieprofessor an der Uni Bielefeld; ich fürchte,
er war es auch. Er hätte, so sagte er, seine Kollegen
nicht mal habilitiert. Sie waren aus seiner Sicht gar
keine Philosophen. Ich meinerseits hielt meine erste
philosophische Seminararbeit für einen Geniestreich.
Savigny aber bemängelte, ich hätte weit unter meinem
Niveau argumentiert, nämlich polemisch. Ein schlechter Philosoph, erklärte er mir, stelle das Gegenargument
möglichst schwach dar, um es dann mit großer Geste
zu zertrümmern. Ein guter Philosoph mache das Gegenargument so stark wie möglich, ehe er es wider-
lege. Das beeindruckte mich, weil es mir sofort ein-
leuchtete. Und so gestand ich ihm, extrem hin- und

hergerissen zu sein. Ich könne mir genauso gut vorstellen, Sozialwissenschaften, Geschichte, Philosophie oder Musik zu studieren, und wisse nicht, wie ich zu einer Entscheidung gelangen könne. »Tun Sie das, was Sie am meisten lieben«, erwiderte Savigny. »Denn Sie müssen sehr gut werden. Und Sie werden nur sehr gut, wenn Sie das tun, was Sie am meisten lieben.«

Auch das leuchtete mir sofort ein. Aber es half mir trotzdem nicht weiter. Denn ich glaubte, eben *all das* zu lieben. Es ist sehr leicht, diesen Ratschlag zu geben: »Tu das, was du eigentlich willst«, »Folge deinem Herzen«, »Lebe deinen Traum«. Nur: Was will unser Herz? Wenige Glückliche gibt es, die das genau wissen. Sie brauchen keine Lebensberatung und kommen auch nicht in die Midlife-Crisis. Für uns übrige Sterbliche aber ist unendlich schwer zu beantworten, was wir »eigentlich« wollen. Barbara Sher drückt das sehr schön aus in ihrem Buchtitel *Ich könnte alles tun, wenn ich nur wüsste, was ich wirklich will.*

Der Ratschlag, »einfach« das zu tun, was man »eigentlich« will, unterstellt, das sei einfach, und stiftet dadurch Verwirrung und Scham. Dann gibt es noch all diese Filme, in denen ein Mädchen unbedingt Boxer werden will oder ein Arbeiterjunge Balletttänzer oder ein Weißer will schwarzen Hiphop machen. Fast die ganze Welt ist gegen sie, aber am Ende klappt es. Nur nicht aufgeben!

Großartig. Wenn wir nur wüssten, *was* wir nicht aufgeben sollen. Warum fehlt uns diese Klarheit? Wo und
was ist unsere »Vision«? Und was ist mit der banalen
Tatsache, dass man irgendwie sein Geld verdienen
muss? Das normale Drama, quasi das Standard-
drama, ist viel schlechter verfilmbar; es handelt von
der mühseligen, von Kapitulationen unterbrochenen
Suche nach dem eigenen »Traum«. Da steht nicht die
böse Außenwelt gegen den einsamen, aber umso tap-
fereren Helden. Nein, da steht jemand ratlos in der
Gegend rum und fühlt sich unendlich dumm und ratlos.

Ich selbst habe 25 Jahre gebraucht, um herauszufinden, was ich will. Weil ich erfolgreich mit meiner
A-cappella-Gruppe auftrat, meinten alle, ich gehöre
»eigentlich« auf die Bühne. Mein Entschluss, die Gruppe und die Bühne zu verlassen, erntete fast nur Unverständnis. Offensichtlich gab ich alles preis: den Erfolg,
das Geld und meine Bestimmung. Ich musste wohl
verrückt geworden sein.

Ich hatte aber nur erkannt, was außer mir natürlich
niemand sehen konnte: dass der für mich entscheidende Moment der des Ausdenkens ist. Ich bin dann
wirklich in meinem Element, wenn ich schreibe oder
komponiere.

Wenn wir nicht wissen, was wir wollen, haben wir
erstens ein ernsthaftes Problem; zweitens haben wir

keine Ahnung, wie wir es lösen können. Die Lösung braucht, wie wir sehen werden, viel Zeit, Introspektion und Nachdenken; und wir können nicht mal mit halb so viel Anteilnahme rechnen, wie wenn wir an zu wenig Geld oder mangelnden Verbindungen scheitern, an Pech, Intrigen, Vorurteilen, einem gebrochenen Fuß oder einer Sehnenscheidenentzündung.

Vielleicht hilft es zu erkennen, dass die Aufgabe in zwei Aufgaben zerfällt: Erstens müssen wir herausfinden, was wir alles wollen, um dann zweitens herauszufinden, was uns davon am wichtigsten ist.

Für die erste Frage können wir damit beginnen, Listen zu schreiben. In seiner Autobiographie *Mein letzter Seufzer* schreibt Luis Buñuel, der vielleicht beste Filmemacher des 20. Jahrhunderts: »In der Zeit des Surrealismus war es bei uns üblich, streng zwischen gut und schlecht, richtig und falsch, schön und hässlich zu unterscheiden. (...) Ich denke an dieses Spiel zurück, wenn ich in diesem Kapitel einige meiner Neigungen und Abneigungen aufzähle. (...) Ich empfehle jedem, das Gleiche irgendwann auch einmal zu machen.« In der Tat ist es so überraschend wie inspirierend, was Buñuel alles aufzählt: Er liebe den Norden, die Kälte, das Geräusch des Regens, Reiseberichte über Spanien aus dem 18. und 19. Jahrhundert, den Schelmenroman, die romanische und gotische Kunst, Klöster, Pünktlichkeit, de Sade, Wagner, Spinnen, Bars,

Alkohol und Tabak, kleine Werkzeuge, Arbeiter, Ge-
heimgänge, Waffen, das Schießen, Stockdegen, Blind-
schleichen und Ratten, russische Literatur, die Filme
von Lang, Renoir, Fellini und Wajda, die Oper, Creme-
törtchen, Verkleidungen, Hering in Öl, die Beobachtung
von Tieren, die Einsamkeit, Zwerge und Regelmäßigkeit.
Dagegen hasse er Menschenansammlungen, Preis-
verleihungen, warme Länder, Schulmeisterei, Wissen-
schaftsjargon, Psychologie, *From here to eternity*, John
Steinbeck, Pressefotografen, Statistiken, Fanatiker, In-
formationsflut, die Jagd, mexikanische Hüte, Reklame,
Neid und die Politik.

Schreiben Sie Ihre eigene Buñuel-Liste: Sie gibt
Ihnen erste Anhaltspunkte und damit einen Überblick
über das, was für Sie im Leben wichtig ist und worauf
Sie gut verzichten können.

Anschließend schreiben Sie die Löffelliste. Sie kennen sie vielleicht aus dem Film *Das Beste kommt zum
Schluss* mit Jack Nickolson und Morgan Freeman: Es
ist die Liste aller Dinge, die Sie noch tun wollen, bevor
Sie den Löffel abgeben. Setzen Sie sich in ein Café,
schreiben Sie die Liste auf, und Sie werden feststellen,
dass Sie vermutlich schon jetzt nicht mehr alles werden realisieren können. Der erfolgreiche Comedian
Dave Davis aus Köln (man kennt ihn als schwarzen
Putzmann Motombo Umbokko) erzählte einmal auf
die Frage, warum er auf die Bühne gegangen sei, »auf

einer Bühne Leute zum Lachen bringen« sei ein Punkt auf seiner Löffelliste gewesen.

Die Löffelliste geht von dem fundamentalen Prinzip aus, *mit dem Ende zu beginnen*. Die meisten Roman- und Drehbuchautoren beginnen mit dem Ende; sie wissen genau, worauf die Geschichte hinausläuft. Viele schreiben sogar den letzten Satz zuerst. Das gilt aber auch für unser Leben. Das berühmte Gedankenexperiment dazu lautet: Malen Sie sich Ihren idealen neunzigsten Geburtstag aus. Wer wird da sein? Welche Reden werden über Sie gehalten? Und was soll Inhalt dieser Reden sein?

Diese Geburtstagsreden geben Ihnen einen Anhaltspunkt dafür, was von der Löffelliste für Sie wirklich wesentlich ist. Tom Diesbrock schlägt in *Ihr Pferd ist tot? Steigen Sie ab* vor, sich in einen entspannten Zustand zu versetzen und intensiv tagzuträumen, um sich mögliche Zukünfte auszumalen. Als ich das las, saß ich im Zug nach Berlin und hörte unmittelbar in meinem Kopf das Motiv für ein afrikanisches Klavierkonzert (was ich offenbar noch komponieren wollte – diese Idee kam mir in dem Moment zum ersten Mal).

Machen Sie auch unbedingt das Günther-Jauch-Gedankenexperiment: Was würde ich tun, wenn ich eine Million im Quiz gewinnen würde? Oder 36 Millionen im Superlotto? Wenn Geld also keine Rolle mehr spielen würde? Denken Sie dabei daran: Geld wird

überschätzt. Eine Stunde Schlaf bringt so viel Glücks-
zuwachs wie 90 000 Euro mehr Jahreseinkommen.
Wenn Sie mit dem Geld beginnen, dann starten Sie
bereits mit einem Kompromiss (Sie können immer
noch mit dem Kompromiss *enden*). Meike Winnemuth
gewann eine halbe Million bei Jauch und erfüllte sich
den Traum, ein Jahr lang in zwölf verschiedenen Städ-
ten zu wohnen: Sydney, Buenos Aires, Mumbai, Shang-
hai, Honolulu, San Francisco, London, Kopenhagen,
Barcelona, Tel Aviv, Addis Abeba, Havanna. Am Ende
stellte sie fest, dass sie die halbe Million gar nicht
gebraucht hätte.

Denken Sie an Eike von Savigny: Wenn Sie das tun,
was Sie wirklich lieben, haben Sie eine Chance, sehr
gut darin zu werden und genau damit am meisten zu
verdienen. *Coraline*-Autor Neil Gaiman berichtet in seiner Rede an der University of the Arts 2012 von der
umgekehrten Erfahrung: Immer, wenn er ein Projekt
nur wegen des Geldes angenommen habe, sei Folgendes passiert: Erstens habe es ihn besonders viel Zeit
und Mühe gekostet, zweitens sei es nie besonders gut
geworden, und drittens habe es sich finanziell nie
gelohnt.

Sie können auch ein ganz anderes Gedankenexperiment durchführen: Was würden Sie tun, wenn es
keine alten Rechnungen zu begleichen gäbe, keine un-
terbliebene Anerkennung nachzuholen, keinen alten

Konkurrenten zu beeindrucken. Der Film *Walk the Line* erzählt, dass Johnny Cash sein Leben lang vergeblich versucht habe, seinem feindlich-abweisenden Vater ein positives Wort zu entlocken. Unser tiefster Wunsch sollte es nicht sein, einen verlorenen Krieg zu gewinnen.

Auch unser Neid ist ein sehr guter Ratgeber. Es gibt kaum etwas Erhellenderes als die Erkenntnis, wen wir worum beneiden. Denn es handelt sich um ein schmerzliches Gefühl: Diese Person hat etwas erreicht, was ich auch hätte erreichen können, wenn ich mich auf dieses Ziel konzentriert hätte. Sie hat, was ich gerne hätte. Merken Sie? »Was ich gerne hätte« – genau das ist es doch, was wir herausfinden wollen! Schreiben Sie also eine Neid-Liste und ein Neid-Tagebuch. Protokollieren Sie, wann plötzliche und intensive Neid-Impulse in Ihnen auftauchen. Und dann gehen Sie den zwei Fragen nach: Ist es das, was ich erreichen möchte? Und kann ich das noch erreichen? (*Hätte ich das erreichen können?* ist nur für Masochisten geeignet.) Der Neid ist nicht unser Feind; er ist vielmehr die Stimme, die uns sagt, was uns fehlt. Der Neid zeigt uns, welchen Berg im riesigen Gebirge wir erklimmen wollen.

Mein letzter Vorschlag: Fahren Sie weit weg. Stecken wir mitten in unserem Leben, unserem Alltag, unserer Wohnung, unserem Job, dann sind Alternativen im

wahrsten Sinne des Wortes undenkbar. Wir brauchen
dafür Distanz und Bewegung. Meine Visionen eines
anderen Lebens sind immer aufgetaucht, wenn ich
unterwegs war: in Zügen und Flugzeugen, auf Inseln
und Strandspaziergängen, am Meer. Unterwegs zu sein
versetzt uns in eine andere Sphäre: Von weit weg, von
außen oder von weit oben blicken wir auf unser Leben
und können plötzlich andere Abzweigungen erkennen.
Die Macht der Gewohnheit, die Eigendynamik des
Immer so weiter kann gebrochen werden; wir sind frei.
Diese Freiheit beginnt im Kopf – wenn wir unseren alltäglichen Zwängen nicht ausgeliefert sind.

Im August 2011 besuchte ich das Ellis Island
Museum für Immigration in New York. Millionen Ein-
wanderer hatten den Ozean überquert, mit nichts als
einem Koffer, ohne ein Wort Englisch zu können, um in
den USA ein neues Leben zu beginnen. Sie mussten
alles aufgeben: ihre Heimat, ihre Freunde, ihre Familie,
ihre Kultur, ihre Sprache. Alle Gewissheiten tauschten
sie gegen die Hoffnung auf eine bessere Zukunft in
einem fremden Land. Ich sah die überlebensgroßen
Fotos der Menschen in den Schlangen vor dem Ein-
wanderungsschalter, ich bewunderte ihren Mut, und
ich dachte mir: *Mann, was haben die gewagt. Und was
wage ich? Worauf warte ich noch?*

Also: Schreiben Sie die Buñuel- und die Löffelliste.
Malen Sie sich Ihren neunzigsten Geburtstag aus,

ebenso ein Leben ohne Geldsorgen und Anerkennungs-
wünsche. Führen Sie ein Neid-Tagebuch. Fahren Sie
weg und schmieden Sie Pläne. Dann kommen Sie der
Sache langsam näher.

Des Menschen Wille ist sein Himmelreich. Der Wille
ist etwas absolut Subjektives, der Kern unserer Sub-
jektivität *(I did it my way)*. Dennoch bin ich davon überzeugt, dass es Dinge gibt, die es sich besonders zu
wollen lohnt. Und ich möchte Ihnen nicht verschwei-
gen, worum es sich handelt. Ich bin nämlich der – vermutlich hoffnungslos veralteten – Meinung, dass es
tatsächlich so etwas gibt wie die »menschliche Natur«,
die *Conditio humana*. Aus der etwa hervorgeht, dass
der Sinn des Ganzen definitiv nicht darin besteht, alle
50 Adventure-Angebote von Jochen Schweitzer abzu-
arbeiten.

III.
Das Richtige tun

Niemand kann zwischen richtig und falsch unterscheiden –
außer der Reue.

Mit großer Geste bestreiten manche Philosophen, dass es »richtig« und »falsch« gibt. Unscharf und ungewiss seien alle Erkenntnisse, relativ alle Werte, subjektiv sei die Wahrnehmung und unbegründbar das moralische Urteil. Währenddessen bereuen Menschen auf dem Totenbett aus tiefster Seele ihre Fehler: dass sie ihr Leben nicht wirklich gelebt haben, dass sie dem Unerheblichen zu viel Raum gegeben und das Entscheidende versäumt haben. Ihnen blüht – zu spät! – die schreckliche Erkenntnis, dass es offenbar doch ein richtig und ein falsch gibt.

Die Australierin Bronnie Ware hat in ihren Gesprä-

chen mit Sterbenden herausgefunden, welche fünf
Dinge sie vor allem bereuen: dass sie nicht den Mut
hatten, ihr eigenes Leben zu leben; dass sie zu viel
gearbeitet haben; dass sie nicht genügend Mut hatten, ihre Gefühle auszudrücken; dass sie ihre Freunde
verloren haben; und dass sie sich nicht erlaubt haben,
glücklicher zu sein.

Das Schöne an der Midlife-Crisis ist: Noch müssen
wir nichts bereuen. Noch können wir alles tun und vieles ändern.

Oft hören wir, dass wir erst im Nachhinein wissen
könnten, was richtig gewesen wäre. Das stimmt aber
nur zum Teil. Ich bin davon überzeugt, dass wir das
Richtige in groben Umrissen durchaus im Vorfeld erkennen können, weil es sich logisch aus unserer Natur
ergibt. Wie Stephen Covey gehe ich davon aus, dass
es universelle Prinzipien gibt, die wir in allen Kulturen
und Epochen der Menschheit identifizieren können,
weil sie zum Menschsein gehören. Ich werde in diesem
dritten Teil acht dieser Prinzipien darlegen:

1. Wir sind Pläneschmieder und Entwerfer, deswegen
   sollten wir etwas aufbauen.
2. Unser Reichtum beruht auf Spezialisierung und
   Tausch, deshalb sollten wir auf den Markt gehen.
3. Es macht uns glücklich, andere zu beglücken, deshalb sollten wir Freude in die Welt bringen.

4. Schöne Dinge verzaubern uns, deshalb sollten wir sie erschaffen.
5. Unser Leben beruht darauf, dass wir uns aufeinander verlassen können, deshalb sollten wir unsere Versprechen halten.
6. Unsere Synapsen sind unendlich erweiterbar, deshalb sollten wir nie aufhören zu lernen.
7. Wir sind Nomaden und neugierig, deshalb sollten wir reisen.
8. Wir sind Lebewesen, deswegen sollten wir Leben in die Welt setzen.

Vielleicht gibt es noch mehr Punkte, doch dies sind aus meiner Sicht die wichtigsten. Vielleicht leuchten Ihnen nicht alle davon ein, oder Sie bestreiten grundsätzlich, dass es so etwas wie *die* menschliche Natur gebe (was vielleicht sogar der Mehrheitsmeinung entspricht – in der antiken Philosophie war es genau umgekehrt). Ich jedoch bin davon überzeugt, dass wir es am Ende bereuen werden, wenn unser Leben in einer dieser Hinsichten ungelebt geblieben ist und es uns dann nichts nützen wird, Teil einer Mehrheitsmeinung gewesen zu sein.

25. Bauen Sie etwas auf

Der Mensch ist Architekt. Sonst wäre Lego kein Weltkonzern.

Es gibt nur das Jetzt, und es wird immer nur das Jetzt geben. Morgen wird niemals eintreten. Das gehört zu den typischen Lebensweisheiten, die zwar stimmen, aber leider den Blick fürs Wesentliche verstellen. Die Wahrheit lautet: Es hängt davon ab.

Begreife ich das Leben nur als eine Sammlung von Momenten sinnlichen Glücks, dann wird es in der Tat immer nur das Jetzt geben; aber selbst dann werde ich den Rausch oder die Party von heute mit denen vor 10, 20 oder 30 Jahren vergleichen – und feststellen, dass die Glücksintensität abgenommen hat, während Kopfschmerzen und Müdigkeit zugenommen haben. Man kennt die Reize und stumpft langsam ab; Altern ist in dieser Perspektive ausschließlich Niedergang und Verfall.

Setze ich mir dagegen langfristige, große Ziele, dann kann ich den triumphalen Moment erleben, in dem der Traum sich erfüllt: Das Haus wird fertig, der Roman erscheint, ich gewinne die Medaille, den Preis, die Wahl. In so einem Leben reihen sich die Momente nicht zusammenhanglos aneinander wie spontan erfolgende Kneipenbesuche, sondern ich kann etwas erzählen: Wie ich auf die Idee kam; wie ich erst zögerte und dann Feuer fing und nichts anderes mehr tat; wie ich Rückschläge erlitt und den Glauben verlor, wer mich ermutigte und mir half; woher ich die Kraft für den Endspurt nahm und durch welches Glück ich es am Ende schaffte (oder grandios scheiterte). Wer etwas entwirft und anstrebt, für den ordnet sich die Zeit; sein Leben verwandelt sich in eine Geschichte – voller Zufälle, Unwahrscheinlichkeiten, überraschender Wendungen und Pointen.

Bauen Sie etwas auf, was größer ist als Sie und Sie überdauert: eine politische Initiative, einen Sportverein, ein Unternehmen, eine Internetseite, ein Restaurant, eine Schule, ein Bed & Breakfast, ein Hilfsprojekt, ein Kulturzentrum, eine Stiftung. Nicht nur Politik ist »ein starkes, langsames Bohren von harten Brettern mit Leidenschaft und Augenmaß zugleich« (Max Weber).

Können Sie sich vorstellen, wie Mark Zuckerberg sich fühlt, wenn er daran zurückdenkt, wie er 2004 als schmächtiger, unbeliebter Student in seinem Zimmer ein Netzwerk für Studenten von Harvard programmierte? Oder wie Karl Albrecht sich fühlte, wenn er daran zurückdachte, wie er 1962 in Dortmund mit seinem jüngeren Bruder Theo den ersten Albrecht Discount (abgekürzt: *ALDI*) gründete? Natürlich muss es kein Weltkonzern sein (obwohl es faszinierend ist, wie schnell Weltkonzerne entstehen, wenn die Idee gut ist). Ich habe vier Chöre und eine A-cappella-Gruppe gegründet und bin sehr stolz, dass es sie alle noch gibt, obwohl ich zum Teil seit Jahren nicht mehr dabei bin. In dem Café, in dem ich jeden Morgen den Tag beginne, kommt regelmäßig ein eleganter, alter Herr mit schwarzem Hut und schlohweißem Haar vorbei. 1951 gründete er hundert Meter weiter das Abaton – das erste und älteste deutsche Programmkino. Es hat heute drei Kinosäle und zwei Bistros, ist das Zentrum des Hamburger Filmfests und das bevorzugte Premierenkino vieler großer Regisseure. Er hat darüber ein Buch geschrieben: *Leben hinter der Leinwand.* Ich liebe das Buch wie das Kino. Ich weiß nicht, ob er je damit reich geworden ist, aber er hat Scorsese, Wortmann, Akin und Wenders kennengelernt, als die noch niemand kannte. Werner Grassmann heißt der Mann, und er ist mein persönlicher Held.

Etwas aufzubauen bedeutet, sich eine Zukunft vorzustellen und daran zu glauben, dass sie eintreten wird. Es bedeutet, zu entwerfen, zu sparen und zu investieren. Es bedeutet, nicht im Moment zu leben, sondern auf einen Moment hin. Kennen Sie das berühmte Marshmallow-Experiment von Walter Mischel? Eine Gruppe von Dreijährigen bekam 1951 einen Marshmallow und zugleich die Information, sie bekämen eine Stunde später einen weiteren Marshmallow, wenn sie es schafften, diesen einen jetzt noch nicht zu essen. Einige aßen ihn trotzdem sofort auf, andere hingegen hielten durch, bis die Stunde um war. Wir wissen heute, was aus den Kindern geworden ist: Es ist nicht überraschend, dass die Kinder, die den Marshmallow nicht gleich aufaßen, später nicht nur besser in der Schule waren, sondern auch erfolgreicher an der Uni, im Sport und im Beruf. Sie hatten die Fähigkeit, an die Zukunft zu denken und an die Zukunft zu glauben.

Für einen Dreijährigen gibt es wohl kaum eine bessere Belohnung als einen Marshmallow. Für uns Erwachsene gibt es keine bessere Belohnung, als zu sehen, was wir mit all unserer Liebe, Hingabe, Begeisterung und Mühe aufgebaut haben.

Also: Leben Sie nicht im »Jetzt«. Bauen Sie etwas auf. Dann fühlt sich die Lebensmitte plötzlich an wie ein Aufbruchsjahr.

26. Gehen Sie auf den Markt

Ein erzwungenes Kompliment ist nicht
besonders schmeichelhaft.

Haben Sie jemals einen glücklichen Lehrer erlebt? Auf
Banketten vermeidet man, neben ihnen zu sitzen, auf
Partys flieht man ihre Nähe. Auf keinen Fall darf man
fragen, wie es ihnen geht.

Auf einem Date mit mir klagte eine Lehrerin drei
Stunden ununterbrochen über die »Monster« (sie be-
nutzte nur dieses Wort), die ihr das Leben zur Hölle
machten – erst spöttisch, dann ernst, schließlich verzweifelt. Ich glaube, sie hat weder gefragt noch erfahren, was ich überhaupt beruflich mache. In seiner ero-
tischen Wirkung ist so ein Dauerjammern natürlich
kaum zu unterbieten.

Ich versuchte nach drei Stunden, dem Gespräch eine Wendung zu geben, indem ich vorsichtig andeutete,
sie könne ja in den Beruf zurückkehren, den sie vor
ihrer Lehrerlaufbahn ausgeübt hatte: Geigenbauerin.
»Auf keinen Fall«, antwortete sie, »ich bin ja gerade
erst verbeamtet worden und genieße dieses Gefühl
der Sicherheit total!«

Welche Sicherheit, fragte ich mich. Die Sicherheit, den Rest des Lebens unglücklich und überfordert zu sein?

Es ist besonders tragisch, wenn Lehrer ihren Beruf hassen, weil das Lehren an sich ein hohes Maß an Anerkennung und Befriedigung schafft – wenn es vonstattengeht, wie es vonstattengehen soll. Ich erinnere mich, dass mein Vater nie so freundlich, zugewandt, nachdenklich und sympathisch war wie dann, wenn junge Schriftsteller uns besuchten, um ihn um Rat zu fragen. Sie hatten *ihn zu ihrem Lehrer berufen* – und er nahm den Ruf an. So waren beide geehrt.

Leider sind unsere Schulen nicht so konzipiert. In unserem Bildungssystem können sich weder die Schüler die Lehrer aussuchen noch die Lehrer die Schüler (Hans-Hermann Hoppe nennt es »Zwangsintegration«). Die Schüler langweilen sich oder fühlen sich überfordert; und Lehrer sind die Berufsgruppe mit dem höchsten Anteil an Therapie und Frühverrentung – das erzählte mir schon 1989 der Berufsberater, der mich davon abbringen wollte, auf Lehramt zu studieren.

Ich komme aus einer Lehrerfamilie und habe trotzdem auf Lehramt studiert. Aber als ich während des Musikstudiums vier Chöre leitete, wurde mir klar, warum diese Arbeit so erfüllend war: weil die Teilnehmer *freiwillig* kamen. Viele haben zum ersten Mal in ihrem Leben gesungen. Für viele war das gemeinsame Singen der Höhepunkt der Woche; sie standen da und strahlten mich an. Was für eine Verantwortung – und welch tiefe Befriedigung! Die Chöre vermehrten sich, jedes Jahr kam einer dazu, und es machte mir so viel Spaß, dass ich in sechs Jahren Hunderte von Arrangements für sie geschrieben habe.

Abstrakt ausgedrückt: Das Geschehen war marktförmig. Ich hatte etwas angeboten, die SängerInnen hatten es nachgefragt. Am Ende waren alle glücklich (was sich auch darin ausdrückte, wie viele Paare sich in den Chören gefunden haben – eine bessere Kontaktbörse ist mir nie wieder begegnet).

Das ist typisch für den Markt: Er entspricht unserer Natur. Wir sind freie Wesen mit einem freien Willen. Wir möchten nicht zu Dingen gezwungen werden, die wir weder wollen noch einsehen (deshalb stößt die GEZ bei Nichtfernsehern wie mir auf wenig Begeisterung). Treffen sich zwei Willen, dann kommt es zu einem Tausch und einer Vereinbarung darüber – und beide haben einen Vorteil davon, sonst würden sie die Vereinbarung ja nicht treffen. Für beide hat sich die Situation durch den Tausch *verbessert*. Auf dem Markt Geld zu verdienen bedeutet, anderen Menschen ihre Wünsche zu erfüllen, ihnen zu nützen, zu helfen, sie glücklich zu machen.

Daher sind Selbständige nachweislich viel glücklicher in ihrem Beruf als Arbeitnehmer. Das konnte ich schon bei meinem Vater beobachten, der zu einem genialen Entertainer aufblühte, wenn er in ganz Norddeutschland Lesungen mit seinen bitterbösen Satiren gab – während die Korrektur von eintausend Deutscharbeiten im Jahr ihm den letzten Nerv raubte.

Wir müssen begreifen, dass es grundlegend verschiedene Anreizsysteme sind. Der Arbeitnehmer hat ein festes Gehalt, das heißt, er kann seinen Stundenlohn, sein persönliches Preis-Leistungs-Verhältnis nur erhöhen, indem er weniger arbeitet, also seine eigene Nützlichkeit *absenkt*: eine Win-lose-Situation. Der Bauamtsmitarbeiter, der über die Genehmigung unserer Dachterrasse entscheiden durfte, brauchte viele Wochen, um unseren Antrag abzulehnen. Auf seinem Schreibtisch prangte die Postkarte: *ICH BIN HIER AUF DER ARBEIT UND NICHT AUF DER FLUCHT.*

Beim Selbständigen ist es genau umgekehrt: Er kann seinen Stundenlohn nur erhöhen, indem er den *Nutzen* seiner Arbeit für die Kunden so *erhöht*, dass diese mehr kaufen oder mehr für seine Leistung bezahlen. Und sie kaufen oder zahlen mehr, weil sie einen höheren Nutzen bekommen – eine Win-win-Situation. Wenn ich mir einen Namen als guter Chorleiter, Klavierlehrer, Friseur, Schuster, Klempner, Maurer, Anwalt oder Steuerberater mache, dann ist jeder neue Kunde ein Beweis dafür, dass ich gute Arbeit geleistet habe, denn ich bin empfohlen worden. Ich kann also stolz auf mich sein. Mit jeder positiven Airbnb-Referenz, die auf meiner Seite erschien, stieg die Zahl der Anfragen von Touristen aus aller Welt, die bei mir übernachten wollten.

Genau dieses Gefühl werden Lehrer, Verwaltungsbeamte, Krankenhausärzte, Sekretärinnen, Sozialpädagoginnen oder Erzieherinnen nie erleben. Ihre Kunden haben sich nämlich nicht für sie entschieden. Die Tatsache, dass sie Kunden haben, drückt keine Wertschätzung aus. Kein Wunder, wie häufig sie unzufrieden sind.

Wir werden nicht als Beamte geboren, sondern als Abenteurer (beobachten Sie mal Kinder). Wir wollen anerkannt werden. Und das funktioniert nur dort, wo Menschen frei entscheiden und dadurch ihre Wertschätzung zum Ausdruck bringen. Jedes Mal, wenn ich eine Komposition verkaufe, weiß ich, dass da jemand ist, der meine Musik mag. Jedes Mal ein kleiner – nein, ein großer Moment des Glücks.

Sicher ist nur der Tod. Gehen Sie also auf den Markt. Verdienen Sie Ihr Geld, indem Sie sich nützlich machen. Anderen so sehr zu nützen, dass sie ihr Geld freiwillig dafür hergeben, ist eine gute Grundlage, um fröhlich und selbstbewusst durchs Leben zu gehen.

27. Bringen Sie Freude in die Welt

Egoismus und Altruismus sind siamesische Zwillinge.

Nicht umsonst handelt unser wohl berühmtestes Lied von diesem Gefühl: »Alle Menschen werden Brüder, wo dein sanfter Flügel weilt«, schrieb Schiller in seiner *Ode an die Freude.*

In der Tat hat Freude nichts zu tun mit arm und reich, alt und jung, Mann und Frau, schön und hässlich. Sondern damit, ob es uns gelingt, anderen eine Freude zu machen. Ich erinnere mich, wie überrascht ich vom Eifer war, mit dem meine Kinder schon im Alter von vier Jahren begannen, Weihnachtsgeschenke für uns Eltern zu basteln. Nicht nur, wie viele Geschenke sie bastelten, mit welchem Witz und Einfallsreichtum, sondern auch, mit welcher Macht sie darauf beharrten, erst die Bescherung für uns abzuhalten, erst den Wäschekorb mit den selbstgemachten Geschenken von uns auspacken zu lassen. Sie platzten vor Stolz, Neugier und Erwartung der Freude, die sie uns bereiten würden. Auch ich erinnere mich aus meiner Kindheit vor allem an das, was ich selbst verschenkt habe: an den größten Flop, einen Dillschneider (»Wozu braucht man einen Dillschneider?«, fragte meine Omi), ebenso wie an die Höhepunkte: einen aus Streichhölzern gebastelten Mini-Konzertflügel für meine Mutter (bei meinen handwerklichen Fähigkeiten eine Jahrhundertleistung) und einen Kreuzworträtselkalender für meinen Vater (zwölf selbstgeschaffene Kreuzworträtsel zu zwölf verschiedenen Themen, mit äußerst verzwickten Erklärungen; mein Vater hat nur sieben davon ausgefüllt, eine riesige Enttäuschung).

Der Wunsch, anderen eine Freude zu machen, ist einer unserer stärksten Antriebe. Es führt sogar zu der absurden Situation, dass man so tut, als freue man sich über ein Geschenk, über das man sich gar nicht freut, um dem anderen die Freude nicht zu verderben, einem eine Freude zu bereiten. Daher strickte meine Mutter mir alljährlich wieder einen kratzenden Wollpullover, in dem ich aussah wie ein norwegischer Alien, um mir erneut die Freude zu machen, die ich ihr Jahr für Jahr mit immer größerem Kraftaufwand vorspielte oder meinte, vorspielen zu müssen (die klassische Paradoxie, wenn sich Altruisten treffen – das Abilene-Paradox, siehe Kapitel 7). Das Eigentümliche an der Freude ist ja gerade, dass sie gegeben, aber nicht erzwungen werden kann. Ich hätte mich wirklich gerne über die kratzenden Wollpullover gefreut, aber Freude entsteht nicht durch den Willen, sich zu freuen, sondern ohne unseren Willen, so dass wir oft genug überrascht sind, wann sie eintritt oder nicht (wer ist schon glücklich am Tag seiner Hochzeit?). Freude ist also Gegenstand von Versuch und Irrtum. Statt es meinem Vater übelzunehmen, dass er sich nicht für meine Kreuzworträtsel interessierte, an denen ich wochenlang getüftelt hatte, hätte ich als guter Verlierer fragen müssen, was ihm denn mehr gefallen würde. Darum ist Selbstironie so wichtig: um in diesen Momenten nicht aufzugeben, sondern weiterzusuchen.

»Kreative« oder »soziale« Berufe haben, entgegen ihrer Selbstwahrnehmung, keinen Vorrang im Freudespenden. Jede sorgfältig ausgeführte Leistung kann Glückshormone auslösen bei dem, der davon profitiert: eine reparierte Waschmaschine, ein gestimmtes Klavier, ein gebügeltes Hemd. Auf einer Donauradtour riss mir mitten in einem Donautal die Kette; im nächsten 50-Seelen-Dorf fand ich wie durch ein Wunder einen schwäbischen Fahrradmeister, der das Rad so fachkundig reparierte, dass es sich anschließend doppelt so leicht fuhr. Auch mein Steuerberater hat mich schon glücklich gemacht, als er mich im Streit mit dem Finanzamt davor bewahrte, ein und dasselbe Honorar zweimal versteuern zu müssen, oder meine Rechtsanwältin, die mich so klug vor Gericht vertrat, dass ich für meine Totalverweigerung der Wehrpflicht keine Strafe bekam. Jeder, der seine Arbeit gut macht, bringt Freude in die Welt. Als ich an der Hamburger Musik-

hochschule studierte, hatten wir einen Pförtner namens Wöbbi, der jeden kannte, mit jedem plauderte,
der tröstete, half und sich um alles kümmerte. Er war
die beliebteste Person der Hochschule. Als ich in
Hamburg-Hoheluft wohnte, waren die beliebtesten
Stadtteilbewohner Olli, der Schuster, und Senol, der
Gemüsehändler. Senol hat mir erzählt, eine alte Dame,
mit der er regelmäßig plauderte, habe ihm aus Dankbarkeit ab und zu hundert Mark Trinkgeld gegeben.
Hundert Mark!

Sogar ein Bauamtsmitarbeiter kann Freude bereiten. Als der bereits erwähnte für uns zuständige Hor-
ror-Beamte im Herbsturlaub weilte, genehmigte sein
Kollege ein Zimmer weiter unsere Dachterrasse im
Schnellverfahren. Ich sage an dieser Stelle noch einmal: Danke!

Auch jenseits des Berufes können wir unsere Mitmenschen nerven oder beglücken. Alle Menschen
freuen sich über Komplimente – warum verteilen wir
so wenig davon? Geben Sie Komplimente, erzählen Sie
einfach von Ihrer Bewunderung, Ihrer Verehrung, Ihrer
Begeisterung. (Erinnern Sie sich an das Vierte, was
Sterbende bereuen? Ihren Gefühlen keinen Ausdruck
gegeben zu haben.) Auf die Frage, was das Ziel seiner
Kunst gewesen sei, antwortete der Kabarettist Hanns
Dieter Hüsch: dass die Menschen freundlicher zu-
einander seien.

Das ist aktueller denn je, denn die popkulturelle Revolution hatte vor allem ein Ergebnis: den Sieg der pubertären, schlechten Laune. Während Sinatra, Elvis und Belafonte noch gute Laune und Optimismus ausstrahlten, punkteten später The Who, AC / DC, schließlich Rammstein und Eminem mit Misstrauen, Ruppigkeit oder purer Aggression. Ganze Genres wie Punk, Hardrock, Heavy Metal und Gangsterrap tragen Düsternis, Wehleidigkeit und Zerstörungswut vor sich her wie ein Fünfzehnjähriger nach dem ersten Horrortrip oder der ersten enttäuschten Liebe. Welcher Rock- oder Filmstar *lächelt* auf seinem Plakat oder Albumcover? Fast nur Volksmusiker, Schlagersänger, Esoterik-Gurus und Politiker (auf ihren Wahlplakaten) lächeln noch – was uns sogleich unwürdig vorkommt.

Nur Kinder sind vor dem pubertistischen Mainstream gefeit und geben ihren Gefühlen – der Trauer wie der Begeisterung – ungefiltert Ausdruck, denn sie können gar nicht anders. Ab dem vierzehnten Lebensjahr sind wir bei Strafe ewiger Uncoolness den pubertistischen Imperativen ausgesetzt: Härte statt Weichheit, Distanz statt Nähe, Coolness statt Begeisterung, Abwertung statt Aufwertung, Finsternis statt Optimismus. Am Ende gilt das Besprühen wunderschöner Jugendstilfassaden mit lieblosen Graffiti-Tags als Kunst und das endlose Wiederholen elektronisch programmierter Beats als Musik. Gehen Sie mal auf eine

Tanzparty in Kampala oder Accra; dann erst werden Sie merken, wie unfröhlich unsere westliche Kultur geworden ist.

In seinem Buch *Scheiß drauf* feiert Thomas Mießgang die von mir eben geschilderten Phänomene als »Kultur der Unhöflichkeit«. Sie seien eine Form »symbolischen Klassenkampfs«, eine »Artikulation von Dissidenz unterprivilegierter Schichten«; die »strategische Unhöflichkeit« trete »konservativen, traditionsorientierten gesellschaftlichen Segmenten« entgegen. Mießgang aktualisiert sogar das Kommunistische Manifest: »Proleten aller Länder, vereinigt Euch und schreit laut ›Fick dich‹!«

Diese Argumentation macht ratlos. Unhöfliche Menschen zeichnen sich doch vor allem durch Wahllosigkeit aus: Sie sind einfach gegen jeden unfreundlich, der ihnen in die Quere kommt, von denen sie sich provoziert fühlen oder die das Pech haben, in ihre Nähe zu kommen. Zählt die angerempelte Omi zur herrschenden Klasse? Der Spaziergänger, der um Kotze- oder Pisselachen herumlaufen muss? Die arglosen Mitpassagiere, die sich die aggressive Musik aus Ghettoblastern, Smartphones oder schlecht abgedichteten Kopfhörern mit anhören müssen? Wohnen sie alle in einer Vorortvilla?

In der »Scheiß-drauf-fick-dich«-Kultur leiden nicht nur Umgangsformen; ganze Kunstgenres wie Lyrik, Chanson oder klassische Musik wirken plötzlich verstaubt. Vor allem aber geht das Gefühl fürs Wesentliche unserer Existenz verloren. Nicht um eines inhaltslosen Habitus als »Rebell« willen sind wir auf dieser Erde, sondern der Freude wegen, die wir empfangen und bereiten, und damit sind wir wieder bei Schiller: »Freude heißt die starke Feder / in der ewigen Natur / Freude, Freude treibt die Räder / in der großen Weltenuhr.«

Auch wenn Ihnen der vierzigste Geburtstag vorübergehend die Laune verhagelt haben sollte: Lassen Sie sich von der Kultur der Coolness und Unhöflichkeit nicht anstecken und verwirren. Verteilen Sie lieber Komplimente und lächeln Sie. Und belohnen Sie Schlechtgelaunte weder mit Aufmerksamkeit noch mit Anteilnahme. Seien Sie auf souveräne Weise freundlich und höflich. Wir sind nicht mehr sechzehn, und das ist auch gut so.

»Gute Manieren sind rebellisch und anarchisch«, schreibt Tom Hodgkinson. »Wir müssen unbedingt lernen, uns anständig zu verhalten: mit Charme, Liebenswürdigkeit, Höflichkeit, Rücksicht.«

28. Erschaffen Sie etwas Schönes

Sehnsucht ist immer Sehnsucht nach Schönheit.

Das Schöne ist universal. Was zu dem verwirrenden und auch etwas gruseligen Ergebnis führte, dass Auschwitz-Kommandant Rudolf Höß bei Hausmusiken Cello spielte, HJ-Führer Baldur von Schirach mit Vorliebe Georg Trakl zitierte und Göring die Dienstwohnung von Speer mit Emil-Nolde-Bildern schmücken ließ (ehe Hitler wütend verlangte, diese zu entfernen).

Wir alle empfinden und brauchen Schönheit. Wir alle erleben Glück, wenn wir etwas Schönes erschaffen. Und doch verschwindet dieser Akt aus unserem Leben. Dies zunächst im Namen der Arbeitsteilung. Nur Künstler, die sich ihrer Sache mit voller Hingabe widmen, können Meisterwerke zustande bringen wie die Sixtinische Kapelle, *Bel Ami* oder *Le Sacre du Printemps*.

Nur darf uns die Vollkommenheit dieser Kunstwerke niemals davon abhalten, selber Schönes zu erschaffen (zumal wir erst dann das Ausmaß der Meisterschaft wirklich begreifen können). Robert Muchembled beschreibt in *Kultur des Volks, Kultur der Eliten* einen entscheidenden Übergang: Im 15. und 16. Jahrhundert wandelten sich die städtischen Feste von etwas, an dem alle produktiv teilhatten, zu etwas, dem die Mehrheit nur als Zuschauermenge staunend beiwohnte. Zuschauerkultur ist etwas Wunderbares, doch sie kann die Erfahrung nicht ersetzen, selbst auf einer Bühne zu stehen, ein Bild zu malen, Geschichten zu erzählen. Das Problem ist nicht die Zuschauerkultur, sondern ihre Verabsolutierung, die man schon daran erkennt, dass nur im Kunstunterricht noch selbst gewerkelt wird; im Fach Musik lernen die Schüler den Quintenzirkel, statt selbst zu komponieren, in Deutsch Gedichtinterpretation statt Creative Writing. Dasselbe Bild bietet sich im Studium: An der Musikhochschule geht es (außer bei den wenigen Komponisten) nur um die Reproduktion großer Werke, in Germanistik um deren Analyse (und »Dekonstruktion«). Am Ende sitzen alle vor dem Fernseher oder in einem Zuschauersaal, die Aktivität beschränkt sich auf Zappen und Applaudieren.

Die von den Spezialisten produzierte Kultur beeindruckt nicht nur, sie schüchtert ein und lähmt, so dass am Ende Kultur und Kunst als Monopol derer erscheinen, die sie berufsmäßig ausüben. Über »Volkshochschulkurse«, »Hausfrauenlyrik«, »selbstgebatikte Tücher« und »Bücher im Selbstverlag« ergießt sich der Mainstreamspott von Feuilleton, Comedy und Kabarett.

So bekommen wir zwei Übel, die sich gegenseitig verstärken: Viel zu viele für den Künstlerberuf Ungeeignete wollen gleichwohl unbedingt Berufskünstler werden (um sich selbst zu verwirklichen, reich, sexy und berühmt zu werden oder keinen normalen »stupiden« Beruf auszuüben); der große Rest verzichtet nicht nur auf Schreiben, Malen, Komponieren, sondern auch auf Basteln und Nähen, Gärtnern und Bauen, Singen und Tanzen (einzig Fotografieren hat sich als eine Art »Massenkunst« durchgesetzt). Ein absurdes Überangebot an Berufskünstlern geht einher mit einer kulturellen Verarmung der Mehrheit. Wer erzählt seinen Kindern noch Geschichten? Wie viele Lieder können Sie auswendig?

Wo das eigentliche Problem liegt, wurde mir schlagartig klar, als ich *Alles ganz Isi* von Alva Gehrmann über das Leben in Island las. Dort ist es völlig normal, eine Band zu haben, Gedichte von sich drucken zu lassen oder Theaterstücke aufzuführen. Nur hat niemand die Idee, davon *leben* zu wollen. Island hat 300 000 Einwohner, der Markt ist viel zu klein. Dadurch entfällt die Spaltung in Profis und Amateure – und die Abwertung der Letzteren.

Die Lebenskunst besteht darin, sich in keine Abwertungsfalle locken zu lassen. Weder ist die Kunst der Profis zu kommerziell, unauthentisch oder korrumpiert, bloß weil sie zum Lebensunterhalt dient, noch ist die

Kunst der Amateure peinlich und kitschig, weil ihre Autoren es nicht studiert haben. Wer Berufskünstler werden will, muss sich der Sache verschreiben – »nebenbei« Kunstlehrer an einer Gesamtschule zu sein wird nicht funktionieren.

Aber wir müssen ja gar nicht alle Berufskünstler werden. Das erste selbstgemalte Aquarell, mit dem wir halbwegs zufrieden sind, wird uns mehr erfüllen als eine Nolde-Gesamtschau im Louisiana-Musum in Kopenhagen.

Da aber die meisten, die künstlerisch tätig werden wollen, zugleich vom Berufskünstlertum träumen, stellt sich sofort die Frage nach Erfolg und Verkäuflichkeit – oft noch vor der Frage, was man denn eigentlich genau machen wolle. Die Suche danach wird vielmehr alsbald gesteuert oder zumindest gefiltert von der Frage, ob damit Einkommen zu erzielen sei. Zwei Ziele, die für sich genommen gut und unschuldig sind – Geld verdienen und Kunst schaffen – verquicken sich miteinander, zum Schaden beider.

Die einen studieren Film, Musik, Literatur, Theater und Kunst und unterwerfen sich den Gesetzen des akademisierten Modernismus: Regietheater, Neue Musik, Konzeptkunst, avantgardistische Kurzfilme, meist mit irgendwie antikapitalistischer Botschaft. Die anderen basteln in Homestudios und Musikbunkern an ihrer Weltkarriere in den Bereichen Tekkno, Metal,

Elektro, Rock oder Singer / Songwriter, auch meist mit irgendwie antikapitalistischer Botschaft. »Im Grunde müsste«, schreibt Harald Martenstein, »auf 90 Prozent der deutschen Romane, Sachbücher und Erzählbände derselbe Klappentext stehen: ›In diesem Buch geht es darin, dass der Kapitalismus das Böse ist und die armen Leute ganz lieb sind.‹« Allerdings habe er festgestellt, »dass man auch die meisten Leitartikel, Reportagen, Politikerreden, Predigten, Filme und Talkshowbeiträge auf diesen Nenner bringen kann, dazu zahlreiche Liedtexte.« Das Ergebnis: *Von allem zu viel und überall das Gleiche* (so der Untertitel des Buches *Kulturinfarkt* von Armin Klein, Stefan Opitz, Pius Knüsel und Dieter Haselbach); Berufskünstler, die nicht von ihrem Tun leben können; YouTube-Klick-Sammeln; Filme ohne Zuschauer; Literatur ohne Leser; Musik ohne Hörer; Preise ohne Preisgeld; Schauspieler ohne Gage; Wettbewerbs-Hopping; Bands, die zahlen, um auftreten zu dürfen; Autoren, die zahlen, um gedruckt zu werden; viele antikapitalistische Botschaften; und wenig Schönheit. Wir haben gleichzeitig zu viel und zu wenig Kunst.

Dabei kann man natürlich auch Schönes erschaffen, ohne künstlerisch tätig zu werden – etwa, indem man einen Garten anlegt (oder auch nur einen Blumenkasten auf dem Balkon bepflanzt). Wie unendlich schön und in ihrer Schönheit beruhigend sind Pflanzen. Nicht jeder muss einen Roman schreiben oder einen Film drehen.

Das Schöne ist überall, wir müssen es nur sehen. Max Frisch hat einen langen »Katalog« davon in seinem Tagebuch von 1970 angefertigt. Hier ein kleiner Auszug: »Das Innere von Muscheln / Spiegelung eines Wolkenkratzers in der Fassade eines anderen Wolkenkratzers / Perlenfischerinnen / Kaleidoskope, die man schütteln kann / Farnkraut verwelkt und verblichen / die Hände von alten Menschen, die man liebt / Kiesel in einem Bergbach / ein Maya-Relief an seinem Ort / Pilze / Ein Kran in Bewegung / Wände mit Plakaten, die nicht mehr gelten / Wetterleuchten / Ein Liebespaar in einem stillen Museum / Das Fell gewöhnlicher Rinder in Griffnähe / Sonnenkringel in einem Glas voller Rotwein (Merlot) / ein Steppenbrand / das Bernsteinlicht in einem Zirkuszelt an einem sonnigen Nachmittag (...) / Rauchwirbel aus fremden Kaminen / der Nacken einer Frau, wenn sie sich kämmt«.

Verabschieden wir uns von den Absurditäten des Aufmerksamkeitswettbewerbs und des inflationären Berufskünstlertums. Und vielleicht auch von der Idee, dass der Kapitalismus das Böse ist und arme Leute ganz, ganz lieb sind. Schönheit macht glücklich. Holen wir sie in unser Leben zurück.

29. Halten Sie Ihre Versprechen

Ich gebe Ihnen mein, äh, mein, äh, Ehrenwort!

Der Ehrliche ist der Dumme. Kennen Sie das nagende Gefühl, das dieser Satz auslöst? Vor allem, wenn man gerade mal wieder feststellen muss, dass man auf jemanden hereingefallen ist? Nur Dumme sind ehrlich, legt der Satz nahe. Ich bin ehrlich, ergo dumm. Wieso bin ich immer noch so dumm, ehrlich sein zu wollen?

Und dann sind da immer wieder diese sympathischen Gaunertypen, die einem begegnen, und im Vertrauen und mit einem Augenzwinkern verraten, wen sie alles wie an der Nase herumgeführt haben. Mann, waren die dumm, die Betrogenen! Wie leicht haben sie es dem charmanten Gauner mal wieder gemacht ...

Vermutlich kommt jeder in der Midlife-Crisis an diesen Punkt, an dem er glaubt, genau das sei bisher sein Fehler gewesen: einfach nicht skrupellos und zynisch genug gewesen zu sein, weder clever noch abgebrüht, sondern das Gegenteil: belämmert, naiv, lieb und nett, sprich, treudoof. Ein Zeuge im Radsport-Dopingskandal berichtete, wie er nach jahrelangem, kräftezehrenden Training in ein Tour-de-France-Team aufgenommen wurde. Ein älterer Kollege führte ihn in einen Wagen, wo ein Arzt mit einer Spritze auf ihn wartete, und sagte: »So, und jetzt zeigen wir dir mal, wie Radsport geht.«

Aber geht Radsport so? Was hat Lance Armstrong nun von seinen sieben Tour-de-France-Siegen? Und selbst wenn man nicht erwischt wird, wer ist schon so amoralisch, dass es ihm überhaupt nichts ausmacht, dass sein Erfolg erschwindelt ist? Sie bestimmt nicht. Ich auch nicht. Wir sind dafür nicht geschaffen, wir werden damit nicht glücklich. Und ganz abgesehen von der Frage, ob eine auf Arbeitsteilung und Tausch basierende Gesellschaft ohne eine Ethik des Versprechens auskäme – wer möchten wir denn sein? Wir wollen jemand sein, auf den man sich verlassen kann. Weil ihm sein eigenes Wort etwas wert ist.

Fünf Dinge folgen daraus für die Midlife-Crisis:

Erstens: Wenn wir auch an allem zweifeln, was wir getan haben, so können wir doch immer stolz darauf sein, unsere Versprechen gehalten zu haben.

Zweitens: Wenn wir uns verzweifelt fragen, was wir mit unserer neuentdeckten Freiheit anfangen sollen (eine Galerie in Neukölln gründen, ein Creative-Writing-Institut im Allgäu oder eine Fahrradpension auf Lanzarote), ist es beruhigend zu wissen, dass wir ohnehin zunächst einmal die Versprechen einlösen müssen, die wir bereits gegeben haben. Das ist immer richtig, es kann und muss nicht weiter angezweifelt werden.

Drittens: Wir können anfangen, uns selbst Versprechen zu geben und diese genauso wichtig zu nehmen wie die Versprechen gegenüber anderen (oft hilft es, anderen davon zu erzählen). Wir können uns versprechen, bis Ende der Woche die Buñuel-Liste zu schreiben oder bis Ende des Monats die Löffelliste oder heute Abend die Max-Frisch-Liste. Wir können uns versprechen, ab morgen für 30 Tage auf Zeitungen und Fernsehen oder Alkohol und Zigaretten zu verzichten. Wir können uns versprechen, heute Abend um 23 Uhr ins Bett zu gehen und am nächsten Morgen um sieben Uhr aufzustehen (für einen freien Schriftsteller ist das eine harte Aufgabe). Die Verhaltenstherapie lehrt uns, dass diese Versprechen möglichst konkret sein müssen und wir uns für ihre Erfüllung belohnen sollen (auch die Belohnung darf kein leeres Versprechen bleiben).

Viertens: Die Midlife-Crisis ist ein Zustand der Ungewissheit: über uns selbst, unseren Willen, unsere Zukunft. Solange diese Ungewissheit anhält, ist es klug, sich die Zukunft möglichst offen zu halten – also möglichst wenig neue (und keine weitreichenden) Versprechen abzugeben. Jetzt ist die Zeit, mit Versprechen und Verpflichtungen zu geizen (auch wenn Ihnen das »egoistisch« vorkommen mag). Zögern Sie, sagen Sie nein, legen Sie sich nicht fest. Versprechen Sie nur, dass Sie im Moment nichts versprechen können, weil Sie sich selbst versprochen haben, zu erkennen, was Sie in Zukunft wem versprechen wollen.

Fünftens: Seine Versprechen zu halten ist ein Spezialfall des viel größeren Imperativs, sein Gewissen reinzuhalten. Wenn Sie Ihr Leben schon umkrempeln, dann achten Sie darauf, in Zukunft in allen Dingen ein gutes Gewissen haben zu können, denn das macht Sie frei.

Ich habe nie verstanden, warum sich Egoisten und Moralisten so unversöhnlich gegenüberstehen. Von Moralisten hört man häufig, Egoismus an sich sei unmoralisch und der Kern allen Übels. Von Egoisten dagegen hört man, Moral sei nur ein Mittel zum Schönreden der eigenen Schwäche. Für die Moralisten ist es grundsätzlich schlecht und schädlich, den eigenen Nutzen zu maximieren (*Gesellschaft der Egoisten, Profitmaximierung, Selbstsucht* etc.); für die Egoisten ist es grundsätzlich schlecht und glücksverhindernd, sich in ein falsches moralisches Korsett pressen zu lassen (*sei fleißig, pünktlich, brav und gehorsam, verzichte auf Rauchen, Trinken, Sex* etc.).

Ich sehe keinerlei Widerspruch zwischen Moral und Egoismus. Es ist absolut in Ordnung, die eigenen Interessen zu verfolgen, solange wir anderen dabei nicht schaden; nur in diesem Bewusstsein, nicht unsozial gewesen zu sein, können wir glücklich werden und Frieden mit uns selbst schließen. Egoismus ist nicht unmoralisch und Moral keine Unterwerfung. *Sorge dich um dich selbst und schade niemandem* – so ähnlich haben Buddha und John Stuart Mill es auch schon formuliert. Das, würde ich sagen, ist Lebenskunst.

30. Lernen Sie

Kinder lernen immer mehr über ihre Zimmerpflanzen. Erwachsene lernen oft weniger als ihre Zimmerpflanzen.

Ich könnte seitenlang über die Nützlichkeit, Notwendigkeit und das Vergnügen des Lernens schreiben, und jeder Leser würde innerlich zustimmen, weiterblättern – und nicht einmal realisieren, wie lange er nichts Neues mehr gelernt hat. Der allseits anerkannten Phrase vom »lebenslangen Lernen« steht die allseitige Praxis des Gar-nichts-mehr-Lernens unvermittelt gegenüber. Denn das Ideal sieht – ohne allzu sehr übertreiben zu müssen – doch so aus: Wir lernen für einen Schulabschluss, für eine Ausbildung und ein Hochschulexamen und auch noch während der ersten

Wochen an unserem Arbeitsplatz. Danach verbleiben wir ohne weitere größere Lernanstrengung auf diesem Arbeitsplatz bis zur Rente und verbringen Feierabend, Wochenende und Ferien mit Grillen, Fernsehen und am Strand liegen.

Und ja, auch darüber lügt die Pädagogik: Lernen macht keinen »Spaß«. Lernen ist mühsam, und stets ist da die Furcht, etwas nicht zu kapieren, nicht hinzukriegen und dumm dazustehen. Dadurch, dass sie alles benotet, überbetont die Schule diese frustrierenden Aspekte des Lernens noch. Vielleicht ist dies überhaupt die verhängnisvollste Wirkung der Schule: dass sie dem Lernen ein derart miserables Image verpasst, dass wir ihm den Rest unseres Lebens aus dem Weg gehen. In seinem Essay *Entschulung der Gesellschaft* schlug Ivan Illich schon 1974 vor, die Schulpflicht zu ersetzen durch Lerngutscheine, die man lebenslang einlösen könne, um selbstgewählte Klassen, Kurse, Workshops oder Studiengänge zu besuchen.

Vor fünf Jahren nahm mein kleiner Sohn an einer Studie im Universitätskrankenhaus Eppendorf über die lernfördernde Wirkung des Schlafs teil. Die Studienleiterin erzählte, es habe neben den zwei Kindergruppen auch eine Vergleichsgruppe mit Erwachsenen gegeben, die »selbstverständlich« viel schlechter abgeschnitten habe als die Kinder. Ich stutzte und fragte, wieso Erwachsene mit vollentwickeltem Gehirn schlechter lernen als Zehnjährige? Weil sie völlig aus der Übung seien, antwortete die Studienleiterin. Im Grunde, erläuterte sie, müsse man jedes Jahr eine komplett neue Sprache lernen oder ein neues Wissensgebiet, um die Plastizität des Gehirns zu erhalten. Mir wurde mulmig. Wann hatte ich zum letzten Mal eine neue Sprache gelernt? Im selben Moment entschloss ich mich, fürs neue Bühnenprogramm Jonglieren zu üben.

Bemerken Sie den Teufelskreis? Je länger wir nichts mehr gelernt haben, umso unplastischer das Gehirn, umso schwerer fällt uns das Lernen, umso größer unsere Abneigung dagegen, umso wahrscheinlicher, dass wir ihm aus dem Weg gehen. Wir teilen unser Leben in einen Abschnitt arbeitslosen Lernens, einen Abschnitt lernfreien Arbeitens und einen Abschnitt, in dem wir weder lernen noch arbeiten.

Nur leider machen Bequemlichkeit und Untätigkeit nicht glücklich, sondern ängstlich; Selbstbewusstsein und Selbständigkeit schwinden; eine diffuse Angst vor allem Neuen, vor jeder Veränderung macht sich breit. Wer Angst vor dem Lernen hat, muss alles fürchten: Er will keine Bewegung, keine Veränderung, Sicherheit geht ihm vor Freiheit – keine Experimente! Auch die Meinungen sind festgefügt – und ändern sich nicht mehr.

Der schwedische Medizinstatistiker Hans Rosling zeigt seit Jahren in seinen Vorträgen und Filmen *(Die*

Erfolgsgeschichte der Menschheit), dass es mit den Lebensbedingungen auf unserem Planeten stetig bergauf geht und die Medien ein verzerrtes, viel zu negatives Bild der Gegenwart zeichnen. Hätten Sie gedacht, dass sich die globale Wachstumsrate der Weltbevölkerung seit 1970 halbiert hat, ebenso wie die jährliche Zahl von Todesfällen durch Naturkatastrophen? Der Anteil der Weltbevölkerung, der in extremer Armut lebt, hat sich ebenfalls halbiert – in nur 20 Jahren. Die durchschnittliche Lebenserwartung liegt heute bei 71 Jahren, 84 Prozent der Kinder unter zwei sind gegen Masern geimpft, und zwar *weltweit*. Rosling hat einen Test entwickelt, der zeigt, dass die Mehrheit der Menschen in den Industrieländern (in Deutschland 70 Prozent!) die Entwicklung der letzten 50 Jahre viel zu negativ sehen: Wir kennen die ermutigenden Fakten über die Entwicklung von Kindersterblichkeit, Geburtenrate, Lebenserwartung, Alphabetisierung und Opfer von Naturkatastrophen nicht und ergänzen das fehlende Wissen durch ein apokalyptisches Weltbild. Immerhin, im September 2014 berichtete der *Spiegel* über Rosling und brachte ein langes Interviw mit ihm. Gerade für *Spiegel*-Leser muss Roslings Faktencheck völlig überraschend gewesen sein. Es wäre also nicht abwegig gewesen, Roslings verblüffende Erkenntnisse auf den Titel zu heben. Stattdessen prangten folgende Headlines auf dem Cover:

Der Bröckelstaat: Wie wir Zukunft und Wohlstand ver-
spielen

Ebola außer Kontrolle: Warum der Westen endlich
aufwachen muss

Todesberg Mont Blanc: Dramen in eisiger Höhe

Populistin Angela Merkel: Die geheimen Umfragen
des Kanzleramts.

Als ich im Zuge meiner Recherchen zu meinem
Immobilienbuch meine Meinung über die Ursachen der
Finanzkrise änderte, bekam ich regelrecht wütende
Reaktionen aus meinem Freundeskreis: »Das hast
du vor einem Jahr aber ganz anders gesehen!« oder
»Du änderst auch dauernd deine Meinung!« Dass ein
Freund nach gründlicher Recherche seine Meinung
ändert, schien regelrecht bedrohlich zu sein.

Als meine Tochter Veganerin wurde, las sie als Erstes *Tiere essen* von Jonathan Safran Foer und als zwei-
tes *Don't go veggie. 75 Fakten gegen den vegetarischen
Wahn* von Udo Pollmer, Georg Keckl und Klaus Alfs.
Und mir fiel auf, wie selten so etwas vorkommt. Wer
ist so souverän, ein ganzes Buch der »anderen Seite«
zu lesen? Wann haben Sie zuletzt ein Buch von jemandem gelesen, der darin eine Meinung vertritt, die der
Ihren genau entgegengesetzt ist? Auch auf die Gefahr
hin, etwas dazulernen zu können und alte Gewissheiten
über Bord werfen zu müssen?

Ja, Lernen frustriert und ängstigt; aber wie glücklich,

befreit und stolz fühlen wir uns, wenn wir plötzlich mit zehn Fingern tippen, skaten, spanisch sprechen oder Chopin spielen können! Der Mensch ist das lernende Tier; es liegt in unserer Natur, zu lernen. Wer aufhört zu lernen, hört auf zu leben. Vielleicht kann uns auch der asiatische Begriff der Meisterschaft helfen, zum Lernen zurückzufinden: die lebenslange Bemühung um Vervollkommnung, die wir bei allen großen Künstlern beobachten können. Joachim-Ernst Berendt schrieb ein ganzes Buch über das »Wunder des Spätwerks« *(Hinübergehen)*, und in der Tat sind viele am Schluss ihres Lebens über sich hinausgewachsen: Bach in der Kunst der Fuge, Beethoven in den späten Streichquartetten, Mozart in der *Zauberflöte*, Schubert in der *Unvollendeten.* »Die Kunst ist ein Ding, zu lang, zu groß und zu schwer für ein Leben; und selbst die, welche ein großes Alter haben, sind erst Anfänger in ihr«, schrieb Rainer Maria Rilke, der mit den *Duineser Elegien* und den *Sonetten an Orpheus* seine größten Werke kurz vor seinem Tode schuf.

Der Wert von Bildung und Wissen sinkt dramatisch in der Aufmerksamkeitsökonomie. Ein ganzes Zeitschriftengenre widmet sich dem Treiben und Schicksal ungebildeter und uninteressanter Menschen, die sich in erster Linie dadurch auszeichnen, dass viele sie kennen (»Promis«). Daniela Katzenberger ist hundertmal bekannter als Jürgen Habermas. Aber deswegen müssen wir uns in unserer geistigen Entwicklung nicht an Daniela Katzenberger orientieren. Setzen wir unsere eigenen Prioriäten. Lernen wir.

31. Reisen Sie

Unsere Vorfahren waren so beweglich wie Zugvögel.
Wir sind so beweglich wie ein Pfund Kartoffeln.

Als ich 18 war, las ich ein Zitat von Bhagwan, das ich nie vergessen habe: »In dem Augenblick, da du dich sesshaft machst, stirbst du. Bleibe in Bewegung. Fließe. Gehe vorwärts ins Unbekannte! (...) Du sollst nicht sesshaft werden – das ganze All ist dein Zuhause. Warum denn ein kleines Häuschen, warum ein putziger Garten, wo dir doch die ganze Wildnis gehört, die ganze Welt, das All!«

Es ist schwer zu verstehen, warum ich erst so spät begonnen habe zu reisen, obwohl ich diese Worte so beeindruckend fand. Vermutlich war es eine Mischung aus Geiz (die Zeit und das Geld betreffend) und einer tiefsitzenden Ängstlichkeit (Flugangst!). Mein innerer Schönredner hat das über Jahre zu etwas ganz anderem verdreht: »Was soll ich da? Tourismus macht die Dritte Welt kaputt; man lernt ohnehin keine Einheimischen kennen, sondern nur andere Touristen; man sieht nur die Oberfläche, für die Innenseite muss man Bücher lesen. Alles total überteuert und überschätzt. Und für die Erholung geht sowieso nichts über eine Fahrradtour durchs Weserbergland!«

Dazu kann man sich noch die Verachtung für die Leute zurechtlegen, die in »Resorts« in Marokko oder Tunesien fahren, wo sie nichts von Land und Leuten erfahren und dreimal täglich mit 100 Prozent europäischem Essen versorgt werden – aber meinen, beim Bauchtanzabend im Hotel etwas über arabische Kultur gelernt zu haben. Lachhaft, oder?

Das erste Mal geriet ich ins Grübeln, als ich vor Jahren das Buch des Nobelpreisträgers Mario Vargas Llosa las: *Das Paradies ist anderswo.* Darin schildert er, wie Paul Gauguin Ende des 19. Jahrhunderts von Paris nach Tahiti reiste (sogar zweimal) und seine Großmutter, die sozialistische Aktivistin Flora Tristan, Anfang des 19. Jahrhunderts von Paris nach Peru. Ich verschlang das Buch, beeindruckt von den Reisebeschreibungen und den Strapazen, die die beiden auf sich nahmen, und fragte mich: Warum in Gottes Namen bin ich noch nie in Tahiti oder Peru gewesen? Die beiden brauchten damals ein halbes Jahr und ihr gesamtes Vermögen, um dorthin zu gelangen, während ich einen Flug für 1000 Euro bekäme und in zwei Tagen dort wäre. Warum tue ich es nicht?

Dass ich ein regelrechter Fernreiseangsthase bin, erkannte ich erst, als ich das Buch von Yannik Mahr las: *Mit 80 Ängsten um die Welt. Bekenntnisse eines Fernreiseangsthasen.* Mahr erzählt wunderbar selbstironisch, wie er Schritt für Schritt zum Globetrotter avancierte: mit Flugangstkursen und Statistiken über die sichersten Airlines, mit Impfungen, Malariaprophylaxe und eigener Notfallapotheke, mit lokalen Guides und Gruppenreisen, Spezialportemonnaies und Thrombosestrümpfen. Am meisten hat mich Mahr allerdings dadurch überzeugt, dass er die Perspektive gewechselt hat: Wie sicher erscheint eigentlich anderen unser Land? Mehrfach warnten die Außenministerien der USA, Japans und Australiens vor Reisen nach Deutschland wegen der »Gefahr von Terroranschlägen« (!). Und was schreibt die Globetrotter-Bibel, der *Lonely Planet*, über das beschauliche und idyllische Bremen? »Das Gebiet um den Hauptbahnhof ist seit Jahren eine Problemzone. Videokameras, eine starke Polizeipräsenz und ein Verbot gefährlicher Objekte wie Messer, Baseballschläger und Handfeuerwaffen zeigen das Potential für plötzliche Gewaltausbrüche. Benutzen Sie hier Ihre Metropolen-Intuition.« Wenn wir wollen, können wir uns also sogar vor einer Reise nach Bremen fürchten. War das der Grund, warum ich Europa noch nie verlassen hatte?

Meine ersten beiden Fernreisen führten mich in die USA – und ich war völlig begeistert von dem Land und seinen Bewohnern. Wieso hatten die letzten 30 Jahre alle um mich herum nur schlecht darüber geredet? Lag es womöglich daran, dass sie noch nie dort gewesen waren? (Noch heute kenne ich Leute, die die USA so schrecklich finden, dass sie niemals dort hinfahren würden.) Als Nächstes fuhr ich nach Thailand – eine noch größere Überraschung: eine lebendige Künstlerszene; jede Menge glücklicher Auswanderer; riesige Lächelbuddhas; eine selbstverständliche Toleranz gegenüber Ladyboys (ohne Transgenderdebatten); entspannte Touristen aus aller Welt; luxuriöse Einkaufspaläste; eine fast surreale Wolkenkratzerlandschaft in Bangkok; und ja, glamouröse Rotlichtviertel, gegen die sich die Gegenstücke in Europa schäbig ausnehmen. Schließlich reiste ich fünf Wochen durch Afrika: Äthiopien, Uganda, Südafrika, Ghana – allein, ohne Begleitung oder Reiseführer, nur über airbnb, Couchsurfing und örtliche Verkehrsmittel. Fast alle Freunde haben mich mit Todesmiene vor dieser Reise gewarnt. Ihnen zufolge hatte ich kaum eine Chance, lebend und unbeschadet zurückzukehren aus dieser Hölle aus Malaria, Raubüberfällen, Taschendieben, Kakerlaken und Fadenwürmern. Tatsächlich geriet ich in keine einzige brenzlige Situation, wurde kein einziges Mal krank und spazierte schon am ersten Abend stundenlang durch dunkle Wege, ohne die geringste Angst zu haben (in Schwarzafrika wird es früh dunkel, und dort, wo ich unterwegs war, gab es weder Straßen noch Straßenbeleuchtung). Immer wieder hörte ich vorher und nachher, wie »mutig« ich gewesen sei. Ich habe mich vor Ort aber gar nicht »mutig« gefühlt – Mut brauchte ich eigentlich nur, um gegen den dringenden Rat meiner Freunde und Familie loszufahren. Es war die spannendste, lehrreichste und unterhaltsamste Reise meines Lebens; ein Trip in ein Paralleluniversum, in dem andere Menschen nach anderen Gesetzen leben, sich aber freuen, dass da einfach so ein Weißer vorbeikommt. Falls Sie gerade an Ihrer Löffelliste sitzen, dann setzen Sie eine Reise nach Schwarzafrika mit drauf. Und bitte ohne Reisegruppe. Ich garantiere Ihnen, Sie werden danach die Welt mit anderen Augen sehen. Es ist ohnehin einfach, dort Leute kennenzulernen, aber dank Couchsurfing ist es wirklich ein Kinderspiel. Ich habe großartige Menschen getroffen und mich keine Minute gelangweilt. Die einzige Herausforderung bestand bisweilen darin, veganes Essen zu finden und den Leuten erklärlich zu machen, warum ich keine Tiere esse.

Jedenfalls bereue ich nichts so sehr in meinem Leben wie die Tatsache, dass ich erst so spät mit dem Reisen begonnen habe, und möchte jedem zurufen: Reisen bildet! Auf einer zwölfstündigen Zugfahrt von

Bangkok nach Chiang Mai traf ich auf ein amerikanisches Pärchen, das nach dem College durch Südostasien reiste. Auf den drei Monaten Reise, so sagten sie, hätten sie mehr gelernt als in drei Jahren Studium. Der Mann zum Beispiel saß, als wir uns unterhielten, zum ersten Mal in seinem Leben in einem Zug (!). Und ich habe mir in Bangkok zum ersten Mal die Zukunft weissagen lassen, von einem 74-jährigen, zahnlosen Chinesen im Wat-Pho-Tempel, für 300 Baht. Er vertiefte sich mit einer Lupe in meine Handlinien und lachte dabei immer wieder laut auf. »You are like a horse«, sagte er. »Always running around!«

32. Erfüllen Sie Ihren Kindertraum

Das Eigentümliche am Leben ist, dass es sich selbst am Leben erhalten kann, obwohl jedes Lebewesen sterben muss.

Vielleicht wollen Sie einfach keine Kinder. Wunderbar. Viele meiner Freunde haben keine Kinder und sind sehr glücklich. Oder Sie haben es versucht, und es klappt nicht. Dann überschlagen Sie dieses Kapitel einfach.

Aber vielleicht liegen die Dinge etwas komplizierter. Vielleicht diskutieren Sie seit Jahren mit sich selbst oder Ihrer Partnerin und kommen einfach zu keiner Entscheidung. Oder Ihre Partnerin will so unbedingt Kinder, dass Sie keine Chance haben, sich darüber klarzuwerden, was Sie selbst eigentlich wollen. Oder Sie wollen unbedingt, aber Sie sind Single, oder Ihre Partnerin will nicht oder nur so halb, und Sie wissen selbst nicht, wie wichtig Sie Ihren verrückten Kinderwunsch nehmen sollen. Vielleicht beherrscht dieser Wunsch Ihre Gedanken und hat Sie in die Midlife-Crisis getrieben. Möglicherweise spuken dabei eines oder mehrere der folgenden Argumente durch Ihren Kopf:

– Nur weil der Papst oder die AfD unbedingt wollen, dass ich zum Fortbestehen der menschlichen Art oder des deutschen Volkes beitrage, oder meine Freundin sich unbedingt reproduzieren will, muss ich noch lange kein Vater werden! Ich bin weder eine Ameise noch ein Karnickel, sondern ein selbstbestimmtes Wesen.
– Ich bin jetzt schon völlig erschöpft und überfordert. Wie soll das erst mit einem schreienden Baby werden? Nie mehr durchschlafen! Oder erst wieder in drei Jahren. Großartige Perspektive.
– Gibt es etwas Schlimmeres, als wenn jemand ein Kind in die Welt setzen will, um sich selbst zu ver-

wirklichen oder eine marode Beziehung zu kitten? Kinder sollten niemals Mittel zum Zweck sein. Kein Mensch sollte das sein – bei Kant ist das die oberste moralische Maxime.

– Ich bin über 40. Welches Kind will schon so einen alten Vater? Das ist doch geradezu peinlich! Kinder möchten junge Väter. Das hätte ich mir vor 20 Jahren überlegen können. Oder vor zehn Jahren. Jetzt ist es zu spät.

– Ein Kind – was soll das? Wenn, dann müssten es schon mehrere sein. Aber dafür wird die Zeit nicht reichen. Ein Einzelkind unter der Fuchtel von zwei neurotischen Helikoptereltern – na, vielen Dank! Das ist genau der Grund, warum unser Nachwuchs nur noch smartphonesüchtig und rechtschreibschwach auf dem Sofa herumliegt.

– Kinder sind viel zu teuer; das kann ich mir überhaupt nicht leisten. 300 000 Euro soll ein Kind in den ersten 18 Jahren kosten, habe ich irgendwo gelesen. Oder war es eine halbe Million?

– Braucht man überhaupt Kinder? Viele sind auch ohne Kinder sehr glücklich. Eigentlich *nur* die ohne Kinder. In Glücksstudien schneiden Eltern miserabel ab.

– Wenn wir Kinder haben, müssen meine Partnerin und ich auf jeden Fall die nächsten 20 Jahre zusammenbleiben. Werden wir das? Können wir das? Woher sollen wir wissen, ob wir das können? Und wenn nicht, haben wir ein Scheidungskind produziert!

– Man muss sich nur diese eitlen Eltern angucken, die allen Freunden ungebeten ihre Neugeborenenfotos zumailen, jede Bewegung ihrer Babys mit dem Camcorder dokumentieren und zu YouTube-Videos zusammenschneiden und den ganzen Tag über nichts anderes reden als über ihren Jan-Christopher und ihre Sophie-Charlotte. Möchte ich so werden? Ein Alptraum!

Das klingt auf den ersten Blick alles irgendwie einleuchtend. Ist es aber nicht. Dazu ein paar Beispiele:

– *Viele Eltern sind furchtbar.* Völlig richtig. Für mich persönlich ist die Hölle ein nie endender Elternabend. Erst auf Elternabenden habe ich verstanden, warum manche Menschen zu Amokläufern werden. Aber es gibt ja auch furchtbare Supermarktkunden und Klassikfans, und trotzdem kaufe ich in Supermärkten ein und höre gerne Chopin.

– *Wer Kinder bekommt, sollte nach Möglichkeit zusammenbleiben.* Stimmt. Das kann das Leben übrigens auch vereinfachen, weil schon mal ein Bereich wegfällt, in dem man über Entscheidungen grübeln muss. Wir leben aber auch nicht mehr in den 70ern, wo »Scheidungskind« ein Makel war. In Großstädten wird jede zweite Ehe geschieden, gefühlt zwei Drittel aller Kinder leben in Patchworkfamilien. Es gibt sogar Psychologen, die argumentieren, mehrere Bezugspersonen seien für ein Kind eine Bereicherung. Hätte ich einen handwerklich begabten Bonusvater gehabt, dann bekäme ich heute vielleicht keine Schweißausbrüche, sobald mein Fahrrad einen Platten hat.

– *Nichteltern sind glücklicher.* Das beruht auf Glücksmessungen, in denen Leute auf einer Skala ankreuzen müssen, wann sie sich im Laufe des Tages und bei welcher Tätigkeit wie glücklich gefühlt haben: sehr glücklich – glücklich – nicht so glücklich – gar nicht glücklich – unglücklich. Nennen Sie dazu eine Zahl zwischen eins und sieben. Oder eins und hundert (noch präziser!). Bleiben nur drei kleine Fragen: Ist Glück eine Zahl? Was soll man mit so einer Zahl anfangen, wenn man nicht einmal weiß, was Glück ist oder was andere darunter verstehen? Und davon wollen Sie Ihre vielleicht wichtigste Lebensentscheidung abhängig machen?

– *Kinder sind zu teuer.* Jetzt alle mal laut loslachen! Wie kommt es dann, dass die Menschen in Ländern, die nur über 1 Prozent unseres Wohlstands verfügen, fünfmal so viele Kinder haben wie wir? Wie können die sich das »leisten«? Und warum haben auch in Deutschland Menschen aus den unteren

Einkommensklassen deutlich mehr Kinder als Ange-
hörige der Mittelschicht? Kinder müssen mit und in
den Verhältnissen ihrer Eltern leben; wie »teuer« sie
sind, hängt nur davon ab, wie viel Geld wir für sie
ausgeben. In keinem Bereich kann man wohl mit
Öko-Bio-Premium-Produkten so viel Geld verlieren
und mit Secondhand so viel Geld sparen wie bei
Kindermöbeln und -klamotten. Weder müssen Sie
Ihrem Siebenjährigen eine Original-Slimfit-Stone-
washed-Diesel-Jeans kaufen noch Ihrem Zwölf-
jährigen das iPhone 7 – auch nicht zu Weihnachten!
Im Übrigen werden Sie, sobald Sie Kinder haben,
sowieso von Verwandten und Freunden mit Geschenken und Müll überladen werden (oft lassen sich
beide Kategorien nicht exakt trennen).

– *Kinder möchten weder Einzelkind sein noch alte
Eltern haben.* Völlig richtig. Es ist nur nicht ganz
logisch, sich auf Argumente zu beziehen, die das
Kind vielleicht geäußert hätte, wenn es auf die Welt
gekommen wäre – denn genau diese Chance gibt
man ihm ja nicht. Es kann überhaupt nur eine begrenzte Rolle spielen, was *Kinder wollen. Denn Kinder sind maßlos, sie wollen alles*: groß sein wie Dirk
Nowitzki, stark wie Captain America, reich wie Bill
Gates, mächtig wie ein Kaiser, schön wie ein Model,
dazu 1000 Euro Taschengeld im Monat und jeden
Tag dreimal Pommes und viele Kugeln Vanilleeis.

Das ist so niedlich wie irrational. Wollen wir uns auf diese Argumentationsebene begeben? Und ist die Tatsache, dass man etwas nur suboptimal haben kann, ein plausibler Grund dafür, ganz darauf zu verzichten?

– *Ich bin zu alt.* »Der beste Moment, einen Baum zu pflanzen, war vor 20 Jahren. Der zweitbeste Moment ist jetzt«, sagt man in Afrika. Natürlich plädiere ich nicht für die Fritz-Wepper-Lösung, mit 70 noch Vater zu werden (und mit 84 auf die Konfirmation zu humpeln!). Aber Sie sind ja noch nicht 70. Und es gibt auch sehr glückliche Einzelkinder. Meine Eltern hätten jede Menge Gründe gehabt, mich nicht mehr als drittes Kind zu bekommen: Die Wohnung war zu klein, sie hatten zu wenig Geld, mein Vater war so schon überfordert von seinen zwei Berufen (Lehrer und Schriftsteller), und meine Geschwister waren auch nicht scharf auf einen kleinen, hyperaktiven Bruder. Und? Wäre ich deswegen lieber nicht zur Welt gekommen?

– *Kinder sollten niemals zur Selbstverwirklichung ihrer Eltern dienen oder dazu, ihre Beziehung zu retten.* Auch richtig. Nur klingt das so, als könne es vernünftige und unvernünftige »Argumente« geben, Kinder in die Welt zu setzen, und als sei man erst dann »berechtigt«, Kinder zu wollen, wenn man genügend »vernünftige Argumente« beisammenhabe. Aber der

Begriff des vernünftigen Arguments ist hier fehl am Platz. Der Wunsch nach Kindern ist platziert im limbischen Teil unseres Gehirns, in dem, was der englische Neuropsychologe Steve Peters den »inneren Schimpansen« nennt. Der Schimpanse in uns will essen, trinken, schlafen, es warm haben, in einer Herde leben, gelobt werden und sich vor Gefahren schützen. Er will Sex – und er will Kinder. Über all diese Bedürfnisse, Wünsche, Triebe, Instinkte kann man nicht »diskutieren«. Gibt es einen vernünftigen Grund, zu essen, wenn man Hunger hat? Wir können das Wesen, das wir in die Welt setzen, nicht fragen, ob es damit einverstanden ist, wir können mit ihm keinen Vertrag schließen oder in seinem Auftrag handeln. Wir können von ihm keine Dankbarkeit erwarten, das stimmt – aber wir müssen uns vor ihm auch nicht rechtfertigen. Dies ist der Gang des Lebens. Es gibt keinen »vernünftigen Grund«, am Leben zu sein oder Leben zu erzeugen.

– *Kinder sind zu anstrengend.* Woher wissen Sie das? Ich kann das nicht bestätigen. Meine Kinder haben nachts praktisch nie geschrien. Auch tagsüber kaum (bis auf die Trotzphase – da muss man durch). Und wenn sie nachts mal gequakt haben, trug ich sie ein bisschen durch die Wohnung und sang ihnen ein afrikanisches Schlaflied vor – und sie haben sich wieder beruhigt. Für mich gehörten gerade diese

Momente zu den rührendsten der Elternschaft. *Jedes Kind kann schlafen lernen* heißt ein Bestsellerratgeber, und nach meiner Erfahrung stimmt das sogar. Man muss nur brav das tun, was die Autoren Annette Kast-Zahn und Hartmut Morgenroth vorschlagen. Natürlich haben Kinder viel Energie und sind oft unglaublich lebendig. Das bedeutet aber auch, dass sie eine Atmosphäre der Lebendigkeit um sich herum verbreiten, dass sie einen aufwecken, aufputschen, anregen, fröhlich machen. Gerade das habe ich immer total genossen.

– *Meine Partnerin will nicht, und das muss ich akzeptieren.* In der Tat, das müssen Sie. Nur: Wenn es einen guten Grund gibt, sich von seiner Partnerin zu trennen, dann den, dass man in dieser Frage unterschiedlicher Meinung ist. Alles andere werden Sie in zehn Jahren bitter bereuen.

– *Es gibt keine staatsbürgerliche oder beziehungsmäßige »Pflicht«, Kinder zu bekommen.* Natürlich gibt es die nicht! Und ich mag Beatrix von Storch auch nicht. Aber ich kann auch Hitler nicht leiden und bin trotzdem Vegetarier. Ich verabscheue Hooligans und gucke trotzdem gerne Fußball. Nur weil unsympathische Leute bestimmte Dinge sagen oder tun, heißt das noch nicht, dass es kategorisch falsch wäre, diese Dinge zu tun.

Ich wäre vor 25 Jahren bei einem Gewitter fast ums Leben gekommen. In dem Moment, wo der Blitz einen Meter von mir entfernt einschlug, hatte ich die Vision, wie ich in einem Garten mit meinen eigenen Kindern spiele. Seitdem wusste ich, dass ich Kinder will. Sie haben unglaublich viel Glück in mein Leben gebracht. Um keinen Preis der Welt hätte ich auf sie verzichten mögen. Wenn Sie einen Kindertraum haben, dann versuchen Sie, ihn sich zu erfüllen! Das kann immer noch schiefgehen. Aber den Versuch ist es wert.

IV.
Sich entscheiden

Auch der, der sich nicht entscheiden kann,
kann sich nicht nicht entscheiden.

Ich bin Spezialist im Hinausschieben und Verkompli-
zieren von Entscheidungen. Brauche ich neue Laut-
sprecherboxen, kann ich Tage damit zubringen, Rezen-
sionen und Testberichte zu lesen, bei Bekannten und
Freunden Rat einzuholen, in verschiedenen Musikge-
schäften stundenlange Verkaufsgespräche zu führen –
um am Ende nichts zu kaufen. Ich habe keine Ahnung,
wie ich es geschafft habe, mich für eine Wohnung zu
entscheiden.

Vielleicht ist der erste Schritt, sich einzugestehen,
wie schwierig es ist, Entscheidungen zu treffen. Barry
Schwartz hat darüber ein schönes Buch geschrieben:

The Paradox of Choice. Why More ist Less (deutsch: *Anleitung zur Unzufriedenheit. Warum weniger glücklicher macht*). Zu viele Wahlmöglichkeiten überfordern uns, die Überforderung lähmt uns, die Lähmung macht uns unglücklich.

Ins Unermessliche steigt die Schwierigkeit, wenn die Entscheidung endgültig ist, es um eine wichtige Sache geht, die Alternativen weit auseinanderliegen und wir wenig über sie wissen. All das trifft leider auf die vier großen Lebensentscheidungen zu: Wo wollen wir leben? Mit wem? Wovon? Und mit wie vielen Kindern?

Wir sind in der Midlife-Crisis. Wir haben alle diese Entscheidungen schon einmal getroffen. Offenbar bereuen wir einige davon, sonst wären wir nicht in der Krise. Im schlimmsten Fall bedauern wir sogar alle vier, oder wir wissen nicht mal genau, welche davon. Wir wissen nur, dass unser Unglück uns nicht schlafen lässt und weder Schokolade noch Alkohol helfen. Und jeder einzelne Schritt, der ansteht, lässt uns schwindelig werden.

Das ist normal. Machen Sie sich als Erstes klar, dass Sie nur ein Problem auf einmal lösen können. Das ist interessanterweise der einzige Satz, den ich von meinem ersten Politikprofessor Joachim Raschke im Kopf behalten habe: dass politische Systeme immer nur ein Problem auf einmal bearbeiten können. Das gilt umso mehr für unser Leben. Wir können uns trennen, einen neuen Job suchen und umziehen; aber nicht alles gleichzeitig.

Hier kommen meine acht goldenen Regeln für das Treffen großer Lebensentscheidungen unter den erschwerten Bedingungen der Midlife-Crisis. Wir haben nur noch eine Kugel im Revolver, es herrscht Nebel, und leider haben wir die letzten 40 Jahre versäumt, Schießen zu üben. Scheiß drauf! Immerhin haben wir noch den Revolver und eine Patrone.

33. Überlegen Sie gut

Erst wer alles berechnet hat,
traut am Ende seinem Herzen.

Sie können, ohne lange zu überlegen, mit Tennis und Spanisch anfangen, eine Diät beginnen, sich die Zähne bleichen lassen, sich einen Maßanzug kaufen, in ein Fitnessstudio gehen und alle Ihre Freunde besuchen. Spontaneität macht glücklich, sie ist unser Lebenselixier. Bedauerlicherweise gilt das nicht für große Lebensentscheidungen. Wenn Sie kündigen, sich trennen oder auswandern wollen, sollten Sie vorher gründlich darüber nachdenken – allein schon, um die folgenden Proteststürme zu überstehen.

- *Informieren Sie sich.* Wenn Sie Filmemacher werden wollen, reden Sie mit Filmemachern. Wenn Sie ein IT-Start-up gründen wollen, reden Sie mit IT-Start-Uppern. Wenn Sie auswandern wollen, dann interviewen Sie Auswanderer und informieren sich über die *aktuellen* Einwanderungsbestimmungen. Eine Freundin von mir hatte bereits ihre gesamte Habe verkauft und auch ihre Wohnung weitervermietet (an mich!) und war mit zwei schweren Koffern nach Toronto geflogen – nur um dort festzustellen, dass die kanadische Regierung die Einwanderung gerade so erschwert hatte, dass sie keine Chance mehr darauf hatte. Fahren Sie auf Messen und Kongresse, lassen Sie sich beraten und stellen Sie dumme Fragen (die meisten Leute fühlen sich geehrt, wenn sie gefragt werden). Um meinen dritten Roman zu schreiben, wurde ich 2007 Mitglied des Writers Room in Hamburg – das ist ein Großraumbüro, in dem knapp 50 Autoren arbeiten. Lauter Leute in meinem Alter, die bereits Schriftsteller *waren*. Es war eine ziemliche Mutprobe, mich dort zu bewerben und hinzugehen. Aber alle waren wahnsinnig nett und mir eine große Hilfe (der Roman ist übrigens trotzdem nicht erschienen – heute würde ich sagen, zu Recht).

- *Erwägen Sie alle Alternativen.* Bevor Sie sich die Augen lasern lassen, weil Ihre Brille Sie nervt, probieren Sie erst mal Kontaktlinsen aus. Bevor Sie nach Indonesien auswandern, wohnen Sie dort erst mal drei Monate. Bevor Sie Ihren Job kündigen, bitten Sie Ihren Chef um eine Gehaltserhöhung, fragen Sie ihn, ob Sie von zu Hause arbeiten können, oder sagen Sie ihm, dass Sie Ihre Kollegin einfach nicht mehr ertragen. Sie haben eh nichts zu verlieren und werden sich vielleicht wundern, wie offen die anderen werden, wenn Sie fürchten müssen, Sie zu verlieren. Dasselbe gilt für Ihre Beziehung. Haben Sie schon ein Paarcoaching versucht? Vielleicht entstanden all die Konflikte nur aus Missverständnissen. Oder stellen Sie Bedingungen. Wer gehen will, kann verhandeln.

- *Seien Sie ehrlich zu sich selbst.* Die Midlife-Crisis ist der Moment für ein Tagebuch – das einzige unzensierte Medium der Welt. Führen Sie ein Entscheidungstagebuch. Fertigen Sie Pro- und Contra-Listen an und zerpflücken Sie sie wieder. Schreiben Sie alles auf – alles.

- *Fallen Sie nicht auf den Ratgebertrick herein.* In Krisensituationen neigen wir dazu, irgendeine Kurzschlussentscheidung zu treffen und dann einen

Freund um Rat zu bitten, der wie durch ein Wunder genau diese Entscheidung stützt. Warum? Erstens haben wir den Freund danach ausgesucht, was er uns vermutlich raten wird; zweitens haben wir ihm genau die Informationen zukommen lassen, die gar keinen anderen Schluss zuließen. Der Freund nimmt genau die Position ein, in die wir ihn hineinmanövriert haben. Eine klassische Selbstüberlistung.

- *Hören Sie sich selber zu.* Es ist nicht sinnlos, mit anderen zu sprechen; das Entscheidende ist aber nicht das, was der andere sagt, *sondern das, was Sie sagen* – und *wie* Sie es sagen. Hören Sie sich beim Sprechen zu: Wie klingt Ihre Stimme? Finden Sie sich überzeugend, wenn Sie die Sätze aus Ihrem Tagebuch erstmals laut aussprechen? Wie reagieren Sie auf die klassische Grundfrage »Aber was willst du denn eigentlich?«. Kommt die Antwort aus dem Kopf, aus einem Phrasenschatz oder aus Ihrem Herzen?

- *Führen Sie Gedankenexperimente durch.* Was würden Sie tun, wenn Sie erführen, dass
  - Ihre Frau sich schon lange von Ihnen trennen will, es aber aus Rücksicht auf Sie unterlassen hat?
  - Ihre Firma auch ohne Sie existieren kann?
  - Sie mit Ihrer Herzenstätigkeit Geld verdienen könnten?
  - Sie nur noch ein Jahr zu leben hätten?

- *Weiten Sie Ihren Horizont.* Ihr Fehler war, aus Ängstlichkeit das Naheliegendste gemacht zu haben. Wollen Sie genau diesen Fehler wiederholen und wieder die allernächste Alternative wählen? Ihre Freiheit ist unendlich viel größer, als Sie glauben. Setzen Sie sich einen Moment diesem Schwindelgefühl aus. Der Blick auf das eigene Leben von einem Wolkenkratzer aus hat etwas Erhabenes.

- *Sortieren Sie Totschlagargumente aus.* Ein Freund von mir ist seit Jahren todunglücklich mit seiner Frau und hat glückliche Affären mit anderen Frauen. Aber er lehnt eine Trennung mit dem Argument ab, in kurzer Zeit würde aus der glücklichen Affäre wieder eine todunglückliche Ehe werden, aus der er dann wieder in eine glückliche Affäre flüchten würde. Da könne er gleich alles so lassen, wie es ist. Ich möchte ihn immer schütteln, wenn er dieses Argument bringt, denn es gilt immer – und daher nie.

  Die schlimmstdenkbare Ehehölle ließe sich damit rechtfertigen. Nach Jahren des Kampfes hängen Beziehungspartner oft ineinander verkeilt wie Boxer in der zwölften Runde – nur, dass es am Ende keinen Sieger geben wird, sondern beide verlieren. Wir müssen uns fragen: Hätte ich diesen Partner gewählt, wissend, dass es so enden würde? Und wenn ich wüsste, dass es immer so bleibt und sich niemals ändern wird (genau das ist am wahrscheinlichsten), will ich dann noch weitermachen?

Ein ähnliches Totschlagargument: »Ich hasse meinen Job, aber wenigstens ist er sicher« (das Lehrerargument). Sicher ist tatsächlich das sichere Einkommen (und dass man sich daher nie darüber freuen wird). Sicher ist, dass man niemals aus dem Nichts ein höher dotiertes anderes Jobangebot bekommen wird. Sicher ist also, dass man so gesehen keinen Ausweg aus dem verhassten Job finden wird. »Knoten« nannte Ronald D. Laing in seinem gleichnamigen Buch diese Denkmuster der Selbstblockade: *Es geht mir schlecht. Wenn ich etwas ändere, könnte es mir noch schlechter gehen. Also ändere ich nichts. Dann weiß ich wenigstens, dass es mir nur schlechtgeht, und nicht noch schlechter.* So lässt sich jede gute Idee totreden.

- *Erkennen Sie Ihren Jammergewinn.* Sich andauernd zu beklagen, aber nie etwas zu ändern, erscheint paradox – kann aber seinen eigenen Nutzen stiften. Tom Diesbrock schreibt in *Ihr Pferd ist tot? Steigen Sie ab!*: »Ich treffe ziemlich oft auf Menschen, die es ganz normal finden, dass man seinen Job nicht mag. Denn in ihrem Bekanntenkreis gibt es kaum jemand, der mit seiner Arbeit zufrieden ist. Wahrscheinlich ist dies auch kein Zufall, suchen wir doch unbewusst immer die Gesellschaft von Menschen, die unser Weltbild teilen und damit bestätigen. Nicht selten sind sich Teams, Abteilungen oder Belegschaften ganzer Firmen darin einig, dass ihre Arbeit sinnlos und unbefriedigend ist. Das Klagen darüber schafft Zusammengehörigkeit und jedem ein wohliges Gefühl.«

Man könnte es Jammergewinn nennen. Aber möchten Sie wirklich ein Jammergewinner sein? Sie möchten es nicht, und Sie müssen es nicht. Sie können einfach ehrlich zu sich selber sein und sagen: »Ich habe es mir gut überlegt, ich möchte mein Leben neu beginnen – meinen Job kündigen, mit Sport anfangen, 20 Kilo abnehmen, meine furchtbare Beziehung beenden, eine Weltreise machen, weit wegziehen. Aber ich traue mich nicht. Ich habe Angst, mir wird schwindelig und übel, wenn ich nur daran denke.«

Das ist alles völlig normal. Sie haben es fast geschafft. Halten Sie durch. Sie müssen sich jetzt nur selber beistehen. Und das können Sie.

34. Entschließen Sie sich

Ein Sturm ist großartig, solange man nicht
im kleinen Paddelboot sitzt.

Irgendwann sind Sie nur noch in Grübelschleifen gefangen. Die Argumente kreisen in Ihrem Kopf, und Sie
haben keine Ahnung, wie Sie jemals von der bloßen
Idee zu einer handfesten Entscheidung gelangen können, zu der Sie stehen, indem Sie sie laut verkünden.
Dafür brauchen Sie zwei Dinge: Willenskraft und Gewissheit.

Manchmal hilft lesen. Es gibt Bücher, die ein wahres
Wunderwerk an Inspiration und Ermutigung für mich
waren. Zum Beispiel *Evil plans: Have Fun on the Road
to World Domination* von Hugh McLeod, einem amerikanischen Blogger und Cartoonisten, *Ihr Pferd ist tot?
Steigen Sie ab!* vom Hamburger Coach Tom Diesbrock,
Paul Watzlawicks *Anleitung zum Unglücklichsein* und
Tom Hodgkinsons *Die Kunst, frei zu sein.* Am allerhilf-
reichsten waren allerdings für mich die 72 Lebenskarten von Barbara Völkner (www.lebenskarten.de). Es
sind kleine, liebevoll handgezeichnete Karten, auf
denen immer nur ein Satz steht, in bunten Farben und

zwischen freundlichen, kindlich-positiven Illustrationen. Sätze wie: »Jede Türe, die ich öffne, ist der Beginn eines neuen Abenteuers.« – »Nichts bleibt, wie es ist.« – »Loslassen bringt Gelassenheit.« – »Ich stehe zu meinen Entscheidungen.« – »Weg mit den alten Geschichten. Ich schreibe jetzt neue.« In all der schwierigen Zeit zwischen Überlegen, Grübeln, Entscheiden und Erklären waren diese Karten in ihrer Schlichtheit und Klarheit eine riesige Hilfe für mich.

Natürlich helfen endlose Gespräche mit alten Freunden, um zu Willenskraft zu gelangen, ebenso wie konzentrierte Gespräche mit einem guten Coach. Es ist auch beruhigend, sich klarzumachen, dass auch Nichtentscheiden eine Entscheidung ist und wir grundsätzlich zu wenig wissen. Wir können nicht jeden Lebenszweig einmal zu Ende leben, um dann zu entscheiden, welcher uns am besten gefällt.

Darüber können wir lange lamentieren. Aber an irgendeinem Punkt merken wir interessanterweise, dass unser Gerede, dass wir uns nicht entscheiden könnten, gar nicht stimmt, weil wir uns nämlich längst entschieden haben – uns zu trennen, zu kündigen, auszuwandern, was auch immer. Wir haben nur noch nicht den Mut, es den anderen zu sagen. Und das müssen wir auch nicht. Das Beste, was wir jetzt tun können, ist, zu beobachten, wie sich die Entscheidung *in uns entwickelt*, ohne dass jemand davon etwas weiß. Das ist ein guter Test: Lassen Sie ein paar Wochen ins Land gehen und schauen Sie, ob es Momente gibt, wo Sie es sich anders überlegen, bereuen oder zurückrudern wollen.

Das ist sehr wichtig – und bringt uns zugleich in eine schizophrene Situation. Denn die Menschen um uns herum ahnen natürlich nicht, dass wir innerlich schon über alle Berge sind. In ihren Handlungen drückt sich die klare Erwartung aus, dass alles immer so weitergehen wird, während wir bereits wissen, dass dies vermutlich nicht der Fall sein wird und die anderen in eine riesige Enttäuschung hineinrennen.

Diese Schizophrenie müssen wir aushalten, auch wenn sie uns zynisch erscheinen mag. Sie ist nicht zynisch, sondern notwendig. Was sollen die anderen schon auch mit einem Satz anfangen wie »Ich überlege zu kündigen«, »Ich denke darüber nach, mich zu trennen« oder »Ich erwäge auszuwandern«? Nur durch den Entscheidungstest über einen längeren Zeitraum können wir die nötige Gewissheit gewinnen, *dass wir es wirklich wollen*. Dann erst können wir überlegen, wann wir es wem wie sagen. Das will gut überlegt sein. Denn nach meiner Erfahrung ist es das Allerschwierigste von allem.

35. Erklären Sie sich

Frag nicht deinen Friseur, ob du einen neuen Haarschnitt brauchst.

Erwartungen sind stark. Sie strukturieren unser Leben. Wir erwarten permanent Dinge von uns und anderen. Erwartungen sind nicht irgendwelche zufälligen psychischen Befindlichkeiten – nein, sie sind *unsere Realität*. Es ist nicht einmal der Wille der anderen, sondern ihre pure Erwartung, die es uns so schwermacht, irgendetwas zu ändern oder überhaupt nur über eine Veränderung nachzudenken; als lebten wir im Gefängnis ihrer Erwartungen. Das Gesetz, dass uns nichts so sehr Freude macht, wie anderen Freude zu bereiten, kehrt sich gegen uns: indem wir nichts so sehr fürchten, wie andere zu enttäuschen, ihre Welt zusammenstürzen zu lassen. Wir befürchten das Schlimmste: Fassungslosigkeit, Verzweifung, Wut, Verachtung.

Aber diese Furcht ist nur ein Gedanke. Es muss nicht so kommen. Es hängt nicht zuletzt davon ab, wie wir unsere Entscheidung, unser Leben zu ändern, den anderen mitteilen. Wir stehen dabei vor drei Aufgaben: 1. Uns vor etwaigen Angriffen innerlich zu wappnen.

2. Es den anderen so zu sagen, dass es ihnen leichter fällt, es zu akzeptieren. 3. Den Mut für diesen Schritt zu finden.

Wer einen Abschied vorbereitet, wird sich in ewigen inneren Rechtfertigungsreden ergehen, auch wenn er gar nicht weiß, wie die anderen reagieren werden und ob eine »Verteidigung« oder »Rechtfertigung« überhaupt notwendig sein wird. Entscheidend ist aber, dass wir uns gar nicht rechtfertigen müssen. *Wir dürfen tun, was wir tun wollen.* In klassischer und präziser Weise hat Fritz Perls, der Gründer der Gestalttherapie, diese Gedanken formuliert:

»Ich tue meine Sachen und du tust deine Sachen.

Ich bin nicht auf der Welt, um deine Erwartungen zu erfüllen, du bist nicht auf der Welt, um meine Erwartungen zu erfüllen.

Du bist du und ich bin ich.

Wenn wir uns durch Glück finden, ist es wunderbar.

Wenn nicht, lässt es sich nicht ändern.«

Unglücklicherweise mutieren Menschen, die eine Gestalttherapie durchlaufen haben, oft zu asozialen Autisten, die eine Spur der Verwüstung hinter sich herziehen. Das ändert aber nichts an der Richtigkeit von Perls Sätzen. Es ist fundamental, sich ihre Wahrheit vor Augen zu führen – für uns und für die anderen. Denn wenn wir das Gefühl haben, eigentlich nicht zu dürfen, was wir wollen, geschehen merkwürdige Dinge:

Wir hassen uns dafür, etwas Verbotenes zu tun; wir hassen den anderen dafür, dass er es uns vorhalten wird; wir rechtfertigen es vor uns selbst, indem wir uns in Vorwürfe gegen den anderen hineinsteigern und umfangreiche Anklagereden gegen ihn formulieren; am Ende zwingen wir den anderen, sich gegen diese Vorwürfe zu verteidigen, und enden in einem Krieg. *Stopp – alles unnötig!* Manche mögen es nicht glauben, aber eine Trennung (sei es von der Frau, vom Unternehmen, von Geschäftspartnern, Kollegen oder politischen Weggefährten) ist auch ohne Vorwürfe und Schlammschlachten möglich. Sich begeistert zu vereinen ist einfach; die wahre Kunst besteht darin, sich friedlich zu trennen.

Hier mein Drei-Stufen-Plan dafür:

Stufe 1: Schreiben Sie einen Trennungsbrief. Schreiben Sie alles hinein, was Sie dazu bringt, hier aufhören und woanders anfangen zu wollen. Zensieren Sie nichts. Seien Sie rückhaltlos aufrichtig. Trauern Sie um den Verlust. Beschreiben Sie auch Ihre Wut – alles. Niemand außer Ihnen wird den Brief je lesen.

Stufe 2: Überlegen Sie, was davon Sie dem anderen wirklich sagen wollen. Was wird er verstehen, was akzeptieren können? Was wäre bloßes Nachtreten, würde ihn zutiefst kränken und verletzen? Und was würde zu einem unbefristeten Krieg führen? Beginnen Sie den Brief damit, wie alles anfing, erklären Sie Ihren Sinneswandel und führen Sie das auf, was der

andere nachvollziehen und annehmen kann. Am
Ende – das ist entscheidend – bedanken Sie sich. Ob
eine Ehe, ein Chor, ein Sportverein, eine Firma, eine
Theatergruppe, eine Partei – es wird immer unendlich
viel geben, was Sie dort gelernt und genossen haben.
Es gibt nichts Rührenderes als ernstgemeinter Dank.
Sie schlafen drei Nächte über dem Brief, dann korri-
gieren Sie ihn (vermutlich werden Sie ihn abmildern).
Aber auch dann schicken Sie ihn nicht ab – weder per
Post noch per Mail.

Stufe 3: Es gibt nur eine Möglichkeit, sich in Respekt
von jemandem zu trennen: im persönlichen Gespräch.
Sonst können Sie auch gleich von einem Anwalt den
Krieg erklären lassen. Formulieren Sie das, was Sie
sagen wollen, vorher im Kopf. Formulieren Sie nicht
nur, sprechen Sie es laut aus! Sagen Sie es einem
Stuhl oder einem sehr guten Freund oder einem Therapeuten oder Coach. Hören Sie sich dabei zu. Wahrscheinlich werden Sie viel zu viel sagen wollen. Die
Ankündigung, dass Sie gehen, wird Schock genug
sein. Lassen Sie den anderen darauf erst einmal
reagieren. Und wenn es passt, dann lesen Sie dem
anderen auf Nachfrage den Brief vor. Vielleicht werden
Sie noch beim Vorlesen Passagen weglassen oder abmildern. Zu Hause formuliert es sich immer leichter
und schärfer als von Angesicht zu Angesicht. (Deshalb
sollen Sie den Brief ja nicht abschicken.)

Sie werden sich die ganze Zeit fragen, wie der andere reagieren wird. Rechnen Sie damit, dass er nicht nur eine Reaktion zeigen wird, sondern verschiedene – nacheinander. Wenn Ihre Ankündigung gar keine Trauer auslöst, sollten Sie sich schon fragen, was Sie falsch gemacht haben (oder warum Sie überhaupt so lange geblieben sind). Wenn der andere es aber traurig findet, dass Sie gehen, dann müssen Sie mit den fünf Trauerphasen rechnen, die Elisabeth Kübler-Ross unterscheidet: Fassungslosigkeit – Wut – Aufbegehren – Verzweiflung – Akzeptanz. Die meisten davon werden Sie irgendwann erleben.

Das ist leider nur ein schwacher Trost. Ich habe nach Trennungen schon alles Mögliche erlebt, vom kompletten Kontaktabbruch über höfliche Distanz bis zur herzlichen Freundschaft. Sie können nicht erwarten, dass es so ausgeht wie im Film *Melinda and Melinda* von Woody Allen, wo der Ehemann seine Frau mit seinem besten Freund im Bett vorfindet – und jubelnd aus dem Zimmer stürmt, weil er sich ohnehin schon lange von ihr trennen wollte.

Die entscheidene Frage ist, wie Sie den Mut finden, Ihren Abschied zu verkünden, obwohl Sie sich ausmalen, dass der andere Sie hasserfüllt beschimpfen und nie wieder mit Ihnen sprechen wird. Nichts davon ist ausgeschlossen. Das heißt, Sie brauchen wirklich Mut. Und das ist etwas, was uns in unserem Alltag und in unserem Leben praktisch nicht mehr abgefordert wird. Wir sind es nicht gewohnt, wir haben es nicht geübt, wir fühlen uns überfordert und haben Angst.

Vielleicht helfen Ihnen die folgenden schönen Sätze kluger Menschen weiter (mir haben einige von ihnen geholfen):

»Mut steht am Anfang des Handelns, Glück am Ende.« (Demokrit) – »Wer nichts wagt, der darf nichts hoffen.« (Schiller) – »Wer Großes versucht, ist bewundernswert, auch wenn er fällt.« (Seneca) – »Ein Pfund Mut ist mehr wert als eine Tonne Glück.« (James Abram Garfield) – »A ship in harbor is safe, but that is not what ships are built for.« (John A. Shedd – mein Lieblingszitat zum Thema)

Sie können sich auf YouTube die Rede von Steve Jobs auf der Abschlussfeier der Stanford University im Juni 2005 anhören, in der er unter anderem sagt: »Ihre Zeit ist begrenzt, also verschwenden Sie sie nicht damit, das Leben eines anderen zu leben. Lassen Sie sich nicht von Dogmen in die Falle locken. Lassen Sie nicht zu, dass die Meinungen anderer Ihre innere Stimme ersticken. Am wichtigsten ist es, dass Sie den Mut haben, Ihrem Herzen und Ihrer Intuition zu folgen. Alles andere ist nebensächlich.«

Sie können sich in die Lebenskarten von Barbara Völkner vertiefen, »It's my life« von Bon Jovi hören oder »I am what I am« von Gloria Gaynor. Am Ende stehen

Sie auf dem Zehn-Meter-Brett, unter Ihnen ganz tief
das Wasser, dazwischen ein Abgrund, und zwischen
der Idee vom Sprung und dem Sprung selbst stehen
Sie. Ich bin für eine Romanrecherche vor zwei Jahren
vom Zehner gesprungen (zum ersten Mal im Leben).
Ich stand da oben und wollte wieder herunterklettern.
Da hatte ich folgenden Gedanken: Wenn ich wieder
herunterklettere, werde ich irgendwann wieder hoch-
klettern und genau dasselbe sehen wie jetzt. Die
Schwierigkeit wird um nichts geringer sein. Dann kann
ich auch jetzt springen. Und ich sprang, tauchte tief
ins Wasser ein, und als ich wieder auftauchte, durch-
flutete mich ein Gefühl von purem Glück. Das ist alles,
was ich Ihnen versprechen kann: Wenn Sie es hinter
sich haben, werden Sie wahnsinnig erleichtert sein.

36. Gehen Sie nicht in die Abwertungsfalle

Ich kann mich erst wieder gut finden, wenn ich den,
der mich nicht gut findet, nicht gut finde.

Manche Menschen klammern sich ihr Leben lang an
das Stück Treibholz, auf dem sie zur Welt gekommen

sind, und schwimmen darauf den großen Fluss hinunter bis zum Wasserfall. Das war dann ihr Leben.

Die anderen schwimmen an Land, kaufen sich einen Jeep mit Allradantrieb und Navi und fahren zu den 111 Orten, die sie auf jeden Fall noch sehen wollen. Auch in Deutschland gibt es solche Menschen. Zumindest gab es sie. Aber die meisten von ihnen sind damals ausgewandert: in die USA, nach Kanada, Australien oder Südamerika. Welcher unternehmungslustige Abenteurer und freiheitsliebende Visionär wäre schon freiwillig in Preußen geblieben, im Kaiserreich, bei den Nazis oder in der DDR?

Wir sind die Nachkommen der Dagebliebenen, der Angsthasen und Bedenkenträger. Auswandern? Aber ich kann doch gar kein Englisch! Finde ich da überhaupt Arbeit? So schlecht behandelt mich mein Gutsherr doch gar nicht – es gibt viel schlimmere. Hab ich jedenfalls gehört … Zu Weihnachten gibt es zwei Pfennige extra, und sowieso kann man auch als Knecht glücklich sein. Hochmut kommt vor dem Fall. Die Sonne scheint für die Bescheidenen. Ich bleib lieber da, wo ich bin.

Das ist unsere Kultur. Amerikas Aufbruchsgeist gilt uns wahlweise als hoffnungslos naiv oder als raffinierte Ideologie von Wölfen (dass viele unserer geliebten Filme, Bücher und Songs auch aus diesem Land kommen, verdrängen wir). Wir erwarten unser bescheidenes

Glück von anderen: Weihnachtsgeld vom Arbeitgeber, Rente von der Sozialversicherung, Kindergeld vom Staat und Samstagabend Jörg Pilawa.

Daher spielt sich bei den wenigen, die ihr Leben wider Erwarten doch noch verändern wollen, immer dasselbe Drama ab.

Erster Akt: Sie erkennen schockartig, dass Sie Ihr halbes Leben lang auf den inneren Schönredner hereingefallen sind, und entschließen sich in einer Art Lebenseuphorie, sich nie wieder mit dem Erstbesten abspeisen zu lassen: »Nie wieder Pauschalurlaub mit lauwarmen Pommes frites! Ich werde zehn Kilo abnehmen, mit Sport und Krafttraining anfangen, mir schicke Klamotten kaufen und mich von der Frau trennen, die mir schon seit Jahren auf die Nerven geht. Ich werde aufhören, meine Zeit mit Internet, Facebook und Günther Jauch zu verschwenden, meinen Bürojob kündigen, mich selbständig machen und die Welt bereisen. Ich werde lernen, *Ich*, *Nein* und *Jetzt* zu sagen. Nichts kann mich aufhalten. Heute ist der erste Tag vom Rest meines Lebens. Ich gehe den Weg meines Herzens.«

Zweiter Akt: Sie erzählen voller Überschwang von Ihren Plänen und Vorsätzen. Aber zu Ihrem Erstaunen ist sonst niemand davon begeistert. Im Gegenteil: Sie ernten besorgtes Kopfschütteln, Unverständnis oder gar unverhohlene Ablehnung. Meist erntet man eine Predigt der Weltbedenkenträger, die etwa so lautet:

»Job kündigen – bist du noch bei Trost? Weißt du, wie viele Start-ups scheitern? Hast du eine Ahnung, was auf dem Arbeitsmarkt los ist? Wie groß sind denn deine Rücklagen? Hast du nicht sogar 'ne Hypothek laufen?

Sport? Vorsicht! Weißt du, wie häufig Sportverletzungen in deinem Alter sind? Krafttraining ist was für 20-Jährige. Willst du aussehen wie 'n Türsteher? Das passt doch überhaupt nicht zu dir.

Und mit deiner Beziehung – hast du dir das auch gut überlegt? Ihr passt doch gar nicht so schlecht zusammen. Vielleicht hast du nur Bindungsangst? Man kann sich mit zu hohen Ansprüchen auch alles schlechtreden und kaputtmachen. Wollt ihr nicht einfach mal ein Wochenende zusammen in den Harz fahren?

Und jeder weiß: Auswanderer sind eigentlich immer unglücklich. Kommen nie wirklich an, gelten immer als Fremde, vermissen ihre Muttersprache, den Laternenumzug und die Weihnachtslieder. Überleg's dir gut, ehe du jetzt dein gesamtes Leben einreißt und es nachher bitter bereust. Willst du nicht lieber mal richtig ausschlafen und mit Yoga anfangen? Das Glück liegt in den kleinen Dingen! Dazu kann ich dir ein Buch empfehlen von Eckart von Hirschhausen. Und vom Dalai Lama ...«

So oder so ähnlich wird Ihnen klargemacht, dass

Sie mit Ihren plötzlichen Plänen wahlweise als neben der Spur, vorübergehend unzurechnungsfähig oder größenwahnsinnig gelten. Sie bedürfen der freundschaftlichen Sorge. Denn nicht nur Sie haben sich ein Leben lang vom inneren Schönredner bequasseln lassen – die anderen auch. Für die sind Sie quasi gemeingefährlich. Sobald Sie Ihr Leben auf den Kopf stellen, fühlen sich alle anderen nicht nur in Frage gestellt, sondern persönlich angegriffen.

Am schlimmsten sind natürlich die eigenen Eltern. »Papa und ich haben nächtelang nicht geschlafen... hast du dir das auch wirklich gut überlegt? Wir glauben, du machst einen riesigen Fehler!«

Natürlich – denn Ihre Eltern leben nach dem Happy-End-Prinzip. Sie haben nichts geändert, werden nichts mehr ändern und sind sich auch sicher, dass jede Veränderung im Unheil geendet hätte und enden wird. Sind diese Auswanderer nicht oft auf ihren Schiffen ertrunken? Und wer sich scheiden lässt, muss am Ende einsam sterben.

Drum: Wenn Sie Ihr Leben ändern wollen, *fragen Sie bitte nicht Ihre Eltern um Rat*. Sie fragen ja auch nicht Ihre Frau, ob Sie mal fremdgehen dürfen. Keine Erwartungen sind so stark und mächtig wie die der eigenen Eltern.

Dritter Akt: Sie können die sorgenvollen Mienen nicht mehr ertragen, fühlen sich in die Ecke gedrängt –

und tappen in die Abwertungsfalle. Um sich zu verteidigen und Ihre Gegenüber zu überzeugen, verwandeln
Sie das, von dem Sie Abschied nehmen wollen, in die
siebte und unterste Hölle. »Im Grunde habe ich diesen
Job von Anfang an gehasst.« – »Nur Idioten können in
dieser Stadt / diesem Dorf / diesem Land wohnen.« –
»Ich war keine einzige Minute mit ihr glücklich!«

Natürlich wählen Sie diese Strategie nicht bewusst –
Sie geraten in diesen Strudel der Herabwürdigung,
weil Sie sich von anderen dazu verleiten lassen. Und
um alles möglichst glaubwürdig vertreten zu können,
fangen Sie sogar an, Ihren eigenen Übertreibungen zu
glauben.

Warum ist das keine kluge Taktik, sondern eine Falle? Weil es auf Sie gleich ein vierfach schlechtes Licht
wirft. Erstens sind Sie illoyal, zweitens indiskret, drittens schwindeln Sie (zumindest zur Hälfte), und viertens müssen Sie sich fragen lassen, wie und warum
Sie diese schlimmen Dinge so lange ausgehalten
haben. Sie möchten das untadelige Opfer sein, aber
in Wirklichkeit sind Sie wahlweise ein schlechter Verlierer, ein skrupelloser Nachtreter, ein Indiskretin oder
ein dummes Schaf. Sie wollen den oder die anderen
in ein schlechtes Licht rücken – und rücken sich damit
selbst in ein schlechtes Licht. Nur weil Sie ihre nächsten Jahre anders verbringen wollen, müssen Sie nicht
zwingend so tun, als seien die letzten Jahre ein Inferno

gewesen. Ich sehe den trotzig-beleidigten Oskar Lafon-
taine vor mir, im März 1999, nach seiner überstürzten
Flucht aus der Regierung Schröder, mit dem kleinen
Sohn auf dem Kopf, weit weg von Berlin, direkt vor den
Fernsehkameras. Was für ein schlechter Verlierer, was
für ein unwürdig-feiges Nachtreten.

Ein Abschied kann – selbst wenn es sich zunächst
unwahrscheinlich anfühlt – am Ende eine Win-win-
Situation sein. Als ich überlegte, nicht mehr bei meiner A-cappella-Gruppe mitzusingen, um mich ganz dem
Schreiben und Komponieren widmen zu können, fürch-
tete ich, meine geniale Performance sei unersetzbar.
Mein Coach meinte dazu, das sei purer Größenwahn.
Inzwischen ist die Gruppe mit meinem Nachfolger erfolgreicher als je zuvor. Und ich kann in Ruhe schreiben
und komponieren. Alle haben gewonnen.

Entscheiden Sie sich aber für die Abwertungsstrate-
gie, tritt das Gegenteil ein: Alle verlieren. Angeblich war
alles Mist, was man zuvor gemacht hat; man hat sich
nur gehasst, ist froh, der Hölle entronnen zu sein,
muss alle Brücken abbrechen – und hinterlässt ein
Schlachtfeld. Und das alles nur, weil Sie die sorgenvollen Mienen der Bedenkenträger nicht ertragen haben.
Also: Bleiben Sie freundlich. Oder gehen Sie in die
Offensive.

James Frey hat zwei großartige Bücher über die
Kunst des Romanschreibens geschrieben: *Wie man*

einen verdammt guten Roman schreibt und *Wie man einen verdammt guten Roman schreibt 2*. Ganz am Ende geht es darum, wie man Schriftsteller wird: »Man kann nicht Schriftsteller werden, wenn man von Leuten umgeben ist, die das nicht akzeptieren. (...) Sie trommeln alle wichtigen Personen zusammen und erklären Ihnen, dass Sie beschlossen hätten, Schriftsteller zu werden, und zwar ein verdammt guter, und um ein verdammt guter Schriftsteller zu werden, bräuchten Sie ihre Hilfe und Unterstützung. (...) Sie gehen mit absolutem Engagement an die Sache heran und wollen keine düsteren Prophezeiungen hören. Und damit basta!«

Ich finde diese Idee großartig: seine Entschlüsse nicht im Rahmen eines persönlichen Problemgesprächs zu präsentieren, sondern als feierlichen Akt in großer Runde. Frey nennt es »Die Große Autorenszene«. Frey richtet sich an werdende Schriftsteller, aber was er über die »sieben Todsünden« schreibt (Ängstlichkeit, Eitelkeit, mangelnden Glauben an sich selbst, falschen Lebensstil und mangelnde Produktivität), sollte sich jeder zu Herzen nehmen, der die Absicht hegt, seine Leidenschaft zu seinem Beruf zu machen, oder, wie Hugh MacLeod es so schön ausdrückt, »Arbeit und die Liebe zur Arbeit zusammenzubringen«.

37. Gehen Sie nicht in die Dramafalle

Stell dich blöd an, und alle werden begeistert sein.

Die Dramafalle hat dieselbe Ursache wie die Abwertungsfalle, aber noch verheerendere Konsequenzen. Auch diese verdanken wir versteckt-neidischen und passiv-aggressiven Mitmenschen. Nur geht es hier nicht darum, *was* wir an unserem Leben ändern wollen, sondern *wie*: mit welcher Einstellung und welchem Habitus.

Wieder beginnt es mit einem Paradoxon: Wer in seiner Krise den Eindruck von Fröhlichkeit, Aktivität, Zielstrebigkeit und Erfolg vermittelt, wird feststellen, dass das verdammt schlecht ankommt. Der gelassene und entschlossene Änderer gilt als skrupellos, herzlos und egoistisch, als Karrierist und gefühlskalter Macho. Eine akzeptable Krise muss bei uns anders aussehen: zergrübelt, schwermütig, aussichtslos – am besten psychotherapeutisch begleitet. Nach allgemeinem Verständnis ändern wir die Dinge nicht etwa, weil wir es wollen, sondern weil wir es »nicht mehr können«, es »nicht mehr aushalten«, bald »depressiv« werden oder unter »Burn-out« leiden. Mit einem Wort: Wir ändern unser

Leben nicht, weil wir uns frei dafür entschieden haben, sondern weil wir es *müssen*. Drum dürfen wir
niemals gutgelaunt über unseren Aufbruch sprechen,
sondern nur tiefernst und pastoral – Beerdigung statt
Aufbruch.

Und nun kommen wir zum eigentlichen Problem.
Natürlich würde es reichen, es so aussehen zu lassen. Aber können wir das? Gerade wir Deutschen, die
wir immer von Treue, Ehrlichkeit und Authentizität
schwärmen? Nein. Wir können keine Kopfschmerzen
vortäuschen, um krankzufeiern. Wir müssen die Kopfschmerzen wirklich *haben*. Ganz tief drinnen im Kopf.
Am besten Migräne.

Hauptsache, wir stehen am Ende nicht als jemand
da, der aktiv wird für sein Glück – also als Egomane
und Sozialdarwinist. Nein, wir müssen als hilflose
Opfer unglücklicher Umstände dastehen, seelisch und
körperlich vollkommen am Ende: ungekämmt, un-
geduscht, unausgeschlafen, mit geröteten Lidern
(»Eine Woche durchgeweint«), geröteter Nase (»Habe
mir bei dreistündigen Wanderungen durch den Eis-
regen eine Erkältung eingefangen«) und zentimeter-
dicken Ringen unter den Augen (»Wollte schon von der
Köhlbrandbrücke springen«). Wir müssen möglichst
schlecht aussehen als allgemein sichtbares Zeichen
dafür, wie sehr wir leiden. Dafür verzichten wir am besten ganz auf Körperpflege, waschen uns tagelang

nicht die Haare, rasieren uns nicht und schneiden auf keinen Fall die Nägel (schwarze Ränder wirken besonders dramatisch). Wir verzichten auf Deo und Parfum, beginnen zu rauchen, husten oft und lange, essen nichts mehr, bleiben bis nachts um vier auf und stellen uns trotzdem den Wecker auf halb sieben. In durchgrübelten Nächten steigern wir uns in Überforderung und Schuldgefühle hinein, lassen unsere Wohnung verkommen, unsere Aufgaben liegen – bis wir endgültig das Gefühl haben, die Kontrolle über unser Leben verloren zu haben.

Auch viel heulen hilft viel: Psychologen haben herausgefunden, dass häufiges Weinen das Gefühl von Traurigkeit tief in uns verankert.

Und alles nur aus der vagen Hoffnung heraus, dass uns die anderen am Ende verzeihen mögen, dass wir unseren Job oder unsere Ehe hinschmeißen (oder beides). Eine riskante Strategie. Denn es besteht die akute Gefahr, dass in dem selbstgewählten Chaos irgendwann der innere Schönredner zu Besuch kommt, sich umguckt und sagt: »So sieht sie also aus, die ›Verbesserung‹ deines Lebens? War das Ganze nicht doch ein wenig hochmütig und unrealistisch? Erkennst du nun, dass es besser ist, in dein voriges Leben zurückzukehren?«

Mit anderen Worten: Mit der Dramafalle können Sie wirklich alles vergurken.

Verzichten Sie daher lieber weise auf die Anteilnahme Ihrer Mitmenschen. Boykottieren Sie die sich selbst erfüllende Prophezeiung. Übernehmen Sie Verantwortung, spielen Sie nicht das Opfer. Sorgen Sie gerade jetzt für Ihren Körper. Unternehmen Sie Waldspaziergänge, joggen Sie, singen Sie Ihre Lieblingslieder, gehen Sie tanzen. Kaufen Sie auf dem Markt ein und kochen Sie sich was Leckeres. Schlafen Sie aus.

Und lehnen Sie sich an die Schulter eines Weisen an. Das Gedicht *Stufen* von Hermann Hesse sollte jeder auswendig kennen, der sein Leben ändern will. Die erste Strophe beinhaltet auch schon die Quintessenz dessen, worauf es ankommt.

Wie jede Blüte welkt und jede Jugend
Dem Alter weicht, blüht jede Lebensstufe,
Blüht jede Weisheit auch und jede Tugend
Zu ihrer Zeit und darf nicht ewig dauern.
Es muß das Herz bei jedem Lebensrufe
Bereit zum Abschied sein und Neubeginne,
Um sich in Tapferkeit und ohne Trauern
In andre, neue Bindungen zu geben.
Und jedem Anfang wohnt ein Zauber inne,
Der uns beschützt und der uns hilft zu leben.

Für mich ist dies eins der klügsten und rührendsten Gedichte deutscher Sprache – und ein hochwirksames

Anti-Drama-Medikament. Sein Leben zu verändern ist nicht pathologisch und nicht in therapeutischen Kategorien zu analysieren – nein, wir folgen dem Lauf der Dinge. Wir verschließen unsere Ohren nicht dauerhaft.

38. Lernen Sie, peinlich zu sein

Lächerlich ist nur, sich vor Lächerlichkeit zu fürchten.

Was hat Peinlichkeit mit Midlife-Crisis zu tun? Ziemlich viel.

Zunächst gilt fast alles, was wir damit verbinden, als peinlich: Bauchmuskeltraining, mit einer Harley die Panamericana runterbrettern, ein Verhältnis mit der 20 Jahre jüngeren Fitnesstrainerin anfangen. Aber was genau ist daran peinlich? Bauchmuskeln sind sexy, die Anden sind atemberaubend – und wer möchte nicht mal Sex mit einer Fitnesstrainerin? Möglicherweise stellen Sie fest, dass Sie mehr als 8 Prozent Körperfett haben, so dass man die mühsam antrainierten Bauchmuskeln gar nicht sieht. Sie merken, dass Fahrradfahren zwar anstrengender, aber auch viel befriedigender ist, als *brumm brumm* zu machen. Und mit der

Fitnesstrainerin ergeht es Ihnen vielleicht wie Sydney
Pollack in *Husbands and Wives* von Woody Allen: Er
kann ihr Gequatsche nach wenigen Wochen nicht
mehr ertragen. Intelligenz ist eben doch nicht ganz unwichtig (okay, natürlich gibt es auch intelligente Fit-
nesstrainerinnen ...).

Solche Erkenntnisse resultieren aus Erfahrungen.
Die Angst vor Peinlichkeit führt aber dazu, dass man
diese Erfahrungen gar nicht erst macht – sie ist ein
Erfahrungsverhinderer. Ich bin davon überzeugt, dass
die meisten Menschen nicht so leben, wie sie es wollen, weil sie befürchten, irgendjemand könnte das
peinlich finden. Wir begehren nämlich nichts mehr als
Anerkennung, und wir fürchten nichts mehr als Lächerlichkeit. Die lauert überall. Es geht nicht nur darum,
direkt als »Puddingpanzer« oder »Teilzeitdenker« be-
titelt zu werden, nein, es reicht schon ein Kopfschütteln, ein müdes Lächeln, eine spöttische Bemerkung,
jemand anderem ins Ohr geflüstert. Es reicht, wenn
jemand etwas denkt oder denken könnte. Eine erkenn-
bar jüngere (oder ältere) Partnerin, womöglich aus
Asien, Afrika, Lateinamerika (natürlich alle per Katalog
gekauft!), eine späte Vaterschaft (der alte Trottel!),
eine Mitgliedschaft in der FDP (Losertruppe) – so
etwas ist schon hardcore-peinlich und dauererklärungs-
bedürftig. Es reichen aber schon ein Liegefahrrad, ein
langer Pyjama oder Socken in Sandalen. Überall sind

rote Linien, die wir bei Strafe der Peinlichkeit nicht überschreiten dürfen.

Darin bin ich wirklich Experte. Ich bin 1,68 groß und kurzsichtig, ich lache zu laut *(Papa! Das ist so peinlich!)*, habe keinen Führerschein *(Wie macht ihr das denn mit den Kindern?)*, bin Veganer *(Was darfst du überhaupt noch essen?)* und freier Künstler *(Kann man davon leben?)*, habe Schuhgröße 39 *(Schauen Sie doch mal in der Kinderabteilung)*, zu dünne Handgelenke und Waden *(Das sieht so verhungert aus!)*, Angst vor Hunden *(Der tut nix!)* und werde seit 30 Jahren für eine Frau gehalten *(Kann ich bitte mal Ihren Mann sprechen, den Herrn Sieg?)*. Ich halte den freien Markt für eine gute Sache *(Du willst die Armen verhungern lassen?)* und habe viel für Blockflöten komponiert *(Blockflöten? Kann man dafür komponieren?)*. Im Rahmen des Normalen und Akzeptierten zu bleiben ist eine Lebensaufgabe, die mir von Anfang an erspart geblieben ist. Da ich bereits mit sechs in die dritte Klasse kam, war ich immer zwei Jahre jünger und einen Kopf kleiner als alle anderen. Ich fiel aus dem Rahmen, ich kannte es nicht anders. Das übt. Dennoch habe selbst ich heute noch Probleme damit, peinlich zu sein.

Beispielsweise weiß ich, dass es noch das geringste Übel ist, wenn ich mein Gegenüber sofort darauf hinweise, dass ich nicht Frau Sieg, sondern Herr Sieg bin.

Typische Reaktion: »Ah, Frau Herrsieg, alles klar!« Ich muss dann noch mal insistieren, vor allem am Telefon, und das ist peinlich, denn der andere muss glauben, dass er die grundlegende Fähigkeit, Männer von Frauen zu unterscheiden, offenbar nicht beherrscht.

Es ist paradox: Unser Ziel ist es, stolz auf uns zu sein, indem wir so leben, wie wir es wollen. Aber dafür müssen wir lauter Dinge tun, die uns peinlich sind. Ich bin Veganer – und das gehört neben AfD und Casting-shows nun mal zu den Dingen, über die sich Comedians und Kabarettisten am liebsten lustig machen *(Ernährungstaliban!)*. Mich dazu zu bekennen erfordert jedes Mal Überwindung. Die Mehrheitsmeinung definiert, was innerhalb einer Atmosphäre der Leichtigkeit und Unbefangenheit möglich ist. Jenseits davon wird es heikel und ungemütlich; ich weiß nie, ob ich nur Neugier und Verwunderung ernte *(Keine Milch?)*, Spott *(Kommst du nach dem Tod auf den Kompost?)*, Misstrauen *(Was willst du mir als Nächstes verbieten?)* oder Aggression *(Ist okay für mich, wenn ein Veganer neben mir sitzt, aber er soll verdammt noch mal die Fresse halten.)*. Dabei geht es mir eigentlich nur darum, die Regeln der Freundlichkeit auf den Umgang mit Fischen, Vögeln und Säugetieren auszudehnen. Solange sie uns nicht angreifen, sollten wir sie einfach in Ruhe lassen. Warum ist diese Haltung »peinlich«? Warum gilt die Ablehnung von Aggression als aggressiv?

In Wahrheit ist das Deklarieren einer Handlung als »peinlich« ein unfreundlicher und unhöflicher Akt, der nichts mit Logik oder Moral zu tun hat, sondern mit zufälligen Macht- und Mehrheitsverhältnissen. In Mauretanien ist es peinlich, eine dünne Frau zu sein, bei uns ist es peinlich, eine dicke Frau zu sein. Unter Palästinensern ist es peinlich, nur zwei Kinder zu haben, bei uns ist es peinlich, zwölf Kinder zu haben. In Irland ist es peinlich, keinen Alkohol zu trinken, in Saudi-Arabien ist es peinlich, Alkohol zu trinken. Unter Kosmetikerinnen ist es peinlich, kein Make-up zu benutzen, unter Sozialpädagoginnen ist es peinlich, Make-up zu benutzen. Der Punkt ist: Solange wir wohlüberlegte Entscheidungen treffen, braucht uns gar nichts peinlich zu sein.

Wieder geht es darum, Widersprüche auszuhalten. Um frei zu sein, müssen wir lernen, als peinlich zu gelten – was nicht heißt, dass wir das Gespür für die soziale Erwünschtheit oder Unerwünschtheit einer Handlung verlieren sollten, sondern dass wir uns *davon nicht mehr beeindrucken und einschüchtern* lassen. Wir setzen ihr etwas Mächtigeres entgegen: den bewusst gewählten Willen, nach der eigenen Fasson zu leben. Es geht darum, der Peinlichkeit zu widerstehen und sie dosiert auszuhalten, statt panisch vor ihr zu flüchten, und in der Ablehnung des unfreundlichen Akts namens *Wie peinlich ist das denn?* selber freundlich zu bleiben. Machen Sie sich klar: Sie sind leicht im Vorteil, weil Sie bereits wissen, wie der andere reagieren wird: mutmaßlich gereizt, spöttisch, distanziert. Also stellen Sie sich darauf ein. Legen Sie sich etwas zurecht. Erinnern Sie sich der britischen Lebensweisheit *We agree to disagree*. Menschen beziehen nun einmal einen Gewinn daraus, auf der Gewinnerseite zu stehen, indem sie Mehrheitsmeinungen vertreten. Das muss nicht heißen, dass sie darüber jemals nachgedacht hätten. Gegen Veganismus kommen immer dieselben fünf Gegenargumente: »Hitler war auch Vegetarier, wusstest du das?« – »Das können sich nur Reiche leisten!« – »Und was ist mit Leder?« – »Soja zerstört die Umwelt.« – »Aber Fleisch ist so lecker!« Ich kenne sie in- und auswendig. Ich muss nicht einmal darauf reagieren.

Nichts macht uns unfreier, als uns dem Diktat der Peinlichkeit zu unterwerfen. Robert Betz schrieb dazu das schöne Buch: *Willst du normal sein oder glücklich?* Normal ist langweilig; normal ist zufällig; normal ist kein Argument; normal sollte nicht den Ausschlag geben. Blicken Sie voller Neugier, Gelassenheit und Selbstironie auf die menschliche Komödie. Lernen Sie, peinlich zu sein. Es macht frei. Und es macht Spaß. Fangen Sie ruhig mit Wasserski und Bauchmuskeltraining an, fahren Sie die Panamericana runter und flirten Sie mit der Fitnesstrainerin. Die anderen sind eh bloß neidisch.

39. Werden Sie Ihr eigener Verhaltenstherapeut

Schwächen schwächen, Stärken stärken.

Es gibt viel zu tun. Und um nicht in die Abwertungsfalle, die Dramafalle, die Überforderungsfalle und die Selbstabwertungsfalle zu laufen, kann es hilfreich sein, sich mit den Erkenntnissen der Therapierichtung zu befassen, die wie keine andere wissenschaftlich untermauert und für nützlich befunden wurde: die Verhaltenstherapie. Ich gebe zu, ich befasse mich damit seit circa 30 Jahren. Nicht nur war meine Mutter Verhaltenstherapeutin und meine langjährige Partnerin, ich habe auch eine komplette Verhaltenstherapie absolviert. Das Gute an dem Verfahren: Es ist simpel und logisch, einfach zu durchschauen, und Sie brauchen dafür keinen Therapeuten – das kriegen Sie alleine hin. (Manipulative Techniken und Interpretationsmuster wie »Übertragung« und »Gegenübertragung« überlassen Sie getrost den Psychoanalytikern.) Und zwar mit folgendem Sechs-Punkte-Programm:

- *Hören Sie auf, sich als Opfer zu fühlen.* Die Verhaltenstherapie wendet sich grundsätzlich gegen Weh-

leidigkeit und Weltschmerz, Jammern und Mitleid-
erheischen, mit folgender grundlegender Erkenntnis:
*Niemand kann dich verletzen, beleidigen oder krän-
ken – das kriegst du nur ganz alleine hin.* Diese Ein-
sicht holt uns aus der bequemen Opferrolle heraus.
Weil unsere Gedanken unsere Gefühle steuern, können wir unsere Gefühle steuern, indem wir unsere
Gedanken ändern. Gehen wir einmal verschiedene
Angriffe durch: *Du Zwerg!* Richtig, ich bin klein, eine
zutreffende Feststellung. *Du Vollidiot!* Okay, du
kannst mich nicht leiden, ich dich auch nicht. *Du
Egoist!* Sagt der Egoist. *Du Besserwisser!* Möglicherweise kenne ich mich tatsächlich mit dem Thema
besser aus; soll das ein Fehler sein?
»Beleidigungen« teilen sich immer in zwei
Bestandteile: die Tatsachenbehauptung und das Ge-
schmacksurteil. Tatsachenurteile wie *Lügner* sind
entweder richtig oder falsch. Jemanden als Lügner
zu bezeichnen, der gelogen hat, ist keine Beleidi-
gung, sondern eine Feststellung. Hat der so Be-
zeichnete nicht gelogen, ist es eine unzutreffende
Behauptung, und als solche zurückzuweisen. Ge-
schmacksurteile wie *Idiot* oder *Arschloch* dagegen
sind rein subjektiv und nicht wahrheitsfähig (also
nicht objektiv überprüfbar oder beweisbar). Es ist
uns überlassen, jemanden unsympathisch zu finden. Wir beschreiben damit nur das eigene Gefühl,

das niemand »widerlegen« kann, das aber auch nur etwas über uns, den Beschreiber aussagt, nicht über den Beschriebenen – der deswegen subjektiv auch nicht »beleidigt« sein muss. Nichts anderes sagt Don Miguel Ruiz im zweiten seiner berühmten vier *Agreements to change your life*: »Don't take anything personally.«

- *Radikale Akzeptanz.* Niemand kann uns »kränken«. Aber macht es Sinn, auf Dauer mit jemandem zusammenzuarbeiten, zu -wohnen oder zu -leben, der uns nicht ausstehen kann? Schon Paul Watzlawick enttarnte als Grundrezept des Unglücklichseins, nicht in der Welt zu leben, in der man tatsächlich lebt, sondern in der Welt, wie sie der eigenen Auffassung nach sein sollte. Auf diese Weise kann man sich jeden Tag aufs Neue darüber aufregen, dass der doofe Kollege einen nicht mag, attraktive und reiche Menschen es leichter haben, gute Ideen sich besser verkaufen und Politiker alles tun, um wiedergewählt zu werden. Alles richtig – nur: Wem nützt die Aufregung? Glücklich und erfolgreich werden Sie nur, wenn Sie darauf verzichten, täglich gegen die Betonwand der Realität anzulaufen. Suchen Sie lieber nach dem Notausgang.

- *Was ist Ihr Symptomgewinn?* Verhaltenstherapeuten sind gehalten, in der Phase der Anamnese zu erkunden, wo der »Krankheitsgewinn« oder »Symptomgewinn« des Klienten liegen könnte. Dahinter steckt der Gedanke, dass Menschen ihre Symptome oder Krankheiten unbewusst fortführen und kultivieren, wenn und weil sie daraus Vorteile ziehen. Das störende Kind bekommt Aufmerksamkeit und Zuwendung von Eltern, Lehrern, Mitschülern. Die erwachsene Tochter, die aus Platzangst, Kontrollzwang, Waschzwang oder was auch immer das Haus nicht verlassen kann, muss weder studieren noch arbeiten; alle kümmern sich um sie, ohne dass sie auch nur einen Handschlag tut. Der Alkoholiker, der seinen Job verliert, trifft überall auf Verständnis, Liebe und Rettungsbemühungen, etwa indem man ihm Geld oder einen weniger anstrengenden Job anbietet. Die Belohnungen fallen also so hoch aus, dass die Betroffenen regelrecht Angst davor haben müssen, das Symptom zu verlieren, weil sie dann auch den Symptomgewinn verlören. Für sie ist es das Beste, so zu tun, als würden sie etwas ändern, ohne in Wirklichkeit irgendetwas zu ändern. Den Symptomgewinn des Prokrastinierens habe ich oben beschrieben: Man hat mehr Freizeit als Arbeit und kann sich zum größten Genie stilisieren, ohne sich an den eigenen Arbeitsergebnissen messen lassen zu müssen.

Fragen Sie sich also bei Ihren Macken immer drei Dinge: 1. Was habe ich davon? 2. Welchen Preis zahle ich dafür? 3. Könnte ich die Belohnungen vielleicht auch auf andere Weise bekommen? Denn alle Symptomgewinner zahlen einen hohen Preis. Das störende Kind wird im Grunde von allen gehasst. Die Phobien-Tochter fühlt sich unnütz und sitzt den ganzen Tag allein zu Hause. Der Alkoholiker ruiniert seinen Körper und erlebt nie die Freuden der Selbstwirksamkeit. Und der Prokrastinierer lebt mit einem dauerschlechten Gewissen und verpasst immerzu das Beste: den Stolz auf ein gelungenes Werk.

- *Was sind Ihre Optionen?* Mein Verhaltenstherapeut hat mich erst in den Wahnsinn und später in lautes Gelächter getrieben, wenn er meinen nicht abreißenden Strom an Klagen und Analysen immer mit der Frage unterbrach: *Was sind denn Ihre Optionen, Herr Sieg?* Dieser Satz weist darauf hin, dass wir die meisten Dinge, unter denen wir leiden oder zu leiden glauben, überhaupt nicht ändern können. Ich kann weder etwas daran ändern, dass ich anstatt in Monte Carlo in Bokholt-Handredder aufgewachsen bin, noch dass ich zu den 10 Prozent der kleinsten Männer Deutschlands zähle, noch dass meine Knie einen Marathonlauf wohl nicht mitmachen werden. Es macht keinen Sinn, sein Leben lang zu hadern (auch wenn Wilhelm Schmid diese Art Weltschmerz als authentische Daseinsform preist) oder darüber zu grübeln, in welcher andersgearteten Welt einem all diese Probleme erspart geblieben wären, die einem das Leben zur Hölle machen. Denn es gibt immer noch genügend Optionen, zwischen denen zu wählen schwierig genug ist; sich ausführlich mit nichtvorhandenen Optionen zu befassen ist keine sehr gute Idee. Gute Verhaltenstherapeuten sind gerade darin gut, sich überraschende Optionen für den Jammerer auszudenken. Glauben Sie mir, es gibt immer noch mehr und andere Möglichkeiten, als Sie glauben.

- *Selbstbelohnung.* Sammeln Sie auch Punkte? Ich habe Kundenkarten von der Deutschen Bahn, dem CinemaxX, dem McCafé, Budnikowsky, Tokio Sushi, Eiszeit, Jacques Weindepot, Filmgarten, Kochhaus, Café David, Abaton (mein Programmkino), Drucker-tanke und der Staatsoper. Brav dackele ich immer wieder genau dorthin, um nach fünf, zehn oder 20 Einkäufen irgendetwas umsonst zu bekommen. Menschen lieben Belohnungen. Klagen Sie nicht darüber (»Manipulation!«, »Konsumterror!«), sondern nutzen Sie es für Ihre Zwecke. Vor zwei Jahren war ich wirklich im Stress, weil ich drei Buchprojekte gleichzeitig voranbringen musste, was viel Selbst-disziplin erforderte (nicht gerade meine Stärke). Ich überlistete mich mit einem ziemlich ausgeklügelten Selbstbelohnungsprogramm. Ich schrieb einen 20-Punkte-Plan für jeden Tag; nach zehn Tagen mit mehr als 16 Punkten gönnte ich mir eine Belohnung (es sei zu streng, sich erst bei 20 von 20 Punkten zu belohnen, riet mir mein Verhaltenstherapeut). Zu den 20 Punkten gehörten Dinge wie *Müsli mit Früchten frühstücken* ebenso wie *In den Writers Room fahren*, *Vier Stunden schreiben* oder *Zahnseide benutzen*.

Legen Sie wie bei den Kundenkarten präzise fest, welche Belohnung für welches Verhalten anfällt (nicht einfach nur *Was Schönes machen, wenn ich fleißig war*). Und natürlich muss die Belohnung etwas sein, das Sie puritanischer Geizkragen sich sonst nicht erlauben: ein Ballonflug, ein Tag in der Sauna, ein Blu-ray-Abend mit Chips und Cola, eine Hot-Stone-Massage, ein Ticket für ein Konzert von Lang Lang, ein Essen im Sternerestaurant. Allein schon das Nachdenken darüber, was Sie sich selbst schenken wollen, kann Sie zu einem glücklicheren Menschen machen.

• *Erstellen Sie ein Stärken-und-Schwächen-Profil.* Ich habe in diesem Buch viele Dinge aufgeführt, die man falsch machen kann. Vielleicht hilft es Ihnen, einmal aufzulisten, womit Sie überhaupt keine Probleme haben, womit Sie einige und womit Sie schier unüberwindliche Probleme haben. Das ergibt eine Art Baustellenlandkarte. Ich habe zum Beispiel keine Probleme mit Zigaretten, Alkohol, Fernsehen, Geldverschwendung, Religion, Minderwertigkeitsgefühlen oder Anti-Optimierungsverblendung. Ich habe immer mal wieder Probleme mit Selbstdisziplin, Schlafmangel, Sportfaulheit, Zeitplanung und Unordnung. Und ich lasse mich definitiv viel zu viel ablenken von iPhone, Mails, SMS, *Spiegel Online, faz. net*, Facebook, *DRadio Kultur, NDR Info, Abendblatt, ZEIT, SZ, brand eins* und so weiter – akute Medien-ADS also. Damit vergeude ich unfassbar viel Zeit. Verschaffen Sie sich einen Gesamtüberblick. Seien Sie froh und stolz über Ihre Stärken – und schicken Sie eine Task Force zu den drei wichtigsten Baustellen.

V.
Besser leben

Das Paradies muss die Hölle sein.

Wir haben gesehen, worauf es auf dem Weg aus der Midlife-Crisis ankommt: Entscheidungen treffen, ohne sich zu überhasten; die Vergangenheit verlassen, ohne sie abzuwerten; Abschied nehmen, ohne Brücken einzureißen; das Drama überstehen, ohne es zu dramatisieren. Wir dürfen stolz darauf sein, peinlich zu wirken, und uns für Gefallen, die wir uns tun, bei uns selbst bedanken. Langsam nähern wir uns der Dialektik der Lebenskunst. Und wir ahnen, dass es auch im neuen Leben Widersprüche geben wird und es darum geht, sie auszuhalten, statt sie zur falschen Seite hin aufzulösen.

Hoffnung ist die Währungs des Glücks. Vertiefen wir

uns in die Zukunft. Vielleicht zündet dies eine weitere Raketenstufe in Ihrer Lebensrevolution. Schon für Kant gab es nur drei Regeln des Glücks: Tue etwas, liebe jemanden, hoffe auf etwas.

40. Verwenden Sie die einzig mögliche Methode

Versuchen, scheitern, Versuchsanordnung ändern.

Wir sehnen uns nach Sicherheit, Glück und Gewissheit. Deshalb fallen wir so gerne auf die Drei-Phasen-Lehre des Heils herein. Die geht so: Im Moment befinden wir uns in der ersten Phase. Darin herrschen Unheil, Unglück und Katastrophen. Nun kommt die Heilslehre ins Spiel und leitet die zweite Phase ein, die Transformation: zum Beispiel durch Psychoanalyse, eine Selbsthilfegruppe oder Gestalttherapie. In der dritten Phase wird endlich alles gut: ein Leben ohne Scham, Neurosen und Schuldgefühle. Ursprünglich kommt das Modell aus dem religiösen und politischen Denken, wo es bekanntermaßen ziemlich viel Unheil angerichtet hat. Es existiert in unzähligen Varianten, denn drei Dinge machen es so verdammt verführerisch:

Erstens ist es so simpel, dass jeder Trottel es versteht, zweitens verspricht es das Ende aller Probleme, drittens verleiht es sinnlosen Opfern scheinbar einen Sinn.

In Wirklichkeit ist dieses Modell nicht die Lösung, sondern das Problem. Denn es bietet nur Pseudoerkenntnis; es ist zu simpel, zu unterkomplex – die Probleme meines Lebens haben nicht nur eine Wurzel, die man bloß radikal ausreißen müsste. Außerdem tritt die versprochene glorreiche Zukunft nie ein – woran natürlich immer die anderen schuld sind (oder wir waren noch nicht radikal genug).

In der Gegenwart ist »Transformation« gleichbedeutend mit Opfern. Wir müssen uns jahrelang auf die Couch legen, uns mit unseren Kindheitstraumata befassen und fremde Leute anschreien. Der »Sinn« dieser Opfer: Am Ende sind unsere Probleme ausgerottet, und die Goldene Zeit beginnt. Doch leider gibt es keine Goldene Zeit. Auch mit noch so viel Esoterik, Bachblüten, Yoga, Familienaufstellungen, Lachmeditationen und Traumreisen werden Sie kein Leben ohne Konflikte, Niederlagen, Aggression und Enttäuschungen führen können.

Was ist also die Alternative zum Drei-Phasen-Heilsmodell? Sie besteht in der Idee, Ihr Leben als nie endende Abfolge von *Versuch und Irrtum* zu betrachten. Wie wir wissen, lernt die Natur selber so auf diese Weise – und hat damit so großartige Dinge wie das

Auge, das Ohr oder den Sex hervorgebracht. Genau so
können wir unser Leben leben: als Evolution, als bewussten Prozess von Erkenntnis und Anpassung. In
diesem Modell akzeptieren wir, dass wir hier und jetzt
leben, in dieser Welt. Wir geben zu, dass wir von vornherein sehr wenig über diese Welt wissen und dass es
nur eine Möglichkeit gibt, mehr über sie zu erfahren:
durch kontrollierte Experimente. Mit dem paradoxen
Ergebnis, dass wir nicht Gewinner oder Verlierer sind,
sondern unser Scheitern uns zum Erfolg führt und umgekehrt jeder Erfolg mit einem Scheitern beginnt. So
heißt auch das Buch, das *Financial Times*-Kolumnist
Tim Harford darüber geschrieben hat: *Adapt. Why Success Always Starts with Failure.* Harford zeigt den Erfolg
von Trial and Error in so verschiedenen Feldern wie
Klimawandel, Terrorismusabwehr, Finanzkrisenpräven-
tion, Forschungspolitik und Armutsbekämpfung. So
testete eine niederländische Hilfsorganisation in den
90er Jahren in Kenia drei Methoden, Schüler zu bes-
serem Lernerfolg zu verhelfen. Die ersten Schulen bekamen sehr gute neue englische Textbücher. Sie
brachten praktisch nichts. Die zweiten Schulen bekamen Flipcharts mit vorbereiteten Folien für Gesundheit, Mathematik, Landwirtschaft, Geographie und
Sachkunde. Sie machten auch keinen Unterschied.
Die dritten Schulen bekamen Mittel gegen Darmwür-
mer – mit immensem Erfolg. Die Schüler wurden viel

seltener krank, fehlten daher seltener und konnten sich auf die Schule konzentrieren. Das Buch zeigt an Hunderten solcher Beispiele, wie aufregend und überraschend Erkenntnis durch Experimente sein kann.

Was bedeutet das aber für die Lebenskunst? Dreierlei:

- *Versuche, ohne zu zögern.* Innere und äußere Bedenkenträger dürfen uns nicht daran hindern, überhaupt eine Erfahrung zu machen. Starten statt Zerreden, Loslegen statt Grübeln, Optimismus statt Pessimismus, Unbefangenheit statt Voreingenommenheit, Neugier statt Bescheidwissen – darauf kommt es jetzt an.
- *Nüchtern bewerten.* Nichts anderes ist die Midlife-Crisis: der erste Versuch, seine bisherigen Lebensversuche ernsthaft zu bewerten. Das ist oft neu für uns – diese Maßnahme bedeutet einen regelrechten Lebenseinschnitt. Bislang hatten wir angenommen, wir würden auf dem Stück Treibholz, das wir ergattert hatten, den Strom bis zum Ende schwimmen. Bewerten heißt, Distanz zu sich und seinen Entscheidungen einzunehmen, sie zur Disposition zu stellen. Alles wird möglich, alles wird unsicher, alles kann sich als Fehler herausstellen. Deswegen scheuen wir uns vor der Selbstbeurteilung, statt sie zur hilfreichen Routine zu machen. Das nüchterne

Urteil hütet sich vorm Schönreden so sehr wie vorm
Schlechtreden, vor Faulheit und Bequemlichkeit so
sehr wie vor Rechthaberei. Die alten Germanen be-
rieten unter Alkohol (also leidenschaftlich), stimm-
ten aber nüchtern ab.

- *Versuchsanordnung ändern.* Das ist der schwerste
  und letzte Schritt – weil er Gewohnheiten beendet
  und Erwartungen durchkreuzt; weil er das Einge-
  ständnis des Scheiterns voraussetzt und den Mut
  erfordert, etwas ganz Neues zu tun – und das ohne
  jede Erfolgsgarantie. Das ist das Vertrackte an dieser Methode: Der letzte Schritt ist immer nur wieder
  der erste. Am Ende stehen wir vielleicht wieder vor
  dem Nichts. Aber nein, es ist eben *kein* Nichts; es
  ist bereits die zweite Erkenntnis darüber, was nicht
  funktioniert. Die Versuchsanordnung zu ändern
  heißt, uns der ewigen Wiederkehr des Gleichen zu
  entziehen und uns der grundlegenden, menschlichen
  Fähigkeit zu bedienen, Alternativen zu entwerfen.
  Warum nur fällt uns diese Offenheit so schwer?

Seit Hippokrates glaubte die Medizin, das Leben im
Menschen bestehe aus vier Säften (gelbe Galle,
schwarze Galle, Blut und Schleim), die Gesundheit be-
ruhe auf dem Gleichgewicht dieser Säfte, und die beste Medizin für den Menschen sei es, ihn zur Ader zu
lassen. Der berühmte George Washington starb, nach-

dem drei Ärzte hintereinander auf die glorreiche Idee gekommen waren, ihm immer noch mehr Blut abzunehmen. Niemand weiß, wie viele Menschen mit dieser »Kur« zu Tode geheilt wurden. Denn sie zurückzuweisen hätte bedeutet, den größten Mediziner aller Zeiten, Galenos (129 – 201) und sein 14 Bände umfassendes Hauptwerk *Methodus Medendi* in Frage zu stellen. Galenos hatte nie einen Menschen von innen gesehen; stattdessen hatte er das, was er bei der Sektion von Affen, Schweinen und Hunden entdeckt hatte, umstandslos auf den Menschen übertragen. Dennoch war und blieb sein Wort medizinische Lehrmeinung über 1400 Jahre (!). Sie in Frage zu stellen erschien nicht nur verrückt und größenwahnsinnig, sondern auch sinnlos.

Man wird noch heute sehr misstrauisch, wenn jemand der herrschenden Meinung zu widersprechen wagt – selbst wenn dieser Jemand man selbst ist. Ich habe erst mit Mitte 40 und durch airbnb erfahren, wie gerne ich Gastgeber bin. Inzwischen kann ich mir vorstellen, mein Leben als Inhaber einer veganen Fahrradpension auf Gozo ausklingen zu lassen. Hätte ich es nicht ausprobiert, ich wäre nie im Leben darauf gekommen, wie es mich erfüllt, Gästen für ein paar Tage einen inspirierenden und unvergesslichen Aufenthalt zu bereiten.

Darum prüfen Sie sich: Was wissen Sie über sich?

Was haben Sie ausprobiert? Vielleicht macht es Sie glücklicher, Fahrräder zu reparieren, als Honorarabrechnungen zu schreiben. Vielleicht macht es Sie stolzer, einen Chor zu leiten, denn als Singer-Songwriter vor sich hin zu weinen. Vielleicht können Sie als Judotrainer weit mehr Menschen helfen denn als Filmregisseur. Probieren Sie es aus. Versuch macht klug – da waren sich Francis Bacon, Bert Brecht und Karl Popper ausnahmsweise einig.

41. Werden Sie effizient

Die Schnecke kann uns mehr über den Weg erzählen als der Hase. Aber würden Sie deswegen eine Schnecke als Taxifahrer engagieren?

Ich weiß nicht, wie es Ihnen geht, aber ich fühle mich oft grauenhaft ineffektiv. Ich bin bereits 49 und in manchen Dingen immer noch schneckenhaft langsam. Ich schaffe es praktisch nie, meine eigenen Zeitpläne einzuhalten. Und das in einer Zeit, wo die Zeit immer knapper wird – das ist ja gerade das Grundgefühl der Midlife-Crisis. Es ist daher an der Zeit, die kulturkri-

tischen Klagen über die Inhumanität von Effizienzstei-
gerung hinter sich zu lassen (in den 80ern wollten die
Grünen die Einführung von ISDN verhindern!), sondern
einfach selbst effizienter zu werden. Wenigstens ein
kleines bisschen.

Ich bin zum Beispiel erst vor drei Jahren vom Zwei-
Finger-Suchsystem zum Zehn-Finger-Tippen übergegan-
gen (und immer noch neidisch, um wie viel schneller
zum Beispiel mein Kollege Daniel Bielenstein tippen
kann). Es gibt auch Kurse und Bücher übers Schnell-
lesen – das klingt, ehrlich gesagt, auch sehr vielver-
sprechend. Der Psychologieprofessor Ralf Radach behauptet, mit dem richtigen Tempo könne jeder sein
Lesetempo verdoppeln (!). Zum Beispiel, indem man
aufhöre, den Text innerlich mitzusprechen oder immer
wieder mit dem Auge im Text zurückzuspringen (er
nennt es Regression). Die Leseforscher fanden heraus,
dass all dies keineswegs zum Verständnis beiträgt,
sondern nur eine Art schlechte Gewohnheit ist.

Vor allem aber kommen wir nicht darum herum, uns
ausführlich mit dem zu befassen, was manche für die
Inkarnation spätkapitalistischer Grausamkeit halten:
Zeitmanagement. Diese Erkenntnisse sind so fundamental, dass man sie eigentlich spätestens in der fünften Klasse lernen sollte. Es handelt sich um schlichte
Imperative der Vernunft, übersetzt in millionenfach er-
probte Tricks aus der Praxis. Es lohnt sich, die ein-

schlägigen Bücher immer wieder zu lesen. Das Buch
30 Minuten für optimale Selbstorganisation von Detlev
König, Susanne Roth und Lothar J. Seiwert empfiehlt
zum Beispiel folgende fünf Prinzipien:

1. Das *Direkt-Prinzip*: Alles, was zeitlich überschaubar
   ist, sofort ausführen, statt es zehnmal auf eine
   To-do-Liste zu setzen.
2. Das *GSP-Prinzip*: Mach es gut statt perfekt. Es geht
   von Paretos Erkenntnis aus, dass wir 80 Prozent des Gesamtergebnisses mit 20 Prozent des
   Gesamtaufwands erreichen, mit den restlichen
   80 Prozent des Gesamtaufwandes aber nur noch
   die letzten 20 Prozent Vollkommenheit.
3. Das *Prioritäten-Prinzip*: Konzentriere dich auf das
   Wichtigste statt auf das Dringendste! Wir neigen
   dazu, die wichtigsten Dinge nach hinten zu schieben, um unwichtige Dinge zu erledigen, die so
   schlau waren, sich selber eine Frist zu setzen.
   Nein: Das Wichtigste zuerst!
4. Das *VDN-Prinzip*: Meetings sind der Zeitdieb Nr. 1.
   Man sollte sie nur ansetzen oder daran teilnehmen, wenn sie professionell **v**orbereitet, **d**urch-
   geführt und **n**achbereitet werden.
5. Das Schriftlichkeitsprinzip: Notieren Sie alles, was
   Sie vorhaben (damit Sie nicht ständig alles im Kopf
   haben müssen), und ordnen Sie es so, dass Sie es

sofort wiederfinden (zum Beispiel in einem Superbuch).

Das erfolgreichste Buch überhaupt zu diesem Thema
ist Stephen Coveys *The 7 Habits of Highly Effective
People*. Es verkaufte sich mehrere Millionen Mal und
ist ebenso lesenswert wie sein späteres Buch *Der
Weg zum Wesentlichen*. Covey hat sich zu Beginn seiner Laufbahn mit den letzten 200 Jahren Ratgeber-
literatur aus den USA befasst; inzwischen betreibt er
Beratungsbüros in 54 Ländern der Welt mit 2000 Mitarbeitern.
Seine sieben Prinzipien in Kürzestform:

1. *Agieren statt reagieren*. Setze bewusst Ziele und
   verfolge sie, statt nur auf Anfragen zu antworten.
   Gestalte, statt mitzulaufen. Dies ist der Ausgangs-
   und Endpunkt jeder Midlife-Crisis: Wir quallen-
   artigen Im-Wasser-Treiber wollen endlich selber
   schwimmen, um irgendwo anzukommen.
2. *Beginne mit dem Ende*. Mach dir klar, wo du hin-
   willst. Welchen Gipfel wollen wir erklimmen? Und
   wird uns unsere nächste Entscheidung wenigstens
   dem Berg näher bringen?
3. *Tue die wichtigsten Dinge zuerst* (Prioritätenprinzip).
   Damit ist nicht Facebook gemeint oder die neue
   Staffel von *Game of Thrones* und auch nicht das

Lesen des xten Artikels zur Griechenlandkrise (es sei denn, Sie schreiben gerade ein Buch zur Griechenlandkrise).

4. *Denke in Win-win-Situationen.* Versuche nicht voranzukommen, indem du andere schlägst, vernichtest oder beseitigst, sondern kooperiere mit ihnen.

5. *Versuche, erst zu verstehen und dann verstanden zu werden.* Laberköpfe, selbsternannte Experten, ungebetene Ratgeber, Missionierer und Besserwisser haben manchmal recht und manchmal nicht. Aber eins haben sie gemeinsam: Niemand hört ihnen zu. Sie sind *ineffektiv.* Daher hat Buddha in seinen Statuen immer so große Ohren: um daran zu erinnern, dass wir mehr zuhören sollen. Das eindrucksvollste Plädoyer dafür ist immer noch der Roman *Momo* von Michael Ende.

6. *Schaffe Synergien.* 1 + 1 = 3. Arbeitsteilung ist hundertmal effektiver als Autarkie. Vertraue, delegiere, gib ab.

7. *Schärfe die Säge.* Erhöhe deine eigene Produktivität. Es gibt keine besser investierte Zeit. (Wenn Sie den dahinterliegenden Witz noch nicht kennen – der geht folgendermaßen: Ein Spaziergänger sieht, wie ein Forstarbeiter sich abmüht, mit einer stumpfen Säge einen Baum zu fällen. Nach einer Weile schlägt er ihm vorsichtig vor, ob er denn nicht einmal die Säge schärfen wolle. »Keine Zeit!«, seufzt

der Arbeiter. »Muss bis heute Abend noch drei Bäume fällen!«)

Es mag cooler und lässiger erscheinen, im totalen Chaos zu leben, keinen Durchblick bei seinen Aufgaben, Prioritäten, Termine und Finanzen zu haben und möglichst viel Zeit im Café und auf Facebook zu verbringen und von großen Projekten zu träumen. Es ist aber auch deutlich erfolgloser und deprimierender. Natürlich teilen wir alle den Anti-Leistungsgedanken: morgens um sieben, wenn wir aufstehen müssen, um alles zu schaffen, was wir uns für den Tag vorgenommen haben. Natürlich gibt es aus dieser Warte nichts Köstlicheres, als einfach den Wecker weiterzustellen und sich im Bett herumzudrehen.

Es gibt aber auch das gegenteilige Gefühl – nämlich das Missbehagen am Abend, wenn man feststellt, dass man wieder einen Tag sinnlos vertan hat und zig dringende Aufgaben immer noch unerledigt herumliegen und einem schon jetzt den Ausblick auf den folgenden Tag vermiesen. Um wie vieles schöner ist demgegenüber das Gefühl, das sich abends einstellt, wenn wir tatsächlich alles erledigt haben: Genugtuung, Freude, Stolz – die unübertrefflichen Wonnen der Selbstwirksamkeit.

42. Verstehen Sie das Wort »Erfolg«

Die Leute verwechseln ständig Prostitution mit Erfolg.

Kein Wort wird häufiger missverstanden als »Erfolg«. Erfolg verleitet uns zu drei Grundfehlern: das Falsche zu tun, uns an andere zu verkaufen und das Leben eines anderen zu leben.

- *Tragischer Erfolg*: Es ist kein Erfolg, das Klavier in den 12. Stock zu tragen, wenn es das falsche Haus ist. Es ist kein Erfolg, 30 Jahre mit derselben Frau zusammen zu sein, wenn sie die falsche Frau ist. Es ist kein Erfolg, 40 Jahre lang Lehrer zu sein, wenn man seine Schüler hasst. Erfolg in der falschen Richtung ist Misserfolg, Zeitverschwendung – eine Tragödie.
- *Prostitution:* Kennen Sie *Love and Landscape*? Eine Frau Mitte 40 bricht aus ihrem Leben aus, reist nach Australien und lernt dort einen großen, sportlichen, wettergegerbten Mann kennen, der ein dunkles Geheimnis hat. Eine große Liebesgeschichte beginnt… Statt Australien kann es auch die Toskana, die Bretagne, Kalifornien oder Peru sein; mal ist die

Frau Lehrerin, mal Ärztin, mal Buchhändlerin. Aber immer ist der Mann verschlossen, groß und geheimnisvoll. Bücher mit diesen Storys verkaufen sich wie verrückt. Frauen lieben diese Geschichte. Nur: Es ist kein Erfolg, einen Love and Landscape-Bestseller nach dem anderen zu schreiben, wenn man diesen Kitsch fürchterlich findet und eigentlich sozialkritische Thriller schreiben will. Es ist kein Erfolg, einen Schlagertext nach dem anderen für Helene Fischer zu schreiben, wenn man eigentlich Singer-Songwriter werden wollte. Es ist kein Erfolg, Werbeclips für Fleischländer-Wurst zu drehen, wenn man der deutsche Tarantino sein möchte (es sei denn, man finanziert damit seine surrealen Filmkunstwerke, so wie Roy Andersson). *Erfolg ohne Autonomie ist Prostitution*. Man ordnet seine Arbeitskraft den Zielen anderer und dem Gesichtspunkt der reinen Verkäuflichkeit unter und opfert dafür das, was man eigentlich vorhatte.

- *Nachmacher*: Den siebten Abklatsch von *Shades of Grey*, *Twilight*, *Harry Potter*, *Ich bin dann mal weg* oder *Gregs Tagebuch* zu schreiben ist ebenfalls kein Erfolg. *Erfolg ohne Eigenständigkeit ist Plagiat*, also eine Mischung aus Nachahmung und Diebstahl. Ein Gutteil der in Deutschland erschienenen Bücher sind *Me toos* (so nennen es die Verlage). Ob Formatradios, Talkshows, Castingshows, Regietheaterinszenierun-

gen, Stella-Musicals – die meisten zeichnen sich dadurch aus, dass sie einen Vorgänger plagiieren. Die
beteiligten Autoren, Künstler und Regisseure begnü-
gen sich damit, voneinander abzukupfern.

In Quentin Tarantinos erstem Film *Reservoir Dogs* gibt
es eine Szene, in der ein sadistischer Psychopath
einem entführten Polizisten ein Ohr abschneidet. Nach
den Testvorführungen sagten die Zuschauer, dass sie
den Film mochten – bis auf die Szene mit dem ab-
geschnittenen Ohr. Der Verleiher Harvey Weinstein bat
daraufhin Tarantino, die Szene herauszuschneiden, da
er den Film dann in deutlich mehr Kinos platzieren
könne. Tarantino, damals noch ein absoluter Nobody,
weigerte sich strikt. Weinstein akzeptierte, *Reservoir
Dogs* floppte in den USA, aber in den englischen
Videotheken wurde er ein Überraschungserfolg und
spielte über eine Million Dollar Gewinn ein. Als Nächstes drehte Tarantinto *Pulp Fiction*. Und das Einzige,
was man von *Reservoir Dogs* erinnert, ist die Szene
mit dem Ohr: Das ist Tarantino. »Am Ende sind es immer winzige Momente, die ausschlaggebend sind, und
dieser Moment prägte meine gesamte Karriere«, erklärte Tarantino später. »Es ist wie dieser Satz in *The
Color of Money*: ›Wenn du weißt, wann du ja sagen
musst und wann du nein sagen musst, fährt jeder in
einem Cadillac nach Hause.‹«

Auch Luis Buñuel hat nie künstlerische Kompromisse gemacht und lauter Filme und Szenen gedreht, an die man sich noch nach Jahrzehnten erinnert. Als er 1972 nach Hollywood kam, um *Der diskrete Charme der Bourgeoisie* vorzustellen, lud George Cukor ihn zu sich nach Hause ein mit dem Hinweis, ein paar Freunde würden auch kommen. Diese Freunde waren unter anderem John Ford, Alfred Hitchcock und Billy Wilder – allesamt, wie sich herausstellte, Fans von Buñuels Filmen. Buñuel hatte keinen von ihnen vorher je getroffen und nie damit gerechnet, dass es einmal dazu kommen (und jeder unbedingt neben ihm sitzen wollen) würde. Das ist Erfolg.

Erfolg misst sich nicht am Geld; weder beweist noch widerlegt ein finanzieller Erfolg, dass eine Sache gut ist. Ein Kinohit kann ein sehr guter Film sein *(Django Unchained)* oder ein sehr schlechter Film *(Braveheart)*, ebenso kann ein Kinoflop ein sehr schlechter Film sein *(John Carter)* oder ein sehr guter Film *(Eine Taube sitzt auf einem Zweig und denkt über das Leben nach)*.

Erfolg misst sich am eigenen Willen: zu wissen, was man will, es zu tun und damit möglichst viele Leute zu erreichen. Es existiert überhaupt kein Widerspruch zwischen künstlerischer Qualität und Markterfolg. Händel, Mozart, Beethoven, Chopin, Liszt, Strawinsky und Strauss waren schon zu Lebzeiten die bestbezahlten Komponisten ihrer Zeit. Entscheidend ist nur, das

eigene Ziel nicht vom Dogma diktieren zu lassen, das
Ergebnis müsse jedermann gefallen und sich dadurch
wahnsinnig gut verkaufen bzw. dürfe sich auf keinen
Fall gut verkaufen und daher auch niemandem gefallen
(außer den Jurys und Feuilletonredakteuren).

Herbert Feuerstein war *Pardon*-Herausgeber, Chef-
redakteur von *MAD*, Autor und Showpartner von Harald
Schmidt, Pianist, Sprecher, Opern- und Theaterschau-
spieler. Dennoch lautet sein Lebensfazit im Gespräch
mit dem *Spiegel*: »Ich glaube, ich habe mich in meinem Leben zu sehr treiben lassen und zu wenig darauf
geachtet, was ich selber will.« Es ist unglaublich ver-
lockend, der Frage nach dem eigenen Willen auszu-
weichen, dem Abgrund des eigenen Inneren, in dem
man glaubt, keinen Halt zu finden, und stattdessen
irgendetwas Objektives zu suchen, an dem man sich
festhalten kann: hohe Gagen, Auszeichnungen, Wettbewerbe, Chartplatzierungen, Klicks. Aber das erspart
einem nicht, die eigenen Maßstäbe und Ziele zu defi-
nieren. Ich bin schon in Jurys gewesen: Das ist oft
eine zufällig zusammengewürfelte Truppe von Leuten
mit entgegengesetzten Meinungen, die sich nicht ausstehen können. Es gibt Deals, Kompromisse, Quoten,
Blockaden, Intrigen, Eklats. Was herauskommt, hängt
von den Mehrheitsverhältnissen ebenso ab wie von
der strategischen Brillanz der Kontrahenten. Woody
Allen hat diverse Oscars bekommen, war aber bei kei-

ner einzigen Oscar-Verleihung, weil er nie bereit war, sich dem Urteil einer Jury zu unterwerfen.

Und das ist absolut vernünftig. Sie können an Wettbewerben teilnehmen, um Ihre Karriere zu befördern; aber nehmen Sie sich das Ergebnis ja nicht zu Herzen. Sie müssen weder Wettbewerbe noch Verkaufsrankings gewinnen. Und lassen Sie sich vor allem von keinem Kulturkritiker einen Gegensatz aufschwatzen zwischen Erfolg und Authentizität. Die Kunst besteht darin, mit Authentizität Erfolg zu haben. Was hat Tarantino gesagt, um Weinstein davon zu überzeugen, dass das abgeschnittene Ohr drinbleibt? »Dieser Film sollte nie einer sein, der jedem gefällt. Ich habe diesen Film für mich selbst gemacht, und alle anderen sind eingeladen, ihn sich anzusehen. Also vergessen Sie's, die Szene bleibt drin!«

43. Begnügen Sie sich nur mit dem Besten

Das Gute ist selten neu. Noch seltener ist das Neue gut.

Ich soll nur das Beste nehmen? Natürlich, antworten Sie, nur das Allerbeste! Daher lesen Sie ausschließlich die aktuellen Preisträger der großen internationalen Literaturpreise: Nobelpreis, Man Booker Prize, Faulkner Award, Prix Goncourt, Cervantes-Preis, Goethe-Preis, Büchner-Preis, Kleist-Preis, Ricarda-Huch-Preis, Kurt-Tucholsky-Preis. Also natürlich nur die wichtigsten Hauptwerke dieser Autoren, das würde ja sonst zu viel. Selbstverständlich auch die Romane von der Shortlist des deutschen Buchpreises und die Titel, die es nach Ansicht Ihres Lieblingskritikers völlig zu Unrecht nicht auf die Shortlist geschafft haben. Dazu die aktuellen Titel, die viel zu versponnen und eigensinnig für Buchpreise sind (oft die Allerbesten)! Damit sind Sie bei höchstens 200 Romanen und Lyrikbänden – kein Problem für Sie. Oder höchstens dann, wenn in diesem Jahrgang eigentlich gar kein richtig gutes Buch dabei war. Das wird Ihnen aber glücklicherweise nicht auffallen, weil Sie beim Verfolgen der aktuellen Preisträger garantiert nicht dazu kommen, mal einen Blick zu werfen in, sagen wir, *Bel Ami* oder *Die Dämonen* oder *Rot und Schwarz* oder *Madame Bovary* oder *Licht im August*. Andernfalls würden Sie vielleicht feststellen, dass die eigentlich schon viel weiter waren. Dasselbe gilt natürlich auch für Filme, Kunst, Theater und Musik. Ein Cineast wie ich muss sich zumindest die aktuellen Gewinner der Goldenen Löwen, Bären, Palmen und Leoparden ansehen, nicht zu vergessen die Spitzenreiter von

Sundance, den Kurzfilmtagen Oberhausen und den Hofer Filmtagen!

Wie könnte man diese Macke nennen? Vielleicht *Aktualismus.* Das Schöne daran: Es lohnt sich auf jeden Fall, das im Moment Angesagte zu lesen, zu sehen oder zu hören, alleine um beweisen zu können, dass sie völlig zu Unrecht ausgezeichnet wurden oder in den Bestsellerlisten stehen.

Apropos Bestsellerlisten. Vorsichtig ausgedrückt: Nicht immer ist das Meistverkaufte auch das Beste. *Shades of Grey* hat sich weltweit über 70 Millionen Mal verkauft. Lesen Sie unbedingt mal rein – dann laufen Sie nächstes Mal womöglich zielsicher an dem Riesenregal vorbei, in dem die Buchhandlungen die Bücher der aktuellen *Spiegel*-Liste präsentieren, als hätten diese gerade den Literaturnobelpreis gewonnen.

Ein Klassiker, so sagt eine süffisante Definition, ist ein Buch, das jeder kennt, aber niemand gelesen hat. Das stimmt. Aber es spricht nicht gegen die Klassiker, sondern gegen uns.

Das Beste ist nicht das Neueste, Modischste, Aktuellste und Angesagteste. Das wusste Seneca schon 2000 Jahre vor Markus Lanz und Facebook: »Keine Zeit ist uns verschlossen. Zu jeder haben wir Zugang. (...) Du kannst mit Sokrates diskutieren, mit Epikur der Ruhe pflegen, mit den Stoikern die menschliche Natur überwinden und mit den Kynikern über das

gewöhnliche Menschenmaß hinausgehen. (…) Keiner
dieser Weisen wird dich zwingen zu sterben, aber alle
werden es dich lehren. Keiner wird deine Jahre zunich-
temachen, er wird dir noch die seinen dazuschenken.«

Das Beste ist übrigens auch nicht das Teuerste. Ich
erinnere mich an mein Entsetzen, als ich ein Bücher-
regal gekauft hatte, das fünfmal so teuer war wie ein
vergleichbares von IKEA, nur um festzustellen, dass
mein teures Designstück dasselbe fehleranfällige
Schrauben-Stecksystem verwendete wie der schwedische Möbelriese. Gutes Rapsöl finden Sie im Edel-
Supermarkt als *100 % naturreines Rapsöl* – oder als
No-Name-»Pflanzenöl« im Discounter. Oft ist es genau
dasselbe Öl, nur eben zu unterschiedlichen Preisen,
weil es der Hersteller nicht schafft, alles zum Höchst-
preis zu verkaufen.

Ein weiteres schlagendes Beispiel sind Musicals.
Oft gewinnt man den Eindruck, die Begeisterung des
Publikums habe weniger mit dem Bühnengeschehen zu
tun, sondern damit, dass die Zuschauer 120 Euro pro
Karte gezahlt haben *(dann muss es sich aber auch
gelohnt haben … tolle Kostüme!).* Ich gehe oft zu den
Semestervorspielen der Instrumentalklassen an der
Hamburger Musikhochschule. Die Studenten aus
Deutschland, Russland und Japan haben sich ein hal-
bes Jahr mit dem Stück beschäftigt, und man kann
aus nächster Nähe beobachten, wie sie dabei sind,

Künstler zu werden. Ein magischer Moment, auch ohne Kostüme und Lichteffekte. Der Eintritt ist übrigens frei.

Das Beste ist auch nicht überflüssig. Die Philosophin Renata Saleci sagte im Interview mit der Wirtschaftszeitung *enorm*: »Wir dürfen Konsumentscheidungen nicht so ernst nehmen und sollten möglichst wenig Zeit mit ihnen verschwenden.« Das ist blühender Unsinn. Über ein richtig gutes Fahrrad, eine richtig gute Geschirrspülmaschine, ein richtig gutes Klavier oder einen richtig guten Fernseher können Sie sich jahrelang freuen, ebenso wie über ein richtig gutes Buch, einen richtig guten Film und ein richtig tolles Konzert. Diese Dinge zu finden kostet Zeit und Anstrengung – die aber keineswegs verschwendet sind.

»Buy less, choose well, make it last«, riet Vivienne Westwood – und das gilt, wenn Sie kaufen durch nehmen ersetzen, eigentlich für alles im Leben. Lassen Sie sich nicht bedrängen, bequatschen, vereinnahmen und abspeisen. Überlegen Sie, was Sie brauchen und mögen. Befolgen Sie die fünf goldenen Regeln (siehe Kapitel 21). Und vertrauen Sie denen, die sich Vertrauen verdient haben. Kokoschka, Dostojewski und Strawinsky sind immer gut. Sie können gar nicht anders.

44. Tun Sie es

Schöne Vorsätze sind ein gutes Frühstück,
aber ein schlechtes Abendbrot.

Ich weiß nicht, ob Bücher die Welt verändern können. Aber ich weiß, dass sie mein Leben verändert haben. Nachdem ich Christoph Bausenweins *Dienen oder Sitzen* gelesen hatte, habe ich mich entschlossen, den Wehrdienst total zu verweigern. Nachdem ich *Simplify your Life* gelesen hatte, habe ich von 20 Uni-Ordnern 16 weggeschmissen. Nachdem ich *In die Sonne schauen* gelesen hatte, habe ich aufgehört, mich vor dem Tod zu fürchten. Nachdem ich *Ihr Pferd ist tot? Steigen Sie ab!* gelesen hatte, habe ich mich entschlossen, meinen Beruf zu wechseln. Nachdem ich *Die Kunst, frei zu sein* gelesen hatte, habe ich angefangen, meine Ausgaben aufzuschreiben. Nachdem ich *The 7 Habits of Highly Effective People* gelesen hatte, habe ich begonnen, wieder mehr zu komponieren.

Lesen hilft. Denken hilft auch. Aber natürlich nur, wenn Sie jetzt endlich damit anfangen, etwas zu tun. »Lernen und nichts zu tun bedeutet, nicht zu lernen.

Wissen und nichts zu tun bedeutet, nicht zu wissen«, schreibt Covey dazu.

Woody Allen hat einmal gesagt, er denke viel an die Zukunft, weil das der Ort sei, wo er den Rest seines Lebens zubringen werde. Das ist ganz lustig. Er hat aber auch etwas Ernstes zum Thema gesagt: »So viele Leute haben mir erzählt, sie wollten ein Stück schreiben, einen Film, einen Roman, und die paar, die es tatsächlich gemacht haben, hatten schon 80 Prozent erreicht. Alle anderen blieben einfach stecken. Sie haben nichts getan, nichts erreicht, denn wenn du es tatsächlich tust, tatsächlich das Drehbuch oder den Roman schreibst, dann hast du über die Hälfte des Weges geschafft, um etwas Gutes zu erreichen. Das war die einzige Lektion meines Lebens, die wirklich funktioniert hat.«

Vielleicht denken Sie jetzt, Allen habe gut reden, mit seinen 50 Filmen und unzähligen Oscars. Er hat mit 17 angefangen, Gags zu schreiben. Für Sie dagegen komme jeder gute Rat zu spät.

Aber diese Ausrede verfängt nicht. Paul Gauguin verlor mit 34 seine Anstellung als Börsenmakler bei einer Bank und entschloss sich, Maler zu werden. Robert Noyce gründete den Halbleiterhersteller *Intel* mit 41. Ludwig Wittgenstein wurde mit 50 erstmals Philosophieprofessor, Ray Croc startete mit 52 einen Fast-Food-Imbiss namens *McDonald's*. John Pemberton erfand mit 58 das Getränk *Coca-Cola*. Und Frank

McCourt schrieb mit 66 sein erstes Buch, den Welt-
bestseller *Die Asche meiner Mutter*.

Bloß weil man die 40 überschritten hat, ist überhaupt noch nichts zu spät! Gottfried Benn meinte sogar, erst mit 50 kenne man seine Begabung und wisse, was man tun und was man lassen solle. Werden
Sie Lehrer, Lebensretter, Welterforscher, Selbstoptimie-
rer, Geschichtenerzähler und Philosoph. Schreiben Sie
die Buñuel-Liste, die Max-Frisch-Liste und die Löffelliste. Lernen Sie Spanisch, Judo, Klavier, Salsa, 10-Fin-
ger-Tippen, Jonglieren oder mit Stäbchen essen. Erfinden Sie eine Sportart, ein Kochrezept, ein Brettspiel,
ein schönes neues Wort. Entwerfen Sie ein Wappen
oder eine neue Frisur. Machen Sie eine Galerie, ein
Restaurant oder einen Verlag auf. Gründen Sie eine
Kleingartensiedlung, eine Improtheatergruppe, eine
Großfamilie oder ein Unternehmen. Und schreiben Sie
mir in 20 Jahren, was daraus geworden ist. Denn das
ist das Schöne: Wenn Sie in die Zukunft denken, können Sie sich darauf freuen. Wenn Sie etwas gründen,
lernen, sammeln, aufbauen, erfinden und ins Leben
rufen, arbeitet die Zeit nicht mehr gegen, sondern für
Sie. Seien Sie der, dessen bester Freund Sie gerne
wären – und seien Sie dessen bester Freund.

Entwerfen Sie Ihr Leben und leben Sie diesen Entwurf. Es gibt kein größeres Abenteuer.

Quellennachweis

Zitierte und verwendete Quellen

S. 14: Georg Christoph Lichtenberg: *Aphorismen* (Sudelbücher), Heft K, Kapitel 11, in: Georg Christoph Lichtenberg: *Aphorismen, Schriften, Briefe*. Hanser, München 1974

S. 21: Helmut Kohl: »Regierungserklärung in der 182. Sitzung des Deutschen Bundestages zur Zukunftssicherung des Standortes Deutschland, 21.10.1993«, *Bulletin des Presse- und Informationsamts der Bundesregierung*, Nr. 90 (22.10.1993); Stefan Klein: *Die Glücksformel oder wie die guten Gefühle entstehen*. Fischer, Frankfurt/Main 2013; Cesar Millan: *Die Glücksformel für den Hund: 98 Tipps vom Hundeflüsterer*. Piper, München 2015; Konstanze Kuchenmeister: *Mein Glücksrezept: So meistern Sie jede Lebenskrise aus eigener Kraft*. Gräfe und Unzer, München 2012

S. 22: Laurence J. Peter, Raymond Hull: *Das Peter-Prinzip oder die Hierarchie der Unfähigen*. Rowohlt, Reinbek 2001; vgl. Oscar Wilde: *Lady Windermeres Fächer*, S. 88, in: Oscar Wilde: *Ernst und seine tiefere Bedeutung und andere Komödien*, S. 7–119. Neu übersetzt von Bernd Eilert. Gerd Haffmanns bei Zweitausendeins. Frankfurt/Main 2004. (»Auf dieser Welt spielen sich nur zwei Tragödien ab. In der einen kriegt man, was man will, und in der anderen nicht. Erstere ist schmerzlicher; letztere ist die wahre Tragödie!«)

S. 23: Richard David Precht, Robert Spaemann: »Dürfen wir Tiere essen?«, ZDF, 9.12.2012

S. 29: Jacob und Wilhelm Grimm: *Hans im Glück*, in: *Kinder- und Hausmärchen gesammelt durch die Brüder Grimm. Mit den Illustrationen von Otto Ubbelohde und einem Vorwort von Ingeborg Weber-Kellermann*. Zweiter Band. Insel Taschenbuch, Frankfurt/Main 1984, S.101

S. 31: Stefan Klein: *Einfach glücklich: Die Glücksformel für jeden Tag*. Fischer Taschenbuch, Frankfurt/Main 2014; Dorothea Dietrich: *Einfach glücklich. Anleitung für ein Leben in Fülle*. Schirner, Darmstadt 2012

S. 44: Wolfgang Schmidbauer: *Hilflose Helfer. Die seelische Problematik der helfenden Berufe*. Rowohlt, Reinbek 1992 S. 44

S. 48: Hannah Arendt: *Eichmann in Jerusalem. Ein Bericht von der Banalität des Bösen*. Piper, München 2011

S. 49: Zitat Gerhard Roth siehe Anja Dilk, Heike Littger: »Du musst besser werden!«, *Spiegel online*, 4.5.2014

S. 54: Zitate zu Harksen in Peter Balsiger: »Die größten Finanzbetrüger«, *Euro*, Finanzen Verlag, Karlsruhe 2011, 3/2011, S. 42–61, hier S. 52 f.

S. 58: Zum Abilene-Paradox vgl. Jerry B. Harvey: »The Abilene Paradox and Other Meditations On Management«, *Organizational Dynamics* 3, Nr. 1, Lexington Books, Lexington, Massachusetts 1988 S. 63

S. 59: Vgl. David Schnarch: *Intimität und Verlagen. Sexuelle Leidenschaft in dauerhaften Beziehungen*. Klett-Cotta, Stuttgart, 2015

S. 60: Adam Smith: *Untersuchungen über das Wesen und die Ursachen des Nationalreichthums*. Erster Band. Otto Wigand, Leipzig 1846, S. 26

S. 61: Mao-tse-Tung: *Worte des Vorsitzenden Mao Tsetung*, (Peking 1967), Verlag Neuer Weg, Essen, S. 13;. Ayn Rand: *Wer ist John Galt?* Gesellschaft für erfahrungswissenschaftliche Sozialforschung, 1997; Ayn Rand: *The Virtue of Selfishness*. Signet, Hamburg 1964

S. 62: Andrew Mwenda: »AID for Africa? No thanks«, *TEDGlobal*, Juni 2007

S. 64: Josef Kürschner: *Die Kunst, ein Egoist zu sein: Das Abenteuer, glücklich zu leben, auch wenn es anderen nicht gefällt.* Nikol, Hamburg 2012; Wayne W. Dyer: *Der wunde Punkt. Die Kunst, nicht unglücklich zu sein.* Rowohlt, Reinbek 2013; Veit Lindau: *Heirate dich selbst: Wie radikale Selbstliebe unser Leben revolutioniert.* Kailash, München 2013; Eva-Maria Zurhorst: *Liebe dich selbst und entdecke, was dich stark macht.* Goldmann, München 2012

S. 65: Stefan Berg: »Wer bin ich – und wenn ja, wo?«, *Spiegel online*, 25.12.2011; Georg Franck: *Ökonomie der Aufmerksamkeit.* Ein Entwurf. Hanser, München 1998

S. 66: Hallowell zit. nach Siggi Weinert: *Über kurz oder lang ins Licht.* epubli, Berlin, 2014, S. 78

S. 67: Tom Diesbrock: *Ihr Pferd ist tot? Steigen Sie ab! Wie Sie sich die innere Freiheit nehmen, beruflich umzusatteln.* Campus, Frankfurt/Main 2011, S. 26 (Zu den Tagträumen als Visionsarbeit vgl. S.169f.)

S. 69: Iwan Gontscharow: *Oblomow.* dtv, München 2014

S. 71: Neil Fiore: *Vorbei mit der Aufschieberei. Wie Sie Dinge geregelt kriegen und Ihr Leben zurückgewinnen.* Vak-Verlag, Kirchzarten bei Freiburg 2012

S. 73: Stephen R. Covey: *The Seven Habits of Highly Effective People. Powerful Lessons in Personal Change.* PocketBooks, London, New York, Sidney, Toronto, 2004, S. 12

S. 79: James N. Frey: *Wie man einen verdammt guten Roman schreibt.* Emons, Köln 1993, S. 40–44 (maximale Figurenkapazität)

S. 83: John Vorhaus: *Handwerk Humor.* Zweitausendeins, Frankfurt/Main 2001, S. 15; Steffen Möller: *Viva Warszawa. Polen für Fortgeschrittene.* Malik, München 2015, S. 56–61

S. 87: Kurt Tucholsky: »Der Mensch«, in: *Die Weltbühne,* 16.6.1931, S. 890 (*Die Weltbühne. Vollständiger Nachdruck der Jahrgänge 1918-1933*, Athenäum, Königstein/Taunus 1978)

S. 94: Vgl. Carsten Jasner: *Mut Proben! Das Leben ist tödlich. Aber es muss nicht sterbenslangweilig sein.* Blanvalet, München 2011

S. 95: Walter Krämer: »Ein Volk von Panikmachern«, in: *achgut.com*, 11.9.2015

S. 100: Vgl. Irvin D. Yalom: *In die Sonne schauen. Wie man die Angst vor dem Tod überwindet.* btb, München 2008

S. 101: Zitat Wittgenstein nach Otto A. Böhmer: *Sternstunden der Philosophie. Von Platon bis Heidegger.* C.H. Beck, München 2004, S. 145

S. 110: Robert Pfaller: *Wofür es sich zu leben lohnt. Elemente materialistischer Philosophie.* S. Fischer, Frankfurt/Main 2011

S. 248: Paul Watzlawick: *Anleitung zum Unglücklichsein.* Piper, München 2005, S. 19

S. 112: Alan Carr: *Endlich Nichtraucher! Der einfache Weg, mit dem Rauchen Schluss zu machen.* Goldmann, München 2012; Bodo Schäfer: *Ihre erste Million in 7 Jahren*, Bodo-Schäfer-Akademie, Bergisch Glattbach 2014; : Bodo Schäfer: *Der Weg zur finanziellen Freiheit. Die erste Million.* dtv, München 2003

S. 113: Rolf Dobelli: D*ie Kunst des klaren Denkens. 52 Denkfehler, die Sie besser anderen überlassen.* Hanser, München 2011, S. 190

S. 114: Hugh MacLeod: *Keine Skrupel! Schmieden Sie böse Pläne und haben Sie Spaß auf dem Weg zur Nummer 1.* BörsenMedien, Kulmbach 2012, S. 9

S. 123: Konstantin Wecker: *Jeder Augenblick ist ewig. Die Gedichte.* dtv, München 2012, S. 131

S. 126: Zitat Hillemacher in Jana Hauschild: »Alkoholprobleme: Wie die Tröpfchentherapie Trinkern hilft«, *Spiegel online*, 18.7.2012

S. 129: »Denken Sie an den betrübenden Kontrast zwischen der strahlenden Intelligenz eines gesunden Kindes und der Denkschwäche des durchschnittlichen Erwachsenen. Wäre es so ganz unmöglich, dass gerade die religiöse Erziehung ein großes Teil Schuld an dieser relativen Verkümmerung trägt?« (Sigmund

Freud: Die Zukunft einer Illusion, in: Sigmund Freud, *Gesammelte Werke XIV, Fünfte Auflage*, Fischer, Frankfurt/Main 1976, S. 323–380, hier S. 370); Karl Marx »Zur Kritik der Hegelschen Rechtsphilosophie. Einleitung«, in: Karl Marx/Friedrich Engels: *Werke*, Bd. 1. Karl Dietz Verlag, Berlin/DDR 1976, S. 378; Ludwig Feuerbach: *Vorlesungen über das Wesen der Religion*, Leipzig 1851, Zwanzigste Vorlesung, S. 241 (Das vollständige Zitat lautet:»Denn nicht Gott schuf den Menschen nach seinem Bilde, wie es in der Bibel heißt, sondern der Mensch schuf, wie ich im »Wesen des Christentums« zeigte, Gott nach seinem Bilde.«); Heinrich von Kleist: *Das Erbeben in Chili und andere Erzählungen*. Fischer Verlag, Frankfurt/Main 2009; Richard Dawkins: *Der Gotteswahn*. Ullstein Taschenbuch, Berlin 2008; Christopher Hitchens: *Der Herr ist kein Hirte. Wie Religion die Welt vergiftet*. Heyne, München 2009; Zitat Epikur in: Norbert Hörster: »Unlösbarkeit des Theodizee-Problems«, *Theologie und Philosophie*. Vierteljahresschrift. Frankfurt/Main, 60/1985, S. 400–409

S. 132: Vgl. Aristoteles: *Nikomachische Ethik*. Felix Meiner Verlag, Hamburg 1985

S. 136: Vgl. Rebecca Niazi-Shahabi: *Ich bleib so scheiße, wie ich bin. Lockerlassen und mehr vom Leben haben*. Piper, München 2013; Ariadne von Schirach: *Du sollst nicht funktionieren. Für eine neue Lebenskunst*. Klett-Cotta, Stuttgart 2014; Rainer Moritz: *Schnauze voll! Schluss mit dem Optimierungsquatsch!* edition chrismon, Frankfurt/Main 2015

S. 139: Vgl. Hannes Heine: »Ärztepfusch. Warum die Zahl der Behandlungsfehler steigt«, in: *Die Welt*, 22.6.2015 (zu Behandlungsfehlern etc.)

S. 141: amaryllis26: *Lust auf Fikken? Aus den Abgründen des Internetdatings*. Knaur, München 2014

S. 142: Matthias Iken, Oliver Schirg: »Wir haben einfach zu viele Gesetze«, *Die Welt*, Berlin 9.5.2005 (zum Volksvermögen)

S. 150: Zitat von Oskar Lafontaine in: »Prominente Verirrungen in die Nazi-Zeit«, *Der Spiegel*, Hamburg, 8.8.2011

S. 157: Paul Lafargue: *Das Recht auf Faulheit und die Religion des Kapitals*. Anaconda, Köln 2015

S. 163: Seneca: »Von der Kürze des Lebens«, in: *Mächtiger als das Schicksal. Ein Brevier*. Diogenes, Zürich 1999, S. 1 ff.

S. 179: Barbara Sher: *Ich könnte alles tun, wenn ich nur wüsste, was ich will*. dtv premium, München 2005

S. 184: Vgl. Meike Winnemuth: *Das große Los. Wie ich bei Günther Jauch eine halbe Million gewann und einfach losfuhr*. btb, München 2014

S. 181: Luis Buñuel: *Mein letzter Seufzer. Erinnerungen*. Verlag Volk und Welt, Berlin 1984, S. 302 (Die Buñuel-Liste findet sich auf S. 302 ff., das Abendessen mit John Ford auf S. 271 f.)

S. 183: Diesbrock, *Ihr Pferd ist tot?*

S. 184: Neil Gaiman: *Commencement Speech at the University of the Arts* 2012, 23.5.2012

S. 189: Bronnie Ware: *5 Dinge, die Sterbende am meisten bereuen. Einsichten, die Ihr Leben verändern werden*. Arkana, München 2013

S. 193: Max Weber: *Politik als Beruf*. Duncker & Humblot, München/ Leipzig 1919, S. 66

S. 194: Werner Grassmann: *Leben hinter der Leinwand. Film- und Kinogeschichten*. Edition Nautilus, Hamburg 2009

S. 194: Walter Mischel: *Der Marshmallow-Test: Willensstärke, Belohnungsaufschub und die Entwicklung der Persönlichkeit*. Siedler, München 2015

S. 197: Hans-Hermann Hoppe: *Demokratie. Der Gott, der keiner ist*. Manuscriptum, Leipzig 2003, S. 134–137 (bzgl. Volkseinkommen und Erwerbsverteilung)

S. 201: Friedrich Schiller:*Thalia*. Erster Band, Heft 2 (1786). Georg J. Göschen Verlag, 1786, S. 1–5

S. 206: Thomas Mießgang: *Scheiß drauf. Die Kultur der Unhöflichkeit*. Rogner & Bernhard, Berlin 2013, S. 15 ff., 20, 24

S. 207: Schiller, *Thalia* I/2, S. 1–5; Tom Hodgkinson: *Anleitung zum Müßiggang*. Rogner & Bernhard, Berlin 2004, S. 294 f.

S. 208: Robert Muchembled: *Kultur des Volks, Kultur der Eliten*. Klett-Cotta, Stuttgart 1984, S. 126 (»Die eigentlichen Feste wurden nicht plötzlich abgeschafft, sondern veränderten sich, so dass die Akteure der Lustbarkeiten allmählich zu passiven Zuschauern kirchlicher Schauspiele wurden, die man ihnen aufgezwungen hatte.«)

S. 210: Alva Gehrmann: *Alles ganz Isi. Isländische Lebenskunst für Anfänger und Fortgeschrittene*. dtv, München 2011, S. 31 f.: »Kaum ein Isländer rechnet damit, wirklich von seiner Kunst leben zu können. Bei Produktionen mit einer Auflage von 300 Platten oder 500 Büchern steht die Leidenschaft im Vordergrund. Der Vorteil: Wer sich nach keinem Markt richten muss, ist experimentierfreudiger (…).«

S. 211: Harald Martenstein: »Über Ideal und Wirklichkeit«, *ZEIT-Magazin*, Hamburg 15.1.2015 (Martenstein bezieht sich auf ein Zitat von Michael Kleeberg: »Der Kapitalismus ist das Böse, und die armen Leute sind ganz lieb.«)

S. 212: Dieter Haselbach, Armin Klein, Pius Knüsel, Stephan Opitz: *Der Kulturinfarkt. Von allem zu viel und überall das Gleiche. Eine Polemik über Kulturpolitik, Kulturstaat, Kultursubvention*. Knaus, München 2012

S. 213: Max Frisch: *Tagebuch 1966–1971*. Suhrkamp, Frankfurt/Main 1972, S. 344 f.

S. 219: Ivan Illich: *Entschulung der Gesellschaft*. C.H. Beck, München 2013

S. 220: Zu Hans Rosling siehe Guido Mingels: »Der Saldo der Welt«, *Der Spiegel* 37/2014, S. 51–58, hier S. 57

S. 222: Vgl. Jonathan Safran Foer: *Tiere essen*. Kiepenheuer & Witsch, Köln 2010; Udo Pollmer, Georg Keckl, Klaus Alfs: *Don't go veggie. 75 Fakten gegen den vegetarischen Wahn*. Hirzel, Stuttgart 2015

S. 223: Joachim-Ernst Berendt: *Hinübergehen. Das Wunder des Spätwerks*. Zweitausendeins, Frankfurt/Main 1993

S. 224: Zitat Bhagwan siehe Jörg Andreas Elten (Swami Satyananda): *Ganz entspannt im Hier und Jetzt. Tagebuch über mein Leben mit Bhagwan in Poona*. Rowohlt, Reinbek 1979, S. 28

S. 225: Mario Vargas Llosa: *Das Paradies ist anderswo*. Suhrkamp, Frankfurt/Main 2003

S. 226: Yannik Mahr: *Mit 80 Ängsten um die Welt. Wie Sie verreisen und trotzdem überleben*. Egmont, Köln 2011, S. 105

S. 236: Steve Peters: The Chimp Paradox. *The Science of Mind Management for Success in Business and in Life*. Penguin Random House UK, London 2012, S. 3

S. 239: Barry Schwartz: *Anleitung zur Unzufriedenheit. Warum weniger glücklicher macht*. Econ, Berlin 2004

S. 246: Ronald D. Laing: *Knoten*. Rowohlt, Reinbek 1989; Diesbrock, *Ihr Pferd ist tot?*

S. 248: MacLeod, S. 9; Tom Hodgkinson: *Die Kunst, frei zu sein*. Rogner&Bernhard, Berlin 2009, S. 294 f.; Diesbrock, *Ihr Pferd ist tot?*; Barbara Völkner: »Lebenskarten«, in: www.lebenskarten.de

S. 252: Fritz Perls: *Gestalttherapie in Aktion*, Klett-Cotta, Stuttgart 1969, S. 12 f.

S. 256: Fred R. Shapiro: *The Yale Book of Quotations, Section: John A. Shedd*, Yale University Press, New Haven 2006, S. 705; Seneca: »Von der Kürze des Lebens« – in: *Mächtiger als das Schicksal. Ein Brevier*. Diogenes, Zürich 1999, S. 1 ff.; James Garfield: »Elements of Success. Speech at Spencerian Business College, Washington D.C. (29.7.1869)«, in: B.A. Hinsdale: *President Garfield and Education*. Hiram College Memorial, 1881, S. 326 (»A pund of pluck is worth a ton of luck.«); Friedrich Schiller: *Sämtliche Werke*, Band 2, dtv, München 1962, S. 290; S. 256: Steve Jobs: »Stanford Commencement Address, June 2005«, in: *The Guardian*, 9.10.2011

S. 264: James N. Frey: *Wie man einen verdammt guten Roman*

schreibt 2. Emons Verlag 1998, S. 168 f. (Große Autorenszene),
S.145–177 (sieben Todsünden); MacLeod, S. 9

S. 268: Hermann Hesse: *Stufen. Ausgewählte Gedichte.* Insel
Taschenbuch, Berlin 2011

S. 269: Zu Körperfett vgl. Michael Geary: *Die Wahrheit über Bauchmuskeln.* EBook 2014, flacherbauch.com, S. 9 (Geary schätzt,
dass »nur 2–3 % der Bevölkerung so wenig Körperfett hat, um
sichtbare Bauchmuskeln antrainieren zu können.«)

S. 274: Robert Betz: *Willst du normal sein oder glücklich? Aufbruch
in ein neues Leben und Lieben.* Heyne, München 2011

S. 277 Don Miguel Ruiz: *Die vier Versprechen. Ein Weg zu Freiheit
und Würde.* Allegria Taschenbuch, Berlin 2012

S. 286: Tim Harford: *Adapt. Why Success Always Starts With Failure.*
Farrar, Strauss and Giroux, New York 2011, S. 128 f.

S. 292: Detlev König, Susanne Roth, Lothar J. Seiwert: *30 Minuten
für optimale Selbstorganisation.* Gabal, Offenbach 2001

S. 293: Stephen R. Covey, A. Roger Merrill, Rebecca D. Merrill,
Covey Leadership Center: *Der Weg zum Wesentlichen.* Campus,
Frankfurt/Main 2007

S. 297: E. L. James: *Shades of Grey. Geheimes Verlangen.* Goldmann, München 2012

S. 298: Peter Biskind: Sex, Lies & Pulp Fiction. *Hinter den Kulissen
des neuen amerikanischen Films.* Rogner & Bernhard, Berlin
2005, S. 230 f. (über Tarantino)

S. 300: Stefan Kuzmany: »›Ich bin blöd, aber du auch.‹ Interview mit
Herbert Feuerstein«, *Spiegel online*, 11.11.2014

S. 303: Seneca: *Vom glückseligen Leben.* Kröner, Stuttgart 1978,
S. 39

S. 305: Renata Salecl: *Die Tyrannei der Freiheit: Warum es eine Zu-
mutung ist, sich anhaltend entscheiden zu müssen.* Karl Blessing,
München 2014; »Vivienne Westwood on capitalism and clothing:
›Buy less, choose well, make it last‹«, in: *The Guardian*,
29.10.2014

S. 306: Vgl. Christoph Bausenwein: *Dienen oder Sitzen. Ein Weiss-buch zur Totalverweigerung*, Plärrer Shop Nürnberg, 1984; Werner Tiki Küstenmacher, Lothar Seiwert: *Simplify your Life! Einfacher und glücklicher leben*. Knaur, München 2008; Diesbrock: *Ihr Pferd ist tot?*

S. 307: Steve Weintraub: »Woody Allen Interview. Vicky Cristina Barcelona« (15.8.2008), www.Collider.com

Weitere Quellen

Paul Arden: *Es kommt nicht darauf an, wer du bist, sondern wer du sein willst*. Phaidon, London 2012

Albert Camus: *Der Mythos von Sisyphos. Ein Versuch über das Absurde*. Rowohlt, Reinbek 1982

Michael Cöllen: *Lieben, Streiten und Versöhnen. Rituale für Paare*. Kreuz, Stuttgart 2003

Kevin Dutton: *Gehirnflüsterer. Die Fähigkeit, andere zu beeinflussen*. dtv premium, München 2011

Rosemarie Dypka: *Das emotionale Konto. Ihr Weg zu innerem Reichtum*. Überreuter, Wien 2006

Brigitte Erler: *Tödliche Hilfe. Bericht von meiner letzten Dienstreise in Sachen Entwicklungshilfe*. Dreisam Verlag, Freiburg 1985

Erich Fromm: *Haben oder Sein. Die seelischen Grundlagen einer neuen Gesellschaft*. dtv, München 1979

John Gottman: *Die 7 Geheimnisse der glücklichen Ehe*. Marion von Schröder, München 2000

Friedhelm Hengsbach: *Die Zeit gehört uns. Widerstand gegen das Regime der Beschleunigung*. Westend, Frankfurt/Main 2012

Max A. Höfer: *Vielleicht will der Kapitalismus gar nicht, dass wir glücklich sind? Erkenntnisse eines Geläuterten*. Knaus, München 2013

Thomas Hohensee: *Lob der Faulheit. Warum Disziplin und Arbeitseifer uns nur schaden*. Gütersloher Verlagshaus, Gütersloh 2012

Axel Krohn: *Trockene Hosen fangen keine Fische. Sprichwörter und Lebensweisheiten aus aller Welt.* Rowohlt, Reinbek 2010

Corinne Maier: *Die Entdeckung der Faulheit. Von der Kunst, bei der Arbeit möglichst wenig zu tun.* Goldmann, München 2005

Stefanie Mnich: »Hilfsbereitschaft: Deutsche spendeten 2015 so viel wie nie zuvor«, *Spiegel online*, 30.12.2015

Friedrich Nietzsche: *Zur Geneaologie der Moral.* Reclam, Stuttgart 1988

M. J. Ryan: *This Year I will. How to Finally Change a Habit, Keep a Resolution Or Make a Dream Come True.* Broadway Books, New York 2006

Jerome D. Salinger: *Der Fänger im Roggen.* Kiepenheuer & Witsch, Köln 1962 (Neubearbeitung der deutschen Übersetzung von Irene Muehlon durch Heinrich Böll)

Gianna Schlosser: »Eine Frage des Trainings: Schneller lesen, mehr verstehen«, *Hamburger Abendblatt*, 8.12.2015

Daniel Schreiber: *Nüchtern. Über das Trinken und das Glück.* Hanser Berlin, Berlin 2014

Gregor Specht: »Erste Hilfe bei ADHS. Coaching für ADHS Erwachsene«, *ads-und-ahds-syndrom.blogspot.de*

David Simon: *10 Entscheidungen für ein besseres Leben. Wie Sie glücklich hundert Jahre alt werden.* Ullstein, Berlin 2007

Ulrich Steinvorth: *Klassische und Moderne Ethik.* Rowohlt, Reinbek 1990

Katrin Zeug: »Die Tyrannei der falschen Freiheit«, *Spiegel online*, 8.6.2014

»So lange arbeiten wir dafür«, *Frankfurter Allgemeine Zeitung*, 21.12.2013